JAPANESE POST MODERN ARCHITECTURE

ポストモダン建築巡礼 1975-95 第2版

磯達雄＝文 — 宮沢洋＝イラスト — 日経アーキテクチュア編

はじめに

封印された20年のふたを開ける

本書は、2011年に発刊した『ポストモダン建築巡礼』の第2版である。隈研吾氏と磯達雄氏の対談に10組の建築家解説を加えたほか、リポートした建物50件のうち大きな改変のあったものに注釈を加えた。

ポストモダン建築をめぐる状況については、2011年当時も2019年現在もほとんど変化がないので、初版の前書きを以下に引用する。

批判も肯定もしない「封印」状態

近年、一般の人たちの間でモダニズム建築の人気が高まっているという話をよく耳にする。高度経済成長期に建設された庁舎や文化施設が建て替えの時期を迎え、市民が建物の保存活用を求めて要望書を提出したとか、シンポジウムが開かれた、といった報道を耳にすることも多い。

しかし、ポストモダン建築の保存を求めて市民が要望書を提出した、といった報道は耳にしたことがない。一般誌でポストモダン特集が組まれているのも見たことがない。建築関係者の間でも、ポストモダンについて真剣に論じる人は少ない。批判もしないし、肯定もしない。見て見ぬふり。関心がないというより、封印しているように思える。

最大の理由は、ポストモダン建築のピークの時期がバブル崩壊と重なったためだろう。一般の人も、建築関係者も、その時代への後ろめたさがある。バブル期に大金を投じて建設した建物をほめたりしたら、何を言われるか分からない——そんな呪縛があるのではないか。

私事になるが、文系出身の筆者は1990年、畑違いの建築専門誌に配属された。当時はポストモダンの全盛期。正直にいうと、配属当時は雑誌で話題になっている建築のどこがいいのか全く分からなかった。それよりも、古い雑誌で見るモダニズム建築のシンプルな美しさに引かれた。『建築巡礼』の企画もそんなところから生まれた。

しかし、それから20年がたち、建築の知識もそれなりに増えてくると、ポストモダンとは一体何だったのかが気になり始めた。ポストモダンがどのように生まれたかが分からないと、モダニズムの何が問題視されていたのかが分からない。ポストモダンがなぜ衰退したかが分からないと、建築が今後、どこに向かうべきなのかが分からない。封印された20年のふたを開けない限り、歴史はつながらないのだ。

20年、50件から何が見えるか

と、もっともらしく書いてはみたが、そんな編集者的な使命感は後付けで、本当のところはこれらの建築をどうしても見て回りたかった。葬祭ホールに転用された「M2」や、バブルの象徴ともいわれる「ホテル川久」の内部をじっくり見てみたかった。あるいは、竣工当時、全く理解できなった「青山製図専門学校1号館」を見て、今の自分はどう感じるのかに興味があった。建築巡礼の原動力は常にミーハー精神である。

本書の対象は1975年−95年に竣工した建築だ。それらを竣工年順に並べている。50件も訪ねれば、何かが見えてくるかもしれないし、それができないとしても、この時代を代表する建築をずらりと一覧できるようにするだけで意味があるのではないか、と考えた。

それでは、封印された20年のふたを開けることにしよう。

2011年6月、冒頭の２段落のみ2019年10月に加筆

宮沢洋［日経アーキテクチュア編集長、本書のイラスト担当］

以下、記事中の敬称略

002 はじめに
—
228 あとがき
232 カバーイラスト答え合わせ
234 巡礼MAP
238 記事掲載号/取材時期
239 著者プロフィル

008 **対談** | Dialogue
隈研吾氏×磯達雄氏
「社会との格闘が生んだ緊張感。これほど面白い時代はない」
ポストモダンを輝かせた建築家10選

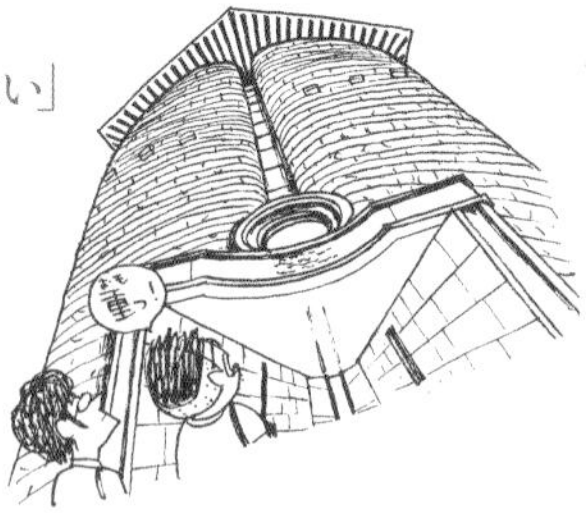

1
026 模索期 1975–1982

028 **懐霄館[親和銀行本店第3次増改築コンピュータ棟]** | 1975 | 白井晟一研究所——01
世界の終わりにたたずむ塔
034 **別子銅山記念館** | 1975 | 日建設計——02 | 寄り道
ただの背景にあらず
036 **今帰仁村中央公民館** | 1975 | 象設計集団——03 | 寄り道
単純にして豊潤
038 **千葉県立美術館** | 1976 | 大高建築設計事務所——04
家に帰ろう
044 **筑波新都市記念館** | 1976 | **洞峰公園体育館** | 1980 | 大高建築設計事務所——05,06 | 寄り道
陸屋根には戻れない
046 **小牧市立図書館** | 1977 | 象設計集団——07 | 寄り道
なんとなくフラクタル
048 **角館町伝承館** | 1978 | 大江宏建築事務所——08
アナクロニズムの魔法
054 **金沢市立図書館** | 1978 | 谷口・五井設計共同体——09
ツルツルとザラザラ
060 **渋谷区立松濤美術館** | 1980 | 白井晟一研究所——10 | 寄り道
渋谷のブラックホール
062 **名護市庁舎** | 1981 | Team ZOO[象設計集団+アトリエ・モビル]——11
タコライスを味わいながら
070 **弟子屈町屈斜路コタンアイヌ民俗資料館** | 1982 | ——12 | 寄り道
釧路フィッシャーマンズワーフ MOO | 1989 | 毛綱毅曠建築事務所——13 | 寄り道
神秘からSFへ
072 **新宿NSビル** | 1982 | 日建設計——14 | 寄り道
思わぬA級エンタメ建築
074 **赤坂プリンスホテル新館** | 1982 | 丹下健三・都市・建築設計研究所——15 | 寄り道
フェロモンをまく"蝶"高層
076 **兵庫県立歴史博物館** | 1982 | 丹下健三・都市・建築設計研究所——16 | 寄り道
リアル姫路城を引用

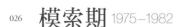

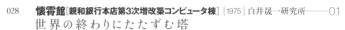

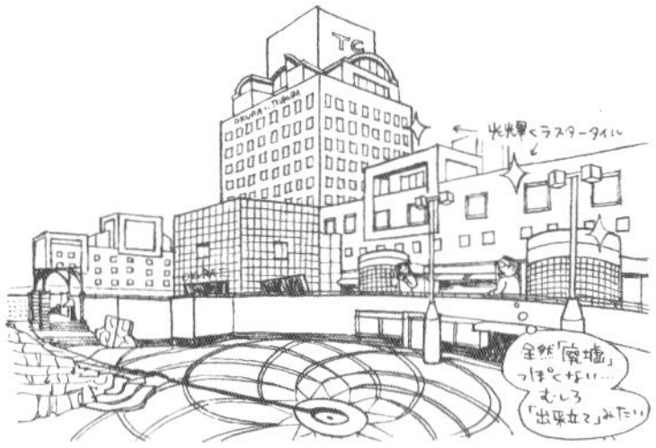

2

078 **隆盛期** 1983–1989

080 **つくばセンタービル** | 1983 | 磯崎新アトリエ——17
ノリツッコミの極意

086 **直島町役場** | 1983 | 石井和紘建築研究所——18
モザイク・ニッポン

092 **伊豆の長八美術館** | 1984 | 石山修武＋ダムダン空間工作所——19
偉大なるアマチュア

098 **釧路市立博物館** | 1984 | **釧路市湿原展望資料館** | 1984 | 毛綱毅曠建築事務所——20,21
ミクロコスモスとしての建築

104 **球泉洞森林館** | 1984 | 道木島安史＋YAS都市研究所——22 | 寄り道
森に湧き出す巨大な泡

106 **世田谷美術館** | 1985 | 内井昭蔵建築設計事務所——23
隠喩としての「健康」

112 **盈進学園東野高等学校** | 1985 | 環境構造センター[C･アレグザンダー]——24
カワイイ建築じゃダメかしら

118 **織陣** | 1986 | 高松伸建築設計事務所——25
役に立たない機械

124 **ヤマトインターナショナル** | 1986 | 原広司＋アトリエ・ファイ建築研究所——26
基壇の上の雲

130 **石垣市民会館** | 1986 | ミド同人＋前川国男建築設計事務所——27 | 寄り道
モダニストの竜宮城

132 **東京都多摩動物公園昆虫生態館** | 1987 | 日本設計——28 | 寄り道
蝶の中に広がる蝶天国

134 **龍神村民体育館** | 1987 | 渡辺豊和建築工房——29 | 寄り道
「混合」の切なさに萌える

136 **東京工業大学百年記念館** | 1987 | 篠原一男——30 | 寄り道
意外と描きやすい複雑系

138 **フィッシュダンス** | 1987 | フランク・O・ゲーリー——31 | 寄り道
湾岸なのになぜか淡水魚

140 **兵庫県立こどもの館** | 1987 | 安藤忠雄建築研究所——32
建築を自ら語る建築

146 **アサヒビール吾妻橋ビル＋吾妻橋ホール** | 1989 | 日建設計＋フィリップ・スタルク——33
炎のアイコン

152 **湘南台文化センター** | 1989 | 長谷川逸子・建築計画工房——34
アルミに開いた穴・穴・穴

158 **東京都葛西臨海水族園** | 1989 | 谷口建築設計研究所——35 | 寄り道
裏方までスッキリの超整理力

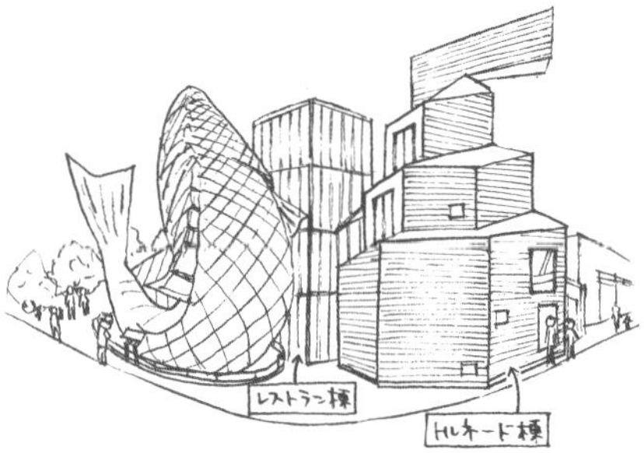

160 爛熟期 1990–1995

162 **青山製図専門学校1号館** |1990|渡辺誠/アーキテクツオフィス――36
ガンダム渋谷に立つ

168 **ジュールA** |1990|鈴木エドワード建築設計事務所――37|寄り道
「一発芸」と侮るなかれ

170 **東京都庁舎** |1991|丹下健三・都市・建築設計研究所――38
増殖し巨大化するパターン

176 **八代市立博物館 未来の森ミュージアム** |1991|伊東豊雄建築設計事務所――39
そしてみんな軽くなった

182 **M2** |1991|隈研吾建築都市設計事務所――40
メメント・モリ――死を思え

188 **ホテル川久** |1991|永田・北野建築研究所――41
泡に浮かぶ黄金の城

194 **高知県立坂本龍馬記念館** |1991|ワークステーション――42
日本を脱構築いたしたく候

200 **姫路文学館** |1991|安藤忠雄建築研究所――43|寄り道
ディス・イズ・アンドー!

202 **石川県能登島ガラス美術館** |1991|毛綱毅曠建築事務所――44|寄り道
気分は宇宙飛行士

204 **アミューズメントコンプレックスH** |1992|伊東豊雄建築設計事務所――45|寄り道
二卵性双生児の20年後

206 **梅田スカイビル** |1993|原広司+アトリエ・ファイ建築研究所――46|寄り道
進化する空中演出

208 **愛媛県総合科学博物館** |1994|黒川紀章建築都市設計研究所――47
誰にでもわかる現代建築

214 **秋田市立体育館** |1994|渡辺豊和建築工房――48
遍在する世界の中心

220 **西海パールシー・センター** |1995|古市徹雄・都市建築研究所――49|寄り道
最先端のパッチワーク

222 **輝北天球館** |1995|高崎正治都市建築設計事務所――50
ポストモダンの孤独

3

[設計者別索引]

あ

C・アレグザンダー [環境構造センター]
112 | 盈進学園東野高等学校 | 1985

安藤忠雄建築研究所
140 | 兵庫県立こどもの館 | 1989
200 | 姫路文学館 | 1991

石井和紘建築研究所
086 | 直島町役場 | 1983

石山修武+ダムダン空間工作所
092 | 伊豆の長八美術館 | 1984

磯崎新アトリエ
080 | つくばセンタービル | 1983

伊東豊雄建築設計事務所
176 | 八代市立博物館 未来の森ミュージアム | 1991
204 | アミューズメントコンプレックスH | 1992

内井昭蔵建築設計事務所
104 | 世田谷美術館 | 1985

大江宏建築事務所
048 | 角館町伝承館 | 1978

大高建築設計事務所
038 | 千葉県立美術館 | 1976
044 | 筑波新都市記念館 | 1976
044 | 洞峰公園体育館 | 1980

か

木島安史+YAS都市研究所
104 | 球泉洞森林館 | 1984

隈研吾建築都市設計事務所
182 | M2 | 1991

黒川紀章建築都市設計研究所
208 | 愛媛県総合科学博物館 | 1994

フランク・O・ゲーリー
138 | フィッシュダンス | 1987

さ

篠原一男
136 | 東京工業大学百年記念館 | 1987

白井晟一研究所
028 | 懐霄館 [親和銀行本店第3次増改築コンピュータ棟] | 1975
060 | 渋谷区立松濤美術館 | 1980

鈴木エドワード建築設計事務所
168 | ジュールA | 1990

フィリップ・スタルク
146 | アサヒビール吾妻橋ホール | 1989

象設計集団
036 | 今帰仁村中央公民館 | 1975
046 | 小牧市立図書館 | 1977
062 | 名護市庁舎 | 1981 [Team ZOOとして設計]

た

高崎正治都市建築設計事務所
222 | 輝北天球館 | 1995

高松伸建築設計事務所
118 | 織陣 | 1986

谷口建築設計研究所
054 | 金沢市立図書館 | 1978 [五井建築設計研究所との共同設計]
158 | 東京都葛西臨海水族園 | 1989

丹下健三・都市・建築設計研究所
074 | 赤坂プリンスホテル新館 | 1982
076 | 兵庫県立歴史博物館 | 1982
170 | 東京都庁舎 | 1991

な

永田・北野建築研究所
188 | ホテル川久 | 1991

日建設計
028 | 別子銅山記念館 | 1975
072 | 新宿NSビル | 1982
146 | アサヒビール吾妻橋ビル | 1989

日本設計
132 | 東京都多摩動物公園昆虫生態館 | 1987

は

長谷川逸子・建築計画工房
152 | 湘南台文化センター | 1989

原広司+アトリエ・ファイ建築研究所
124 | ヤマトインターナショナル | 1986
206 | 梅田スカイビル | 1993

古市徹雄・都市建築研究所
220 | 西海パールシー・センター | 1994

ま

ミド同人+前川国男建築設計事務所
130 | 石垣市民会館 | 1986

毛綱毅曠建築事務所
070 | 弟子屈町屈斜路コタンアイヌ民俗資料館 | 1982
070 | 釧路フィッシャーマンズワーフMOO | 1989 [北海道日建設計との共同設計]
098 | 釧路市立博物館 | 1984
098 | 釧路市湿原展望資料館 | 1984
202 | 石川県能登島ガラス美術館 | 1991

わ

ワークステーション
194 | 高知県立坂本龍馬記念館 | 1991

渡辺豊和建築工房
134 | 龍神村民体育館 | 1987
214 | 秋田市立体育館 | 1994

渡辺誠/アーキテクツオフィス
162 | 青山製図専門学校1号館 | 1990

特別対談 | Dialogue

隈研吾氏［建築家、東京大学教授］×磯達雄氏［建築ライター］

「社会との格闘が生んだ緊張感。これほど面白い時代はない」

ポストモダンを輝かせた建築家10選

隈事務所の屋上テラスで。磯氏（写真右）の後ろに、隈氏が設計した「ドーリック」（1991年）がちらりと見える［対談写真：花井智子］

**1954年生まれの隈研吾氏は、
本書が対象とする1975－95年の20年間に、
東京大学建築学科から建築家へと歩みを進めた。
対する磯達雄氏（本書の筆者）は、
ポストモダン絶頂期に名古屋大学建築学科に進学、
その洗礼を受ける。
10歳違いの2人は、この時代をどう見ているのか。
2人に「日本のポストモダンを考えるうえで特に重要」
と考える建築家5組とその代表作を選んでもらい、
対談をスタートした。（2011年4月に実施）**

隈研吾氏と磯達雄氏が選んだ

日本のポストモダン建築＆建築家10選（竣工年順）

1 | **懐霄館**［親和銀行本店第3次増改築コンピュータ棟］
白井晟一 | 1975年——隈

2 | **千葉県立美術館**
大高正人 | 1976年［第2期］——磯

3 | **名護市庁舎** | 象設計集団 | 1981年——隈

4 | **つくばセンタービル** | 磯崎新 | 1983年——隈

5 | **直島町役場** | 石井和紘 | 1983年——磯

6 | **釧路市立博物館** | 毛綱毅曠 | 1984年——磯

7 | **盈進学園東野高等学校**
クリストファー・アレグザンダー | 1985年——隈

8 | **ヤマトインターナショナル** | 原広司 | 1986年——磯

9 | **湘南台文化センター**
長谷川逸子 | 1989年［第1期］——隈

10 | **ホテル川久** | 永田・北野設計事務所 | 1991年——磯

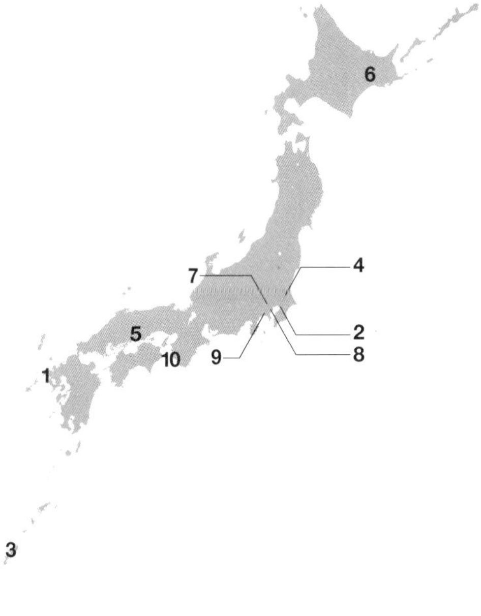

磯 | モダニズムに比べてポストモダンはわかりにくいと言う人が多いですね。

隈 | それは、ポストモダンに二面性があったからでしょう。

磯 | 二面性というと？

隈 | ひとつは「場所性」の復活です。モダニズムは一種のグローバリズムで、抽象的な様式で世界を覆うというものでした。対してポストモダンは、それぞれの場所の固有性を再発見しようとするムーブメントだった。

磯 | もうひとつは何ですか。

隈 | 「パン・アメリカニズム（汎米主義）」です。ポストモダンを推進したのはアメリカの一部の建築家で、彼らはギリシャ、ローマ以来の非場所性を基本とする古典主義建築を、アメリカの場所性として抽出し

隈研吾（くまけんご）氏。1954年神奈川県横浜市生まれ。79年東京大学大学院修士課程建築学専攻修了。コロンビア大学客員研究員を経て、90年隈研吾建築都市設計事務所を設立。2001年慶応義塾大学教授。09年東京大学教授

磯達雄（いそたつお）氏。プロフィルは239ページ参照

た。結果として、場所性を打ち消すようなねじれが起きた。

日本にはアメリカからポストモダンが入ってきた。つまり、アメリカ発の新しいグローバリズムを受け入れさせられたという側面がある。だから、二つの顔のどちらが強く出るかで作品にバラつきがあり、それがポストモダンをわかりにくくしているんだと思う。

磯｜そのように話す隈さんが、白井晟一の懐霄館（**親和銀行本店第3次増改築コンピュータ棟**｜1975年）を選んだ理由は。

隈｜白井さんという存在が重要なんです。彼はポストモダンを先取りしていた。「原爆堂計画」（1955年）を見ると、白井さんは水平性や透明性とは別の観点からモダニズムを受容していたことがわかる。それがゆくゆくポストモダンの箱性や垂直性みたいなものに変質していくんです。特に懐霄館は箱性や垂直性が強く表れていて、この後、磯崎（新）さんを中心とする日本のポストモダンの建築家にとって格好の先例というか、勇気を与えたのではないかと思います。

モダニズムからポストモダンへの転換は、丹下（健三）さんという先生と、磯崎さん、黒川（紀章）さんという弟子の間で起きた、大きな「父殺し」の事件だったわけですよね。その「殺人」をサポートしたの

•ポストモダンこの10組•

01

白井晟一
Seiichi Shirai

1905(明治38)年—1983(昭和58)年

ポストモダンの先駆者

京都高等工芸学校(現・京都工芸繊維大学)の図案科を卒業後、ドイツ・ハイデルベルク大学でカール・ヤスパースの下で哲学を学ぶという異色の経歴の持ち主。戦後は建築家として活動したが、高度経済成長へと進む時代の潮流とはかけ離れた孤高のスタイルで、秋ノ宮村役場や松井田町役場などの地方庁舎や住宅の設計に取り組んで知られるようになる。実現には至らなかったが、キノコ雲をかたどったような原爆堂は、今も見る者に衝撃を与える建築の計画だ。機能よりも象徴性に重きを置いた設計のスタンスは、ポストモダニズムを先駆けていたとも言い得る。

1 | 懐霄館 | 1975年

上:懐霄館(写真右)と親和銀行第一期・第二期を見下ろす

下:懐霄館のエントランスホール

が白井さんだったのではないか。僕はそう見ているんです。

磯｜この建築を実際に見て面白いと思ったのは、白井さんが一種のキュレーターのように、世界中からいろいろなものを集めて空間をつくっていることです。

隈｜モダニズムとポストモダンの間にはもうひとつ、キュレーションとしての建築があって、それがピボットヒンジ（蝶番）の役割を果たしたと言えるかもしれないね。

「正しさ」から新しさは生まれない

磯｜僕がまず選んだのは、大高正人の**千葉県立美術館**（1976年）です。モダニストのポストモダン的なものへの転向が70年代に見られるのですが、これはその代表例だと思います。これ以降の大高さんの建築にはすべて大きな屋根が架かるようになる。

連載では大江宏の「角館町伝承館」（1978年、48ページ）も取り上げました。これもやはり大きい屋根が架かっていたり、アーチの造形が入っていたりする。80年代に入ると、前川國男ですら屋根を架けています。

いわゆるモダニズムの5原則みたいな造形から、そうではないものにどんどん変わっていったのが70年代で、最終的に丹下さんがポストモダンに転向するまでの大きな流れの序章のように思います。隈さんはこの時代、モダニストの巨匠たちの動向をどう見ていましたか。

隈｜はっきり言うと……かっこ悪いと思っていた（笑）。というのは、自分で付ける箱書きというか理屈が退屈だし、「正しい」ことの言い方が凡庸なモダニズムを引きずっていて重くて、20代の若者の目にはウソくさく、知的ではなく見えたんだよね。

磯崎さんは「知的道化性」というオブラートに包んでポストモダンを日本に紹介したけれど、モダニストたちはそこに潜む偽悪性や批評性を理解できず、自分の「正しさ」の上にあぐらをかいていて退屈だった。でも、いつの時代も「正しい」ことから新しいものは生まれない。

磯｜次は隈さんが選んだ象設計集団の**名護市庁舎**（1981年）ですね。

隈｜これは今でも大好きな建築です。モダニストたちの「正しい」形ではなく、磯崎さんの「知的道化性」でもない直球勝負で、沖縄の風土をこの規模で、それまでにはない建築にしていて、とても感銘を受けた。象設計集団のシーサーを多用した装飾的なところはいつも余計だと思うんだけど、名護市庁舎ではそれも脇役に退いている。古典的な力強ささえ感じさせる。

•ポストモダンこの10組•

02
大高正人
Masato Otaka

1923(大正12)年−2010(平成22)年

最先端から転身?

福島県三春町生まれ。東京大学大学院を出て前川國男の事務所へ。晴海高層アパートや東京文化会館などを担当して独立。1960年に世界デザイン会議が東京で開催されたときには、メタボリズム・グループの一員として未来の都市像を提案し、実作でも人工土地の手法を用いた都市再開発やプレキャスト・コンクリートによる斬新な構造計画といった新しい技術をいち早く取り入れる先端的な建築家として活躍。しかし、1970年代になると群馬県立歴史博物館、洞峰公園体育館、福島県立美術館など、大きな傾斜屋根を架けた一見、復古的とも思えるデザインへと転身する。多摩ニュータウン、筑波研究学園都市、横浜みなとみらい21など、都市デザインにも多く携わった。

2|千葉県立美術館|1976年

上:千葉県立美術館の外観

下:大屋根の端部

•ポストモダンこの10組•

03

象設計集団

Atelier Zo

樋口裕康（後列）1939（昭和14）年－

ランドスケープ設計でも存在感

吉阪隆正が主宰するU研究室に所属していた大竹康市、富田玲子、樋口裕康らを中心に結成された（大竹は1983年に死没）。師の姿勢を強く受け継ぎ、集団による設計を追求する。また土、竹、瓦といった身近な自然材料を積極的に使用、住民参加によるワークショップも積極的に行い、地域と密接に結び付いた独自のモダニズム建築を実践した。用賀プロムナードなど、ランドスケープの分野でも多くの名作を残す。1990年には東京から北海道・十勝へと引っ越し、小学校の廃校舎を事務所として使う。現在は十勝、東京、台湾の3カ所に拠点を置いて活動している。

3｜名護市庁舎｜1981年

上：名護市庁舎の南側外観

下：北側の屋根を東から見る

「一線を越えるには
“道化のふり”しかなかった」——隈

「和風まで引用した
直島町役場に衝撃」——磯

誰もが道化になれるわけではない

磯｜続いても隈さんが選んだ**つくばセンタービル**(1983年)です。

隈｜これは水平性、透明性という丹下流のモダニズムから、垂直性を表現し得る「箱」の建築への転換の記念碑です。結局、丹下流の構造を見せるモダニズムの「箱」建築は、まわりの環境が複雑化し、与条件が厳しくなると途端に破綻してしまう。「箱」建築はそうならないやり方。その方法論を確立したのは磯崎さんと黒川さん。この2人のおかげで、その後の日本は大手を振って公共建築を箱でつくれるようになったんです。

磯｜磯崎さんと黒川さんが、公共建築のプログラムと建築的な表現が無理なく共存できる手法をつくったということですか。

隈｜そう。商業を含めてどんなプログラムが入ろうが、建築としてそれなりに格好がつけられる技です。ヨーロッパの古典主義建築はその技を持っていたから、ギリシャ・ローマ時代から2000年以上も生き延びることができた。そういう大人の技を日本で初めて体得した建築家が、磯崎さんと黒川さんだと僕は思う。

磯｜僕が挙げた石井和紘の**直島町役場**(1983年)は、つくばセンタービルに関連するところがあります。これも「引用」だけでつくったような建築なんですよね。僕はこれができた年に大学に入って、引用で建築をつくるという手法にとても共感しました。高橋源一郎の小説やイエロー・マジック・オーケストラの音楽と同じように、建築もこれからは引用によってつくるしかないのでは、と考えていましたから。

•ポストモダンこの10組•

04

磯崎新
Arata Isozaki

1931(昭和6)年–

実作と言説で建築界をリード

東京大学の丹下健三研究室出身。建築作品のみならず、プロセス・プランニング、手法論、見えない都市……などといった新しい概念を繰り出しながら展開される解説の文章によって、多くの若手建築家たちを引きつけた。また、早くから世界の著名建築家と交流を持ち、グローバルに活動。審査員を務めた設計コンペでは、その後のデザイン潮流に影響を与える重要な作品を数多く選び出している。建築家への影響力の大きさにおいて、日本で随一の存在。生まれ故郷の大分市にあるアートプラザは、初期の代表作である大分県立図書館を改修したもの。その中には磯崎作品の図面や模型を常設展示する磯崎新建築展示室が設けられている。

4 | つくばセンタービル | 1983年

上：つくばセンタービルをつくば駅のバスターミナルから見る

下：基壇部の外壁

•ポストモダンこの10組•

05

石井和紘
Kazuhiro Ishii

1944（昭和19）年–2015（平成27）年

本気のパロディ建築

東京大学の博士課程に在籍しながら直島小学校を設計。米国・イエール大学に留学して、チャールズ・ムーアのもとで学ぶ。それぞれに異なる54個の窓を持った増谷邸＋医院、54個の屋根を並べた建部保育園といった作風を経て、1980年代には過激なまでの引用による建築デザインを行うようになる。その参照元は、西洋の古典から日本の数寄屋、果ては土木構造物までと幅広い。究極は「同世代の橋」と名付けられた住宅で、石山修武、伊東豊雄、毛綱毅曠、渡辺豊和、高松伸といったライバル建築家たちの代表作をコラージュして外観を構成している。パロディにも取れる偽悪的なデザインを貫いた稀有な建築家。

5｜直島町役場｜1983年

直島町役場

隈｜直島町役場には引用を越えた面白さがある。屋根の薄さや斜めの線を多用したデザインが、周りの木造家屋のスケールとうまく合っている。僕は、周辺環境の粒子感や物質感に新たな建築がどう反応したかという、建築におけるアーバンデザインに興味があるから、この建築を見て、石井さんもなかなかやるなあと思った。

磯｜なるほど。これを引用という面だけで評価していてはいけない、と。では、隈さんは、この建築が日本的なボキャブラリー、つまり和風を取り込んだことはどう見ていますか。

隈｜マルクスに「最初は悲劇として、2回目には道化として」という名文句があるけれど、僕は逆に、最初は道化として登場するしかないと感じている。村野藤吾や吉田五十八みたいにあちら側の世界に行っちゃった人はともかく、こちら側にいる人が日本的なボキャブラリーを使うことはタブーだった。それを飛び越えるには道化のふりをするしかなかったのでしょう。

マイケル・グレイヴス（米国の建築家、1934年生まれ）は、つくばセンタービルを見て、「なぜ和の要素を使わないのか」と磯崎さんに質問状を出した。本質的なところで磯崎さんの限界を突いているよね。磯崎さんの「箱」的技の範囲では和を扱えなかったということ。でも、石井さんは道化的な才能で見事に和を取り込んでいる。誰もが道化になれるわけではないですよ。

コスモロジー派の悲劇

磯｜次に僕は毛綱毅曠の釧路市立博物館（1984年）を挙げました。毛綱さんをはじめ渡辺豊和さん、高崎正治さんの建築はいわゆる「コスモロジー」をテーマにしていて、80年代には高く評価されていました。けれど、今は学生たちもほとんど興味を持ちません。実際に彼らの建築を見ると、高崎さんの「輝北天球館」（1995年、208ページ）にしても圧倒される面がある。あの良さをうまく説明できないままになってしまっているように思います。

隈｜釧路市立博物館は僕も見たことがあるけれど、コンクリートの箱の内外が展示屋さんに汚されて、僕はがっかりしました。コスモロジー派の悲劇は、80年代の商業主義とあまりに相性が良かったために、その思考が商品として取り扱われてしまったところにある。建築の中に宇宙とつながる要素を持ち込みたいという毛綱さんたちの試みは面白いと思ったけれど、実際の建築からは、コスモロジーを商品化した時代のいやらしさを感じてしまう。

毛綱さんの建築では、お母さんの家である「反住器」（1972年）は好きです。僕の師匠の原（広司）

•ポストモダンこの10組•

06

毛綱毅曠
Kiko Mozuna

1941（昭和16）年−2001（平成13）年

宇宙ともつながれる才気

神戸大学を卒業後、同大学の助手を務めながら建築に関する執筆活動を開始。当時は毛綱モン太と名乗っていたが、これは恐山でマリリン・モンローの霊に出会い、同じイニシャルを取れと告げられたからという。1976年に大学を辞めて、東京に事務所を移すと、直後に名前も毛綱毅曠と改めた。人の話を聞こう、宇宙建築の機構、気の巡りを良くする気功に通じるとともに、「金玉のき、睾丸のこうで、頗《すこぶ》る男らしい名前ではないか」とのこと。デビュー作の反住器（1972年）以来、生まれ故郷の北海道・釧路に多くの作品を実現する。その独自の形態は、曼陀羅や宇宙図などに見られる古今東西のコスモロジーと響き合う。

6｜釧路市立博物館｜1984年

釧路市立博物館。左は撮影中の磯氏

●ポストモダンこの10組●

07

クリストファー・アレグザンダー
Christopher Alexander

1936(昭和11)年—

参加型設計に世界が注目

ウィーン生まれ。ハーバード大学Ph.D修了。初期のアレグザンダーは、建築や都市を設計するプロセスを数学的に抽象化することを目指していた。設計を加減乗除の計算でとらえる理論は、将来のコンピューターによる設計にも道を開くものと思われた。これらの理論は「都市はツリーではない」(1964年)、「形の合成に関するノート」(1965年)などの著作にまとめられている。これを発展させたのが「パタンランゲージ」(1977年)で、設計のみならず建設の在り方も革新する手法を示したものである。1967年には自らの組織として環境構造センターを設立、オレゴン大学のキャンパス計画などを通じて、その建築理論の実践を果たした。

7 | 盈進学園東野高等学校 | 1985年

上：盈進学園東野高等学校の講堂を池越しに見る

下：教室群

さんにもコスモロジー的なところがあって、木造のローコスト住宅でその力が一番発揮されている。コスモロジーは、建築の規模が大きくなると、商業主義によって簡単に壊れてしまう。

磯｜続いて隈さんが選んだのは、クリストファー・アレグザンダーの**盈進学園東野高等学校**(1985年)ですね。

隈｜アメリカのアカデミズムは場所性を取り扱うときでさえ、強引に「科学」にしてしまう。その代表として、この建築は記憶に留めておきたいと選びました。

磯｜これは現地を見に行って、僕と宮沢(イラスト担当)と2人で結構感動しました。できた当時は落胆の声が多かったようですが、これはこれでいいじゃないかと。周りは何もない場所で、ディズニーランド的といえばそうなんだけど、ある種のユートピアが達成されていると思いました。

隈｜アレグザンダーは自分が学んだケンブリッジ大学のキャンパスが頭の中に理想としてあって、ああいう空間を取り戻したいと思っていたんでしょうね。いろいろと理論武装するんだけど、実は自分が育った空間に対する青臭いオマージュをつくっている。建築家はそういう宿命から逃れられないのかもしれない。特にアメリカって、そういう理論武装された幼稚さの国でしょう。そういう意味でも、意義深いと思います。

原広司の「くちゅくちゅ」感

磯｜原広司の**ヤマトインターナショナル**(1986年)は、僕が大学時代に一番感銘を受けた建築です。これを雑誌で見たとき、建築はここまで複雑になり得るんだと大感激しました。

隈｜僕もこれができたときは、原さんの小住宅から受けていた感動を、あの規模の建物で初めて抱きました。原さん特有の「くちゅくちゅ」としたスケール感が、そのまま全体を覆いつくしている。それは磯崎さんや黒川さんにはない独特のスケール感です。

　磯崎さんと黒川さんは優等生で、丹下流のモダニズムや構造主義をきちんと体得したうえで古典主義建築の栄養分を加味してデザインできる人たち。一方、原さんはそういう優等生的な頭には還元できないスケール感や素材感を根本に持っている人で、その民家的スケール感が、ヤマトインターナショナルでは巨大なスケールで展開している。細かい粒子感と大きな軸線が共存する建築で、僕も影響を受けています。

磯｜次に隈さんが挙げる長谷川逸子の**湘南台文化センター**も、くちゅくちゅとしていますね(笑)。

隈｜長谷川さんはモダニストだと思っていたんだけ

•ポストモダンこの10組•

08

原広司

Hiroshi Hara

1936（昭和11）年－

集落調査から巨大ビルへ

東京大学大学院博士課程を修了後、東洋大学助教授を経て、東京大学生産研究所で教鞭をとる。その研究室では、1970年代にヨーロッパ、アフリカ、アジア、アフリカ、中南米に呼ぶ世界各地の集落を巡る調査を決行。その研究成果をもとにした設計活動も並行して行った。初期は反射性住居と名付けた小住宅を手掛けたりしたが、次第に大きな施設に向かい、梅田スカイビル（1993年）、京都駅ビル（1997年）、札幌ドーム（2001年）などを設計。そして宇宙空間に建設する基地のプロジェクトまで手掛けている（地球外建築、1995年）。また、研究室からは山本理顕、隈研吾、小嶋一浩など、数多くの建築家が育った。

8｜ヤマトインターナショナル｜1986年

ヤマトインターナショナルの西側外観

•ポストモダンこの10組•

09

長谷川逸子

Itsuko Hasegawa

1941（昭和16）年－

対極的な2人の師に学ぶ

関東学院大学卒業後、菊竹清訓の事務所へ。5年の勤務の後、東京工業大学の篠原一男の下へと赴き、研究生となる。機能との関係で空間を押さえる菊竹と、象徴性に重きを置いて空間を捉える篠原。方向性の全く異なる2人の建築家から影響を受ける。初期の作品は住宅が主だったが、1980年代後半からは湘南台文化センター、すみだ生涯学習センター（1994年）、新潟市民芸術文化会館（1999年）といった規模の大きな公共施設を手掛けるようになる。それらの設計プロセスにおいては、市民参加の対話集会やワークショップをいち早く取り入れた。

9｜湘南台文化センター｜1989年（第1期）

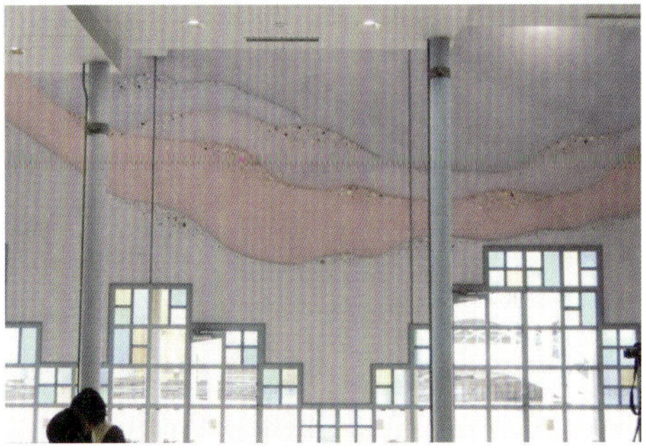

湘南台文化センター内の土塗りの壁

ど、この建築ができ上がってみたらモダニズムじゃなかったんですよね。モダニストが目指すものを現実に落とし込んでみると、意外に場所性を拾い上げてしまうんだなということがわかって、すごく親近感を覚えた。伊東（豊雄）さんの「八代市立博物館」（1991年、176ページ）もそういう部分があるけれど、まだ普遍性や抽象性が勝っている。

長谷川さんはこの建築でちょっと一線を飛び越えた感じがした。土を使ったディテールを見ると、モダニズムと場所性というのは、言われるほど対立するものではないのかもしれないと思えて、励まされた建築ですね。

場所性は「底なしの泥沼」

磯｜バブル景気について少し触れておこうと思い、最後に永田・北野設計事務所の**ホテル川久**（1991年）を選びました。表層だけでなく根っこからつくっちゃいましたという感じで、バブル景気だから実現できた建築でしょう。でも、建築としてきちんとつくっても世の中からは受け入れられず、ホテルとしては一度つぶれてしまったというのが悲劇的ですよね。

隈｜「ハウステンボス」（1992年）もそういうところがあるけれど、場所性というのは「正しい」やり方で付き合える相手ではない。とても怖いものなんです。それを認識しないで場所と闘うと、底なしの泥沼に陥って身動きが取れなくなって、建築の表現としても経営的にもしんどいものを背負うことになる。

場所性と対峙するには、例えばアートのような武器を使ってメタレベルへと1段上げる操作が必要です。アートには道化性や批評性が含まれるから、石井さんのスタンスは可能性があったと言える。

磯｜磯崎さんもそれはわかっていたのでしょうね。

隈｜丹下さんや大高さんといったモダニストたちはアーティストの方法論は持たなかったから、場所性に太刀打ちできなかった。一方、ル・コルビュジエは建築家でありアーティストでもあったわけで、場所性と対峙できるメタレベルに自分を押し上げる術を持っていた。だから、チャンディーガルの一連のプロジェクトで「インド」という場所と向き合っても、彼の作品はベトッと重くならない。コルビュジエはモダニストの典型でありながらポストモダニストの典型でもあったんだね。それを可能にしたのは彼のアーティスト性です。

日本のポストモダンには緊張感

磯｜この時代の建築における道化性やアート性をどう見ていますか。

隈｜道化性を引きずると、こっちの崖に落ちちゃう、

•ポストモダンこの10組•

10

永田・北野設計事務所（永田祐三）

Yuzo Nagata

永田祐三：1941（昭和16）年－

ゼネコン時代から作家的作風

永田祐三は京都工芸繊維大学を卒業して竹中工務店へ。その設計部に在籍していたときに、神戸松蔭女子大学（1981年）や三基商事東京支店（1985年）などを手掛ける。1985年に独立して、設計部の部下だった北野俊二と永田・北野設計事務所を設立。2007年からは永田建築研究所として活動している。オフィスビル、学校、ホテル、住宅など幅広い分野で、風合いのある建築をつくり続ける。代表作にホテル川久のほか、富山源新保工場（1987年）、光世証券本社ビル（2000年）など。ゼネコン設計部の出身でありながら、その作品群には作家性の強い香りが漂っている。

10｜ホテル川久｜1991年

上：ホテル川久の外壁見上げ

下：レストランの擬似大理石（左官仕上げ）の柱

「いろいろな方法論を極限まで試した時代」——隈

「今の中国や中東はポストモダン的？」——磯

正当性を引きずると、こっちの崖に落ちちゃう、という綱渡りの時代だった。この時代はいろいろな建築の方法論を極限まで引っ張って試している。成功例も失敗例も、すべてのサンプルがある。僕の今のスタンスは、この時代を並走したからこそ見えてきたものです。

　アメリカにおけるポストモダンは単純に歴史主義で、社会全体もそういう方向に進んでいたから道化である必要がなかった。だから緊張感がない。でも、日本では社会を支えていた文化が不安定で、建築家たちが文化状況と格闘しながら建築をつくっていた。その緊張感が作品に表れているから、今見ても面白い。

磯｜今、中国や中東で個性的な建築がたくさんつくられています。それらの国々で日本のこの時代のような建築は生まれるものでしょうか。

隈｜今は無理でしょう。社会や文化との格闘も緊張も希薄です。建築というのは、それが社会とどういう関係を切り結んだかが表れる。小説もそういうところが面白いわけで、日本のポストモダンの20年間は、そんな文学的な楽しみ方ができる時代です。ヨーロッパでいえばコルビュジエやミース・ファン・デル・ローエが生きた戦争前後の時代もそうですね。ヴァレリーはそれを「精神の危機」の時代と呼んだ。

　社会に対して建築家がどう闘ったかというドキュメンタリーとして、ポストモダンの時代を見てほしい。建築をつくるという行為には、そういう側面が必ずあるわけで、この時代のサンプルは、若い人たちにとっても大いに参考になると思います。

•やっぱり外せないこの3人•

11

丹下健三
Kenzo Tange
1913年−2005年

否定しつつポストモダンに乗る?

東京大学から前川國男の事務所を経て東大に戻り、助教授、教授と歴任しながら設計活動を行った。代表作は敷地外の原爆ドームに向けた軸線を設定して配置計画の要とした広島平和公園や、日本の伝統と鉄筋コンクリート架構の美学を統合した香川県庁舎など。1964年の東京オリンピックや1970年の大阪万博といった国家的イベントでは、会場計画や主要施設の設計を担い、日本を代表する建築家の地位に就いた。モダニズムの信奉者であるが、機能主義とは距離を置く。1980年代以降もポストモダニズムには批判的なスタンスだったが、手掛けた超高層ビルは、米国・設計事務所のSOMやKPFがその頃に手掛けたコーポレート・ポストモダニズムと通じるところがあった。

•やっぱり外せないこの3人•

12

黒川紀章
Kisho Kurokawa
1934年−2007年

常に時代の波を読む

京都大学を卒業して東京大学の大学院へ。丹下健三研究室に所属する。メタボリズム・グループの一員として最年少ながら頭角を現し、1970年の大阪万博では、まだ30代だったにもかかわらず、東芝IHI館やタカラ・ビューティリオンなど、未来感あふれるパビリオンを設計して、時代の寵児ともてはやされた。1970年代の後半には西欧文化との対比で日本の伝統への回帰を見せ、中間領域、グレーの文化、共生の思想といったキーワードで建築を語るようになる。晩年は東京都知事や参議院議員の選挙に立候補して、そのパフォーマンスでも話題となった。

•やっぱり外せないこの3人•

13

隈研吾
Kengo Kuma
1954年−

「M 2」はポストモダン批判?

M2などの初期作品にはポストモダズムが色濃く感じられる。が、その流れにはあらかじめ批判的だった。それは米国・コロンビア大学の客員研究員時代に、当時、飛ぶ鳥を落とす勢いだったヘルムート・ヤーンやフィリップ・ジョンソンといった建築家にインタビューを行い、それをまとめた本に『グッバイ・ポストモダン』と題していることからも明らかだ。1990年代には、建築の建築らしさを批判する建築の連作を経て、木や土といった自然素材を新たな方法で建築に持ち込む手法の追求へ。この頃から次第に幅広い層の支持を受けるようになる。そして現在は、新国立競技場のコンペも射止めて、押しも押されもせぬ日本を代表する建築家となっている。

1

模索期

1975 — 1982

1970年代後半。日本では高度経済成長が終わり、
それまでの社会発展を支えてきた工業化や都市化のマイナス面も目に付くようになっていた。
ちょうどこのころ、建築界も大きな変革期を迎える。
世界的に広まったモダニズムに対して、それは「退屈だ」との批判が湧き起こったのだ。
とはいえ、まだこの時点では「ポストモダン建築」なる共通イメージは確立していない。
異端視された建築家に光が当たったり、モダニズムの巨匠だった建築家が路線変更をしたり、
若手の建築家がこれまでにない作風でデビューしたりといった様々な流れのなかで、
一人ひとりの建築家がモダニズム以後の建築を探っていた。
そんなポストモダン模索期の建築をまずは見ていこう。

028　1　|　**懐霄館［親和銀行本店第3次増改築コンピュータ棟］** 1975
034　2　|　**別子銅山記念館** 1975──寄り道
036　3　|　**今帰仁村中央公民館** 1975──寄り道
038　4　|　**千葉県立美術館** 1976
044　5　|　**筑波新都市記念館** 1976──寄り道
6　|　**洞峰公園体育館** 1980──寄り道
046　7　|　**小牧市立図書館** 1977──寄り道
048　8　|　**角館町伝承館** 1978
054　9　|　**金沢市立図書館** 1978
060　10　|　**渋谷区立松濤美術館** 1980──寄り道
062　11　|　**名護市庁舎** 1981
070　12　|　**弟子屈町屈斜路コタンアイヌ民俗資料館** 1982──寄り道
13　|　**釧路フィッシャーマンズワーフ MOO** 1989──寄り道
072　14　|　**新宿NSビル** 1982──寄り道
074　15　|　**赤坂プリンスホテル新館** 1982──寄り道
076　16　|　**兵庫県立歴史博物館** 1982──寄り道

1975

世界の終わりにたたずむ塔

白井晟一研究所

懐霄館［親和銀行本店第3次増改築コンピュータ棟］｜Kaishokan

所在地：長崎県佐世保市島瀬町10-12｜構造：SRC造｜階数：地下2階・地上11階
延べ面積：9000 m²｜設計：白井晟一研究所｜施工：竹中工務店｜竣工：1975年

3年間にわたって『日経アーキテクチュア』誌で連載した「昭和モダン建築巡礼」では、1945年から75年までの建築を取材した。それに続くこの「ポストモダン建築巡礼」では、それ以降にできた建築を見て回ることにした。

順番は古いものから新しいものへと進めていく。まずはモダニズムが力を失いつつも、様式としてのポストモダン建築はまだ確立していない、ポストモダン模索期の建築から。最初に採り上げるのは白井晟一の懐霄館《かいしょうかん》である。

懐霄館とは、長崎県佐世保市にある親和銀行本店のコンピュータ棟に設計者が付けた異名である。親和銀行本店は白井の設計によって順次、建て替えられていったもので、第1期は1967年、第2期は1969年に完成している。第3期に当たる懐霄館は、銀行業務の電算化に伴って1975年に竣工したが、その後、別の建物にコンピュータールームが移されたため、現在、大型コンピューターはここには置かれていない。

初めて訪れる建築ファンは誰もがア然とするのだが、親和銀行本店は商店街のアーケードに軒を接するように建っている。よって建物の全体像を収めることができない。しかし、懐霄館は前面道路から奥の側にあるので、回り込んだ細道からその全貌を拝める。

その印象は中世ヨーロッパの城郭建築のようだ。荒々しい割れ肌の石で、塔が覆われている。

正面を縦に貫くスリットのような開口部の下に大きな入り口があり、その上部にはラテン語で「輝くもの必ずしも黄金にあらず」と書かれている。古代ローマの詩人、オヴィディウスの言葉を引用したものだが、70年代のロックに親しむ者なら、レッド・ツェッペリンの名曲「天国への階段」にも出てくる格言としてご存じだろう。

中に入ると吹き抜けのホールで、これがまたすごい。トラバーチンを貼った壁、漆を焼き付けたブロンズのサッシ、毛足の長い絨毯など、様々な素材を使い分けながら、全体が宝飾品であるかのような空間になっている。

そのほかの階でも、貴賓室のバルコニーにごろりと置かれたギリシャ建築の柱頭や、パノラマラウンジの傾いた壁など、白井らしい思わせぶりなデザインをそこかしこで堪能できる。特に印象的なのはエレベーターで、内部は真っ暗闇。これは写真にも撮りようがない。

進歩を否定した終末的な世界観

懐霄館は白井の代表作としてしばしば挙げられる。当時の建築雑誌でも、大々的に採り上げら

A アーケードに面して建つ本店第1期（1967年、手前）と第2期（1969年、奥）| **B** 隣地に立つビルの屋上から見た懐霄館の全景 | **C** 吹き抜けのあるエントランスホール。壁にはトラバーチンの石が貼られている | **D** 会議室入り口。壁は擬石はつり仕上げ | **E** 役員食堂の扉。壁が曲面になっているので、扉も平面でなく反っている | **F** 貴賓室に面した石庭のようなバルコニーには、ギリシャ建築の柱頭が置かれている | **G** 艦橋のような最上階のパノラマラウンジ。窓からは海まで見通せる

れた。高く評価された理由は、十分な工費をかけ、材料の選択などで設計者が思い通りに腕を振るうことができたからとまずは考えられる。しかし、それだけではないだろう。

モダニズム全盛期の建築家たちは、世界は次第に良くなっていくと信じていた。そして、その進歩をけん引する役割を担うのが、自分たちであることも。しかし、そのころ既に、世界の終わりを意識していた建築家がわずかながら存在した。その一人が白井晟一である。

白井は1955年に原爆堂計画を発表する。これは丸木夫妻が描いた「原爆の図」を収める美術館として構想されたもので、その平面はキノコ雲の形を採っていた。1971年竣工の自邸、虚白庵は、計画の段階では設計者によって「原爆時代のシェルター」と呼ばれていたという。1974年竣工のノアビルも、賃貸オフィスであるにもかかわらず窓がほとんどなく、その姿は墓石のようである。これらの作品から感じ取れるのは、進歩を否定した終末的な世界観だ。

モダニズム建築の大家として白井は扱われていたが、明らかに異端だった。しかし1970年代に入ると、時代との呼応が生まれてくる。高度経済成長が終わり、深刻化する公害問題やオイルショックによるエネルギー不足を突き付けられて、白井的な終末思想が世の中を席巻するようになるのだ。

70年代半ばにあった「世界の終わり」

それは例えば出版界では、『日本沈没』（小松左京、1973年）、『ノストラダムスの大予言』（五島勉、1973年）といったベストセラーや、雑誌『終末から』（1973-74年）の発行に見てとれる。映画では『エクソシスト』（日本公開1974年）のようなオカルトがブームとなるし、テレビではアニメの『宇宙戦艦ヤマト』（1974年）が地球滅亡までの日数をカウントダウンしていた。70年代半ばに人々は、世界の終わりを仮想体験していたのだ。

こうした状況を踏まえて懐霄館を見直すと、石で覆われた堅固な外装は、破滅的な大災厄から内部を守ろうとして、そうなっているように見える。

何を守るのか。それはおそらく人間ですらなく、コンピューターに蓄積された人類の記憶なのである。生き延びたわずかな子孫たちにその情報を伝えること。それこそが、この建築に託された使命だった。そんな想像を膨らませてみる。

うーん、今回、宮沢さんの明るいイラストとは正反対の結論になってしまった。いろいろな解釈ができるのが白井建築の面白いところということで、乞容赦。

ポストモダン編の第1回は、
親和銀行・懐《かい》霄《しょう》館《かん》。
"建築界の神秘"
白井晟一の
ライフワークだ。

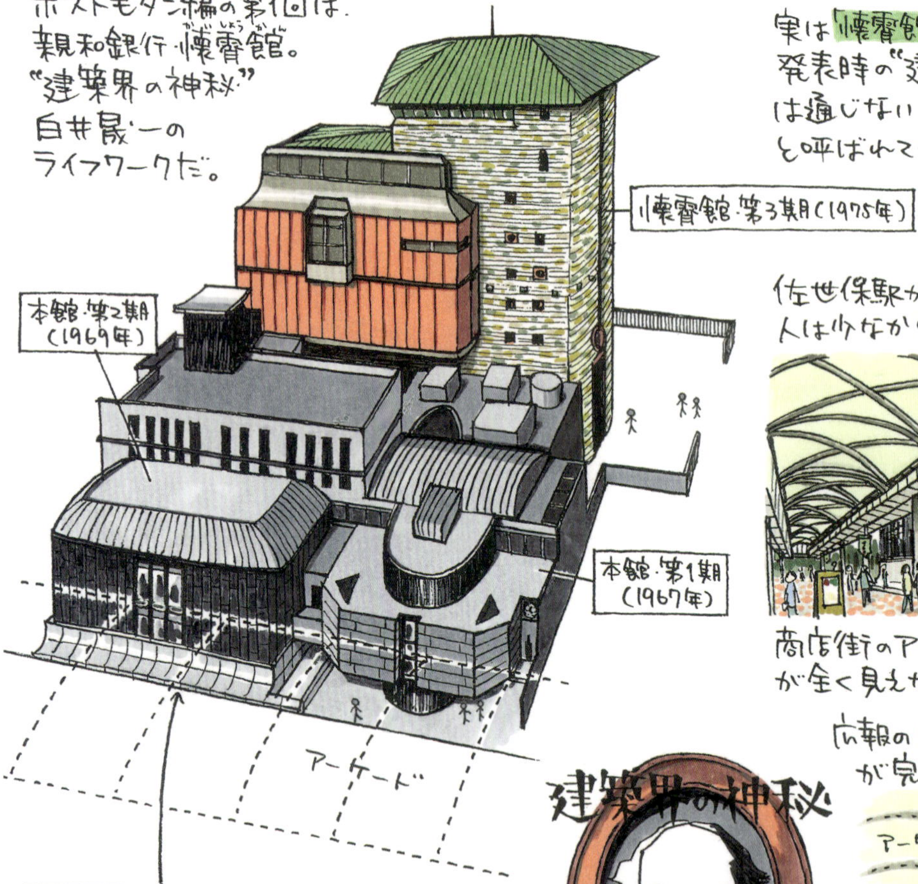

実は「懐霄館」という名称は、建築雑誌発表時の"建築界ネーム"で、銀行内では通じない。当時は電算棟※、今は別館と呼ばれている。
※コンピュータールームは別の建物に移り、今は事務室として使用。

佐世保駅から徒歩15分。初めて目にした人は少なからず失望感も味わうはず。

商店街のアーケードに隠れて、本館の全景が全く見えないのだ。

広報の人によると、アーケードは第2期が完成したころには既にあった。

ということは、よく見るこの写真は→アーケードをギリギリよけて撮ったのだろうか。

石積みの壁の前では、青空市場(非公認)が開かれていた。白井の神秘性は、市民の生活臭に完全に圧倒されているようだ。

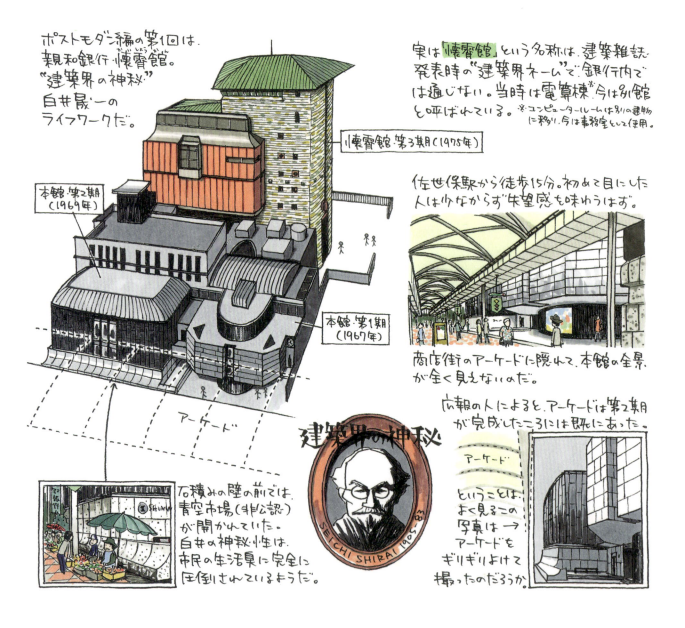

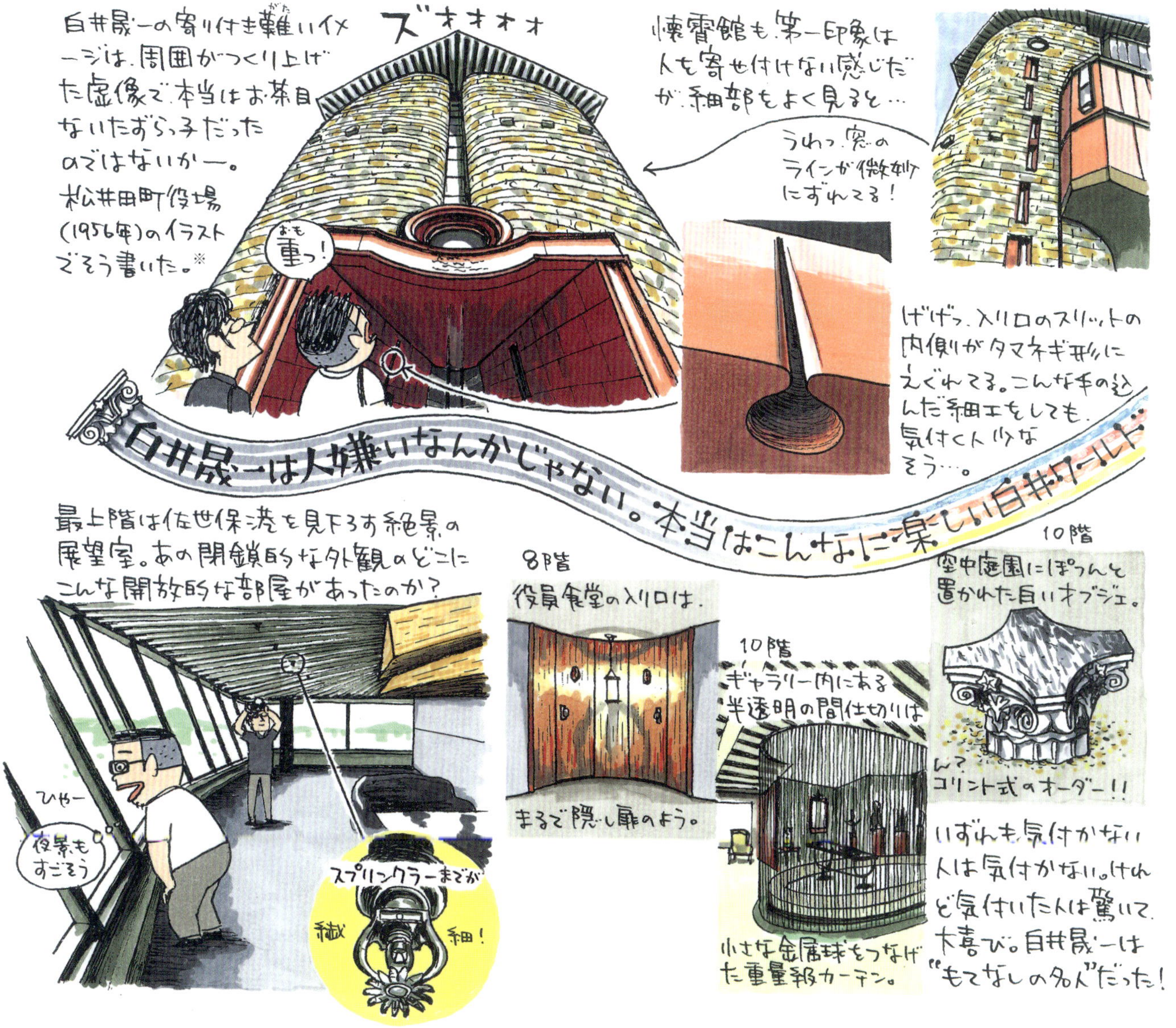

※松井田町役場は『昭和モダン建築巡礼 東日本編』に収録

寄り道

1975

ただの背景にあらず

日建設計

別子銅山記念館

Besshi Copper Mine Memorial Museum

設計:日建設計|施工:住友建設|竣工:1975年
所在地:愛媛県新居浜市角野新田町3-13|構造:RC造|階数:地上2階|延べ面積:1054㎡

屋上の植栽は手入れが行き届いている。管理費が相当かかると思われるが、入場無料。住友グループにとってのこの地の重要性をうかがわせる

別子銅山記念館は、「化《ば》ける」建築だ。
施設があるのは、別子銅山の守護神が
奉られている大山積神社の境内。
サツキを屋上全体に植えた
建物が、山の斜面と一体
化するように、ひっそりと
建っている。

「屋上緑化」という言葉が一般に浸透したのは、21世紀に入ってからだ。
その四半世紀も前に、これほど大胆な緑化建築があったとは…。

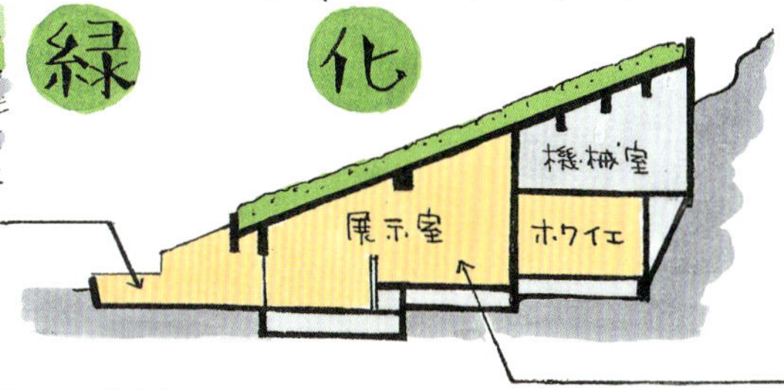

展示室はワンルーム空間。
階段を下りながら展示を見る。

「屋上庭園」はコルビュジエが「近代建築5原則」の一つに挙げた、モダニズムの手法だ。
しかし、ここの屋上はそれとは明らかに違う。
一般客は上れない。「建築」と気付かない人も多いに違いない。目指したのは「背景」に徹すること。生物に例えるなら「擬態」。

しかし、この建物は、1年に1度自らの存在を主張する。我々が取材したのは1月で、屋上のサツキは緑だったが、5月には一斉に開花し、屋上全体がピンク色に染まるという。うーん、次は5月に来たい！

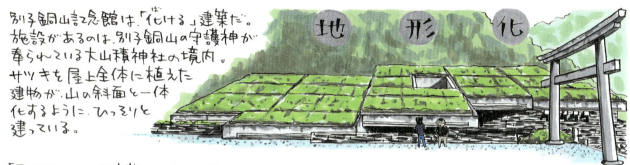

寄り道

1975

単純にして豊潤

今帰仁村中央公民館｜Nakijin Community Center

設計：象設計集団｜施工：仲里工業｜竣工：1975年
所在地：沖縄県国頭郡今帰仁村仲宗根232｜構造：RC造｜階数：地上1階｜延べ面積：716㎡

象設計集団

沖縄県

築35年なのに古代の遺跡のよう。本来、建築とはこういう簡単なものだったのでは、と考えさせられる。近くに世界遺産、今帰仁城跡もある

沖縄の青い空には“原色”が映える。

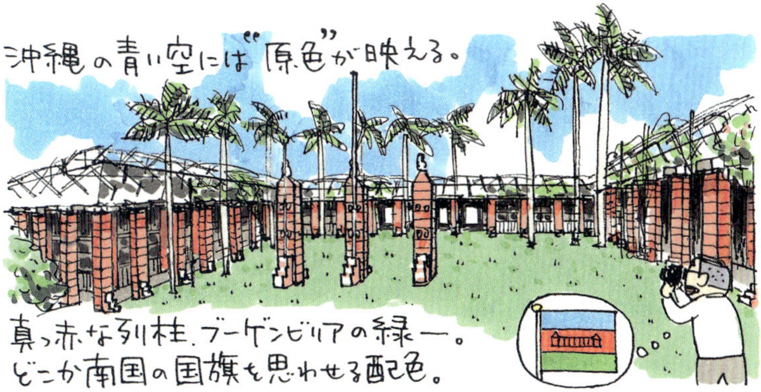

真っ赤な列柱、ブーゲンビリアの緑ー。
どこか南国の国旗を思わせる配色。

赤い列柱も、沖縄の強い日差しがなければ、これほど鮮烈な印象にはならないだろう。

この建物は、村中をくまなく歩いて調査するという「発見的手法」によって設計された。
といっても、小難しさは全くない。
むしろ、感じるのは**建築ってこんな簡単でよかったんだ**という安堵感。

断面図もこんなに簡単!

一見、複雑そうに見える屋根だが、木製トラスの下はのっぺりとしたコンクリートの切妻屋根。よく見ると、雨樋も付いていない。ベリー・シンプル!

講堂には天井裏がない。当初は屋上緑化の断熱効果も期待して、エアコンなしだったが…

さすがに今は、エアコンが付いている。

柱の足下は、日曜大工級の簡単ディテール。

複雑・高度化する現代の建築に行き詰まった人は、今帰仁で心の洗たくを。

1976

家に帰ろう

大高建築設計事務所

千葉県立美術館 | Chiba Prefectural Museum of Art

所在地:千葉市中央区中央港1-10-1 | 構造:RC造一部S造 | 階数:地下1階・地上2階 | 延べ面積:1万663m²(1-4期合計)
設計:大高建築設計事務所 | 施工:竹中工務店 | 竣工:1期(展示棟):1974年、2期(管理棟):1976年、
3期(県民アトリエ):1980年、4期(第8展示室など):1988年

この美術館は、千葉県に関係した美術作品を収集・展示し、地域の美術活動を振興することを目的として、1974年にオープンした。その2年後に管理棟を完成させて主要部が完成。その後も県民アトリエ（1980年）、第8展示室（1988年）などを順次増築している。

設計者は大高正人。前川國男の下で番頭格を務め、日本の建築界においてモダニズム陣営の先頭を走っていた建築家だ。1960年代にはメタボリズム・グループの一員としても活躍した。この美術館でも、格子状に展示室をつないで増築していく構成には、成長と変化を建築に採り入れようと目論んだメタボリズムの思考法がうかがえる。

しかし、外観の表情はそれまでの大高の作品と大きく違う。壁はタイルで覆われ、その赤茶色が庭の芝生に映えている。さらに印象的なのはその上に架かるスレート葺きの屋根だ。展示室中央のハイサイドライトを隠すように延びる屋根は「家型」をつくっている。「家型」とは三角形の屋根が架かった建物の形だ。この建物では、端部を切り欠いたり、方形を組み合わせたりして、伝統的な切妻に終わらせない工夫も施されている。

美術館の隣には高さ125mの千葉ポートタワーが建つ。その展望室に登ると、美術館の屋根がきれいに見える。タワーの完成は1986年だが、大高は60年代の終わりから千葉港周辺の整備計画にかかわってきた。美術館の屋根も、将来タワーから見られることを前提としたものなのだろう。

「家型」の源流

この建物を発表した『新建築』1976年10月号に、大高は「フラットルーフを追放せよ」と、激烈な調子の文章を寄せている。

フラットルーフは、ル・コルビュジエが近代建築の5原則のひとつに「屋上庭園」として挙げたことからも明らかなように、モダニズム建築を構成する重要な要素だ。大高の師である前川國男は、戦前の帝室博物館コンペで、いわゆる帝冠様式が上位を占めるなか、フラットルーフの案を出して落選している。このエピソードによって、前川は戦後の建築評論家から高く評価されることにもなる。フラットな屋根は、モダニズム建築の象徴であり、誇りであった。

大高の作品を60年代にさかのぼると、いくつかの建物で既に屋根の表現が見られる。例えば花泉農業協同組合（1965年）では、フラットルーフの上に小さな方形の屋根をチョコンと載せている。もっともこれらの建物ではフラットルーフがあくまで主役であり、その上に載っている傾斜屋根は脇役に

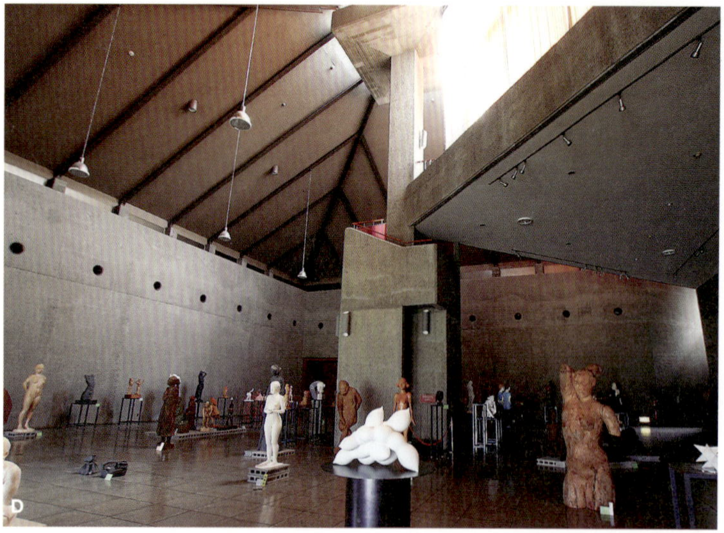

A 庭園から第6展示室棟を見る。右手の奥に見える方形の屋根の下は第7展示室 | **B** 左に見えるのは1980年に増築された県民アトリエ棟。内部に講堂や実技室を収める | **C** 第5展示室棟と第6展示室棟に挟まれた庭。屋根はところどころで軒を延ばし、壁に影を生み出す | **D** 天井の高い大空間の第7展示室。南西側の上部から自然光が入る。彫刻などを主に展示する | **E** 展示室の屋上から両側のハイサイドライトを見る | **F** 第5展示室の内部。ハイサイドライトを通じて柔らかな自然光が入り込む | **G** 1988年に増築された第8展示室。この部屋にはハイサイドライトがない

すぎない。しかし、千葉県立美術館以降の大高の作品は、傾斜した大屋根が必ず載るようになる。筑波新都市記念館（1976年、44ページ）、群馬県立歴史博物館（1980年）、福島県立美術館（1984年）などがその実例だ。

この傾向は他のモダニズム建築家にも見られるようになる。メタボリズム仲間の菊竹清訓は黒石ほるぷ館（1976年）、田部美術館（1979年）などで切妻や寄棟を試すし、御大の前川國男も、弘前市緑の相談所（1980年）ではついに傾斜屋根を載せた。さらには当時の若手建築家だった坂本一成や長谷川逸子らも、「家型」をテーマにした住宅をつくるようになる。そして「家型」は、米国のロバート・ベンチューリやイタリアのアルド・ロッシら、海外建築家の取り組みとも呼応して、ポストモダン建築を代表するイコンともなっていく。

近年、再び若手建築家のなかで「家型」に関心が集まり、これが流行となっているが、その源流は1970年代にあったのだ。この時代、何が「家型」への関心を呼び寄せたのか。

ロマンチックな夢としての家

日本列島改造論に沸く1972年、住宅業界では第三次マンション・ブームが起こる。この時期のマンションは郊外に手ごろな価格で建てられた。マンションが都心の高級な住宅から庶民の住まいへと変わっていったのがこの時期だった。多摩ニュータウンなど大規模なマンション団地の開発も進む。大高も広島基町・長寿園高層アパートを手がけている。

こうしたマンションには傾斜した屋根が架かっていない。つまり1970年代は、屋根のない家に多くの人々が暮らすようになった時代だったのだ。

一方ではこんなヒットソングも生まれる。小坂明子の「あなた」（1974年、作詞・作曲：小坂明子）は、愛しい人との幸福な暮らしを想像して歌にしたもので、その歌い出しは「もしも私が家を建てたなら」……。ここで家は、ロマンチックな夢として登場する。建築的な要素の具体的な描写は、大きな窓、小さなドア、古い暖炉の3つだけだが、この家には三角の屋根が載っていたに違いない。

現実の住まいから「家型」が失われていく一方で、家は理想の世界として現れてくる。帰りたいけれど帰れない、アルカディア（牧歌的な楽園）のようなもの。このころの建築家が「家型」に託したのも、そんな思いだったのではあるまいか。実際、この美術館の庭に出て建物をぼんやりと眺めていると、なんとなくハッピーな気分に包まれてくるのである。

大高正人といえば、菊竹清訓、黒川紀章らとともにメタボリズム運動をリードした一人だ。

だが、菊竹や黒川に比べると影が薄い感が否めない。
（今回調べて、大高の顔を初めて知った）

振り返ってみると、この建築巡礼で大高正人の建築を採り上げるのは4回目（ミド同人も含む）だ。実は大高が最多登場の建築家なのである。

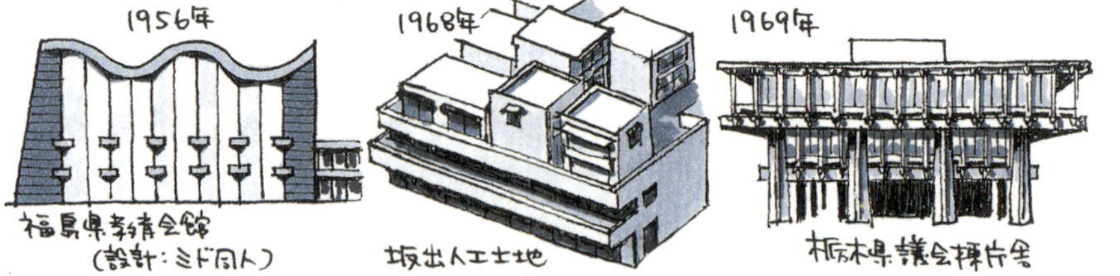

いずれも建築史に残る傑作だ。それなのになぜ、大高について語られることは少ないのか？ それは、70年代後半以降、大高の作風がガラリと変化したからだろう。その転換点が、この千葉県立美術館だ。

千葉県立美術館はメタボリズムへの絶縁状か？ それとも和風メタボリズムの第一歩か？

広大な芝生地に広がる大屋根の展示室群。

薄い軒が大きく張り出して、深い陰影を生む。

カッコイイ！

第1〜6展示室はこんな断面。

※大高正人氏は2010年に逝去されました

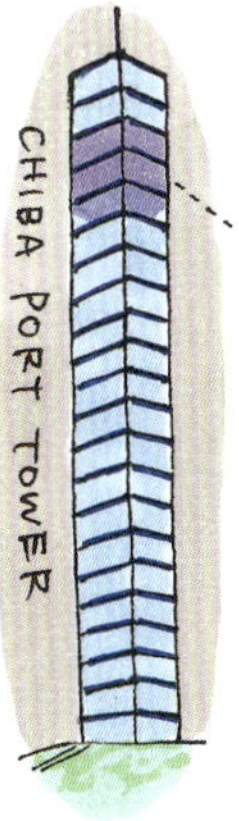

すぐそばに建つ千葉ポートタワー(1986年)の展望台から見下ろすと、美術館の全体像がよく分かる。屋上には見苦しい機械類が全くない。いずれ上から見下ろされるだろうことを意識していたのは明らか。

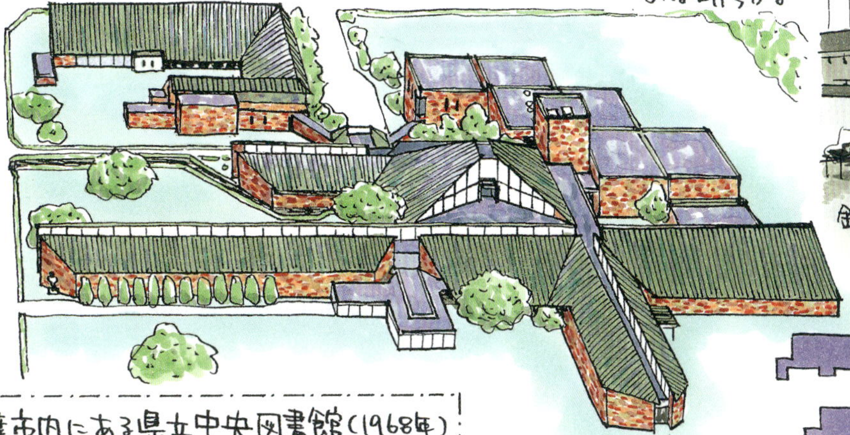

内部の見せ場は第7展示室。

鉄骨造の大屋根をコンクリートの巨大柱で支える。

同じ千葉市内にある県立中央図書館(1968年)は、大高設計のコテコテのメタボリズム建築だ。

フラットルーフ
プレグリッドシステム

それから8年後、県立美術館の雑誌発表時に大高はこう書いた…。

「フラットルーフを追放せよ」。ええっ?

まるでモダニズムあるいはメタボリズムからの転向を宣言するようなこの一文。一体どんな葛藤があったのか? そこんとこ、ちゃんと説明してほしい!

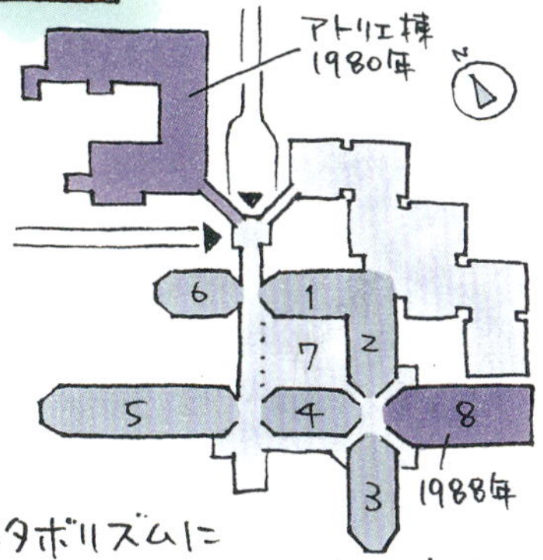

アトリエ棟
1980年
1
2
3
4
5
6
7
8
1988年

この建物は、竣工後に何度か、大高の設計で増築されている。

もしかしたら大高は、立体的に増殖するメタボリズムに限界を感じて、水平に展開するメタボリズムを試みようとしたのではないか? その可能性を突き詰めるために、あえてこう配屋根を自分に課したのでは?

あくまで宮沢の妄想です。

寄り道

1976,80

陸屋根には戻れない

洞峰公園体育館｜Doho Park Arena

筑波新都市記念館｜Tsukuba New City Memorial Hall

設計：大高建築設計事務所｜施工：地崎工業｜竣工：1980年

［体育館］所在地：茨城県つくば市二の宮2-20洞峰公園内｜構造：RC造・一部S造｜階数：地上2階｜延べ面積：6591㎡

設計：大高建築設計事務所｜施工：地崎工業｜竣工：1976年

［記念館］所在地：茨城県つくば市二の宮2-20洞峰公園内｜構造：RC造・S造｜階数：地上1階｜延べ面積：708㎡

大高建築設計事務所

大高正人が「フラットルーフを追放せよ」（43ページ参照）という檄文を発表した1976年に完成した記念館。同じ公園内の体育館も併せて見たい

つくばに行くなら、「洞峰公園」にも足を伸ばしたい。

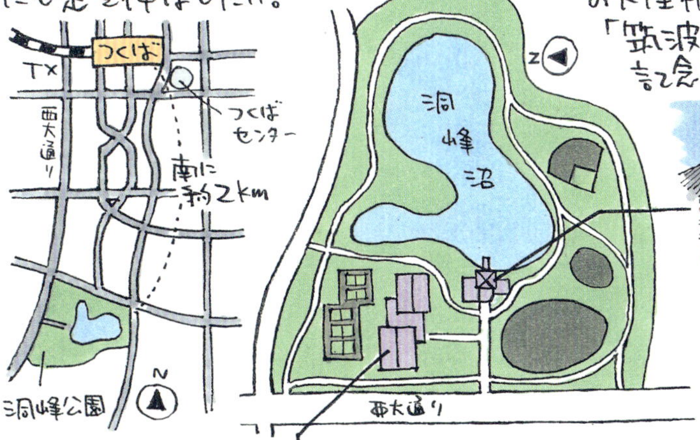

そこには『脱・フラットルーフ』を宣言した後期・大高正人の大屋根建築が2つ、並んで建っている。その一つが、「筑波新都市記念館」だ。

大小のこう配屋根と、水平屋根を組み合わせて、新しいモダニズムの表現を模索しているように見える。

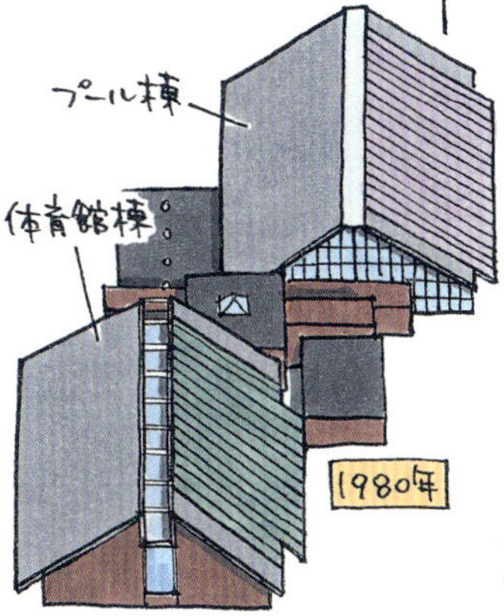

その4年後に完成した「洞峰体育館」は、一切の迷いがふっ切れたような、巨大切妻建築。

一見、大味だが、実は先駆的なエコロジー建築だ。

体育施設の屋根を集熱パネルにするのは理にかなった発想だ。どうして、一般化しなかったのだろう。

環境時代の今こそ見直されるべき建築だ。大高らしいかはさておき…。

寄り道

1977

なんとなくフラクタル

象設計集団

小牧市立図書館｜Komaki City Library

設計：象設計集団｜施工：飛島建設｜竣工：1977年
所在地：愛知県小牧市小牧5-89｜構造：RC造｜階数：地上2階｜延べ面積：2224㎡

閉館予定

平面を模写していたら、フラクタルっぽいことに気付いた。フラクタルが考案されたのは1975年。知っていたら、周囲を全部ギザギザにした？

象設計集団というと、「土着的」「集落」「手の痕跡」といったイメージが頭に浮かぶ。だが、小牧市立図書館は竣工時の写真を見る限り、そうしたイメージとかけ離れたものに見える。

以前から実物を見たいと思っていた。

小牧市立図書館は、住宅街にごく普通に建っていた。

南面のギザギザルーバーは健在だが、遠目にはそれほど目立たない。南国の強い日差しと青空の下であれば、もっと鮮烈な印象を与えるのであろうが…。

それでも、近づいて見ると、その幾何学造形はやはり美しい。（施工、大変だったろうなぁ…）

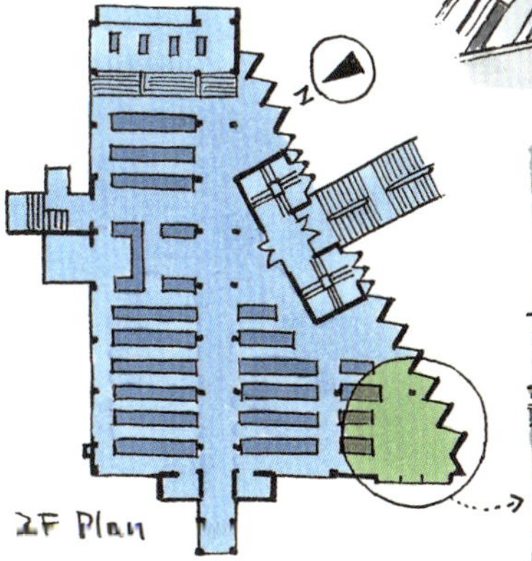

平面はこんな↑感じ。大きな三角形のまわりに大小の三角形がくっつく。当時から「フラクタル」を意識していた？

◀2階南側の閲覧スペース。ギザギザによって生まれたアルコーブが面白い。でも、ルーバーの効果は室内から見てもよくわからない。

正直、「このルーバー、なくてもよかったんじゃない？」と思ってしまう。おそらく、設計者も納得がいかなかったのでは？

しかし、そうした試行錯誤が後に、傑作「名護市庁舎」を生み出したと考えれば、それだけでこの建築には価値がある。

※現図書館は新図書館が2021年春に開館することに伴い閉館予定

1978

アナクロニズムの魔法

大江宏建築事務所

角館町伝承館［角館樺細工伝承館］ | Kakunodatemachi-Denshokan

所在地：秋田県仙北市角館町表町下丁10-1 | 構造：RC造一部S造 | 階数：地下1階・地上2階 | 延べ面積：2148m²
設計：大江宏建築事務所 | 構造：青木繁研究室 | 設備：森村協同設計事務所 | 展示：ユニデザインハウス・三輪智一 | 施工：大林組 | 竣工：1978年

東北の小京都と呼ばれる秋田県の角館町。現在は周辺の町村と合併して仙北市の一部となっている。この地で有名な伝統工芸品がある。ヤマザクラの樹皮を用いてつくる樺《かば》細工だ。角館町伝承館は樺細工をはじめとする地域の名産や、民俗資料を展示する施設として、1978年にオープンした。現在は名前を少し変え、仙北市立角館樺細工伝承館となっている。

場所は武家屋敷が集まる重要伝統的建造物群保存地区の真っただ中。立派な構えの古い門をくぐって敷地内に入ると、そこには何か懐かしい魅力をたたえながらも、ほかでは見たことがない奇妙な建物が建っている。屋根のシルエットはわら葺きの古民家を思い起こさせるが、レンガの壁は洋館風。そしてそこには、リカちゃんハウスのようなアーチ形の窓が開いている。その手前には列柱が並び、雪国の街に見られる雁木づくりを連想させる。近寄ってよく見ると、軒を支える細い丸柱はプレキャストコンクリート製なのであった。

入り口から内部を巡ると、展示室は普通だが、最後にたどり着く観光案内ホールが、アーチを組み合わせた小屋組の国籍不明の空間になっている。展示棟に囲まれた中庭もパティオのようだ。

この建物では、和と洋、過去と現在が、念入りにシャッフルされている。

博物館としての機能を重視してこの建物を設計するなら、四角い箱を並べたモダニズムの建築となるだろう。一方、周りに建っている武家屋敷のことを意識するなら、純粋に和風建築のスタイルで建てればすんなりと納まりそうだ。しかしこの建物の設計者は、どちらの道も採らなかった。一体どうして、こんな不思議な建築をつくったのだろうか。

伝統とモダニズムが「併存混在」

設計したのは、大江宏である。東京帝国大学で丹下健三と机を並べて建築を学び、建築家として独立してからは、後に工学部長まで務めることになる法政大学の校舎（1953年、58年など）を手掛けて、モダニズムを代表する作家として名を成す。

ところがその生まれをさかのぼると、日本の伝統建築にどっぷりと漬かった環境だった。父親の大江新太郎は明治神宮の造営や日光東照宮の修理を担当した建築家。その建築的教養をふんだんに吸収して、大江は育ったのである。

その本領は60年代の作品から発揮されていく。たとえば香川県立文化会館（1965年）は、鉄筋コンクリートの躯体に日本の木造建築を重ね合わせたもの。すぐ近くに建つ丹下健三設計の香川県庁舎（1958年）が、日本の伝統美をモダニズムへと吸

A 武家屋敷の通りに面した門から玄関をのぞく | **B** 回廊が巡る中庭を展示棟2階から見下ろす。冬季は雪を下ろす場所にもなる | **C** 回廊から中庭を見る | **D** わら葺き屋根を模したような観光案内ホールの屋根 | **E** 軒を支える柱はプレキャストコンクリート製 | **F** 展示室。樺細工の名品や地元の民俗資料などを展示している | **G** 観光案内ホールの内部。喫茶室も併設している

収統合しているの対し、文化会館では伝統とモダニズムが互いにゆずることなく同居している。こうした建築のあり方を、大江は「併存混在」(あるいは「混在併存」)というキーワードで説明した。

時をほぼ同じくして、米国のロバート・ヴェンチューリやイタリアのアルド・ロッシといった建築家が、歴史的な文脈を重視しようという建築論を著し、それにのっとった建築の実作が試されていくことになる。これがいわゆるポストモダン建築の始まりとされるわけだが、大江はその先駆者たちと図らずも歩みを合わせていたと言える。

建築の素型を探る

モダンからポストモダンへの流れは1970年代に、建築のみならず社会や文化を全体として巻き込んだ潮流となっていった。その変化を、時間に対する感覚の違いとして説明することもできる。

モダンの時代には、世界はだんだんと良くなっていくものと信じられていた。時間は過去から未来へと一方向に進むものとされていたのである。一方、ポストモダンの時代には過去と未来が不連続につながってしまうような感覚がある。

時代状況を理解するために、一本の映画に触れておきたい。ジョージ・ルーカス監督による『スター・ウォーズ』である。後にシリーズ化するが、その第1作(副題「新たなる希望」)は、角館町伝承館の竣工と同じ年に日本で公開されている。

冒頭のシーンを思い出そう。ジョン・ウィリアムズの有名な交響曲に合わせて、スクリーンの手前から奥へと文字が流れていく。その始まりは“A long time ago in a galaxy far, far away…”。

つまりこの映画で描かれているのは、はるか昔に遠い銀河で起こった出来事なのだ。ロボットや宇宙船といった未来的なテクノロジーの産物が画面狭しと動き回っていながらも、その時代は過去なのである。あえて時代を読み間違える態度。アナクロニズム(異なる時代の概念を混交すること)への志向が、そこには見て取れる。

『スター・ウォーズ』は、世界が抱える問題の提起や来るべき未来の予測といったそれまでのSF映画のシリアスなテーマから離れ、映画が本来持っている活劇の面白さを復活させることに成功する。過去のような未来。未来のような過去。そんな混乱を、人々は楽しみながら共有したのだ。

ルーカスと同じことを、大江宏も目指していたのではないか。時代にも地域にも縛られない、建築の素型を探ること。そのひとつの答えが、あの不思議な建築的ミクスチャー、角館町伝承館だったのである。

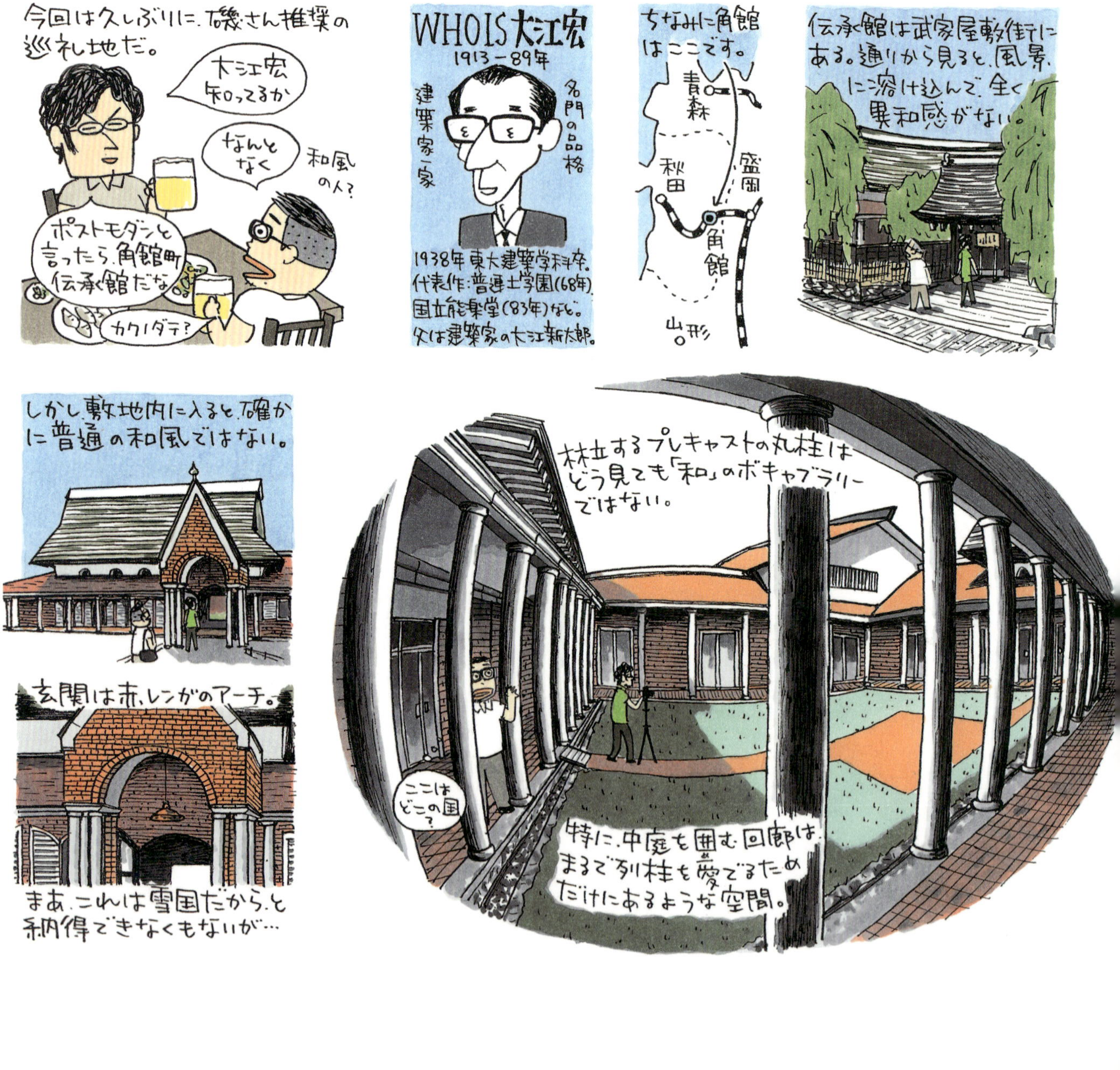
今回は久しぶりに、磯さん推奨の巡礼地だ。
大江宏知ってるか
なんとなく
和風の人？
ポストモダンと言ったら、角館町伝承館だな。
カクノダテ？
WHO IS 大江宏
1913－89年
建築家一家
名門の品格
1938年東大建築学科卒。
代表作：普連土学園（68年）、国立能楽堂（83年）など。
父は建築家の大江新太郎。
ちなみに角館はここです。
青森
秋田
盛岡
角館
山形
伝承館は武家屋敷街にある。通りから見ると、風景に溶け込んで、全く異和感がない。
しかし、敷地内に入ると、確かに普通の和風ではない。
玄関は赤レンガのアーチ。
まあ、これは雪国だから、と納得できなくもないが…
林立するプレキャストの丸柱はどう見ても「和」のボキャブラリーではない。
ここはどこの国？
特に、中庭を囲む回廊は、まるで列柱を愛でるためだけにあるような空間。

和室から見える光景はかなり不思議。
縁側の向こうにギリシャ
ワラ葺き屋根を模した案内ホールも…
実際は金属葺き
室内はヨーロッパの民家風。ここは、アーチを愛でるための部屋？
洋
和
中森明菜「DESIRE」風
しかし、想像していたほどキッチュな感じはしない。おそらくそれは「和」の基本がしっかりしているからだろう。大江の父、新太郎は、明治神宮造営技師も務めた「和」の大家。父親譲りの「和のDNA」は、ちょっとやそっとの異物ではぶれたりはしないのだ。
〈ここも見逃すな！〉
伝承館の近くにある「平福記念美術館」も大江の設計だ。完成は1988年。
美術館
武家屋敷通り
伝承館
この建物を見ると、10年間のポストモダンの進展を感じずにいられない。
ここにも回廊
ここでは、もはや切り妻の痕跡としてしか「和」は残っていない。
“折衷”を超えて、新しい“様式”をつくろうとしたようにも見える。
大江は70歳を過ぎて、和のDNAの解体に挑んだ。繊細そうに見えて実に大胆。
でも、やっぱり伝承館の方に引かれてしまうのは日本人だから？　大江先生、すみません！

1978

ツルツルとザラザラ

谷口·五井設計共同体

金沢市立図書館[金沢市立玉川図書館] | Library of Kanazawa City

所在地:金沢市玉川町2-20 | 構造:RC造一部S造 | 階数:地下1階·地上2階 | 延べ面積:6340m²
総合監修:谷口吉郎 | 設計:谷口·五井設計共同体 | 施工:大成建設·岡組建設共同体 | 竣工:1978年

敷地は金沢市の中心街から少し奥に入ったところにある公園の一画で、もともとは専売公社の社屋があった場所。大正2年(1913年)に建てられた工場の一部を、保存改修して古文書館として使うことになり、それに伴って隣に接続する形で新築されたのが、この図書館だ。

設計は谷口吉生が地元の五井建築設計研究所と共同で行った。そして、監修者として谷口吉郎の名前が入っている。谷口吉郎といえば、秩父セメント第2工場(1956年)や東京国立近代美術館(1969年)などを設計した建築家だ。金沢市の出身で、市内には石川県美術館(1959年、現・石川県伝統産業工芸館)などほかにもいくつかの作品がある。ご存じの通り、吉郎と吉生は親子の関係にあるが、生前に共同設計を果たしたのはこれだけ。吉郎没後の共演は、斎藤茂吉記念館(1967年、1989年増築)や、東京国立博物館(東洋館:1968年、法隆寺宝物館:1999年)がある。

ところで谷口吉生と聞いて、「おや?」と思う人もいるだろう。その名前は土門拳記念館(1983年)や豊田市美術館(1995年)など、一貫して上質なモダニズム建築を手がけてきた建築家として知られている。ポストモダン建築をテーマにしたこの本で、なぜ採り上げるのか。それはこの図書館が、モダニストですらもポストモダンへと接近してしまうポストモダン模索期の状況を、よく表した事例と考えるからだ。

質感を巡る対立

図書館は古文書館(現在は近世史料館)と細い路地状の空地を挟んで並んで建っている。二つの建物の外観は非常に対照的だ。赤レンガづくりの壁が陰影のある表情をつくり上げている古文書館に対し、図書館はコールテン鋼(耐候性鋼板)とガラスの組み合わせにより、ツルリとした面を見せている。その平滑さは驚嘆するほどで、プロダクト・デザインの精度を追求しているかのようである。

ツルツルの外皮というのは、1970年代の建築のひとつの流行だった。海外なら、I・M・ペイのジョン・ハンコック・タワー(1973年)、ノーマン・フォスターのウィリス・ファーバー・アンド・デュマ本社(1975年)、シーザー・ペリのパシフィック・デザイン・センター(1976年)などがすぐに思い浮かぶ。日本でも丹下健三の草月会館(1977年)や、葉祥栄のインゴット(1978年)といった例がある。いずれも抽象彫刻のような形の全面を、枠を出すことなくミラーガラスで覆っているところが特徴だ。

こうした外装は、モダニズムの究極の表現とも言えるだろう。建築界にモダニズムを広めた建築

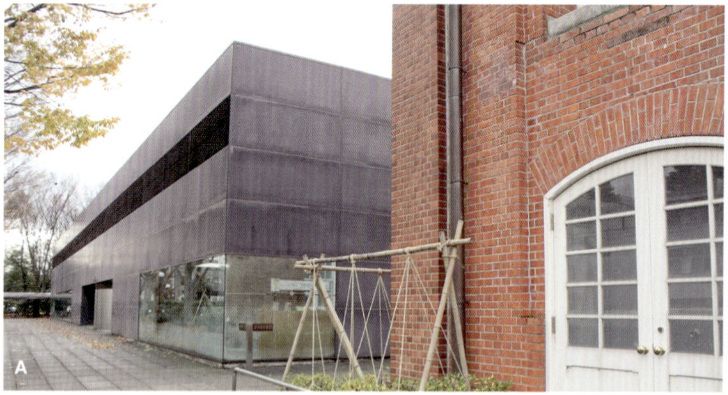

A たばこ工場を保存改修した古文書館(写真手前)と図書館の本館。本館の外装はコールテン鋼 | **B** 2つの建物はガラス張りの通路で結ばれる | **C** 中庭から古文書館を見る。中庭部分の壁は内側がレンガタイル貼り(外側はコールテン鋼) | **D** 南側の中庭。開架部門(右)と管理部門に挟まれた空間に、緑色に塗装された梁が架かる | **E** 曲面の開口部で仕切られた開架部門 | **F** 外から南側の中庭をのぞく。入り口部分だけ壁が門型にくり抜かれている | **G** 開架部門と2階の参考資料室とを結ぶ階段 | **H** 開架部門と管理部門をつなぐブリッジからガラス越しに中庭を見る

家、フィリップ・ジョンソンは、H・R・ヒッチコックとの共著『インターナショナル・スタイル』(1932年)のなかで、「表面の材料」という章を設け、平滑な被覆と表面の連続性を求めるべき性質としている。推奨された材料はスタッコ、合板パネル、大理石、金属プレートなどだったが、窓と壁の境が完全に消滅するガラスの外装は、彼らにとって理想だったはずだ。実際、ジョンソンは、ペンゾイル・プレイス(1976年)など、全体をガラスでくるんだ建築をこの時期に手がけている。

しかしこうした建築は批判も受けた。明治大学教授の神代雄一郎が『新建築』1974年9月号に発表した評論「巨大建築に抗議する」は、当時、完成した超高層ビルや大劇場を例に挙げ、その非人間性を告発したものだが、同じ超高層でもレンガ・タイルを張った東京海上ビル(設計:前川國男、1974年)は「いい建築」であり、ガラス・カーテンウオールの新宿三井ビル(設計:三井不動産・日本設計事務所、1975年)は「いやな建築」と断じる。

彼が評価するのは、レンガ壁の倉敷アイビースクエア(設計:浦辺鎮太郎、1974年)やノア・ビル(設計:白井晟一+竹中工務店、1974年)である。それらは「建築と人間との間の対話」が発生しているので好ましい、という。

この評論は「巨大建築論争」へと発展していくのだが、問題となっているのは規模の大小ではなく、材料の質感のように思える。1970年代の建築界では、モダニズムVSポスト・モダニズムの対立に先んじて、ツルツルVSザラザラの対立があったのだ。

「デジアナ」感覚のポストモダン

谷口吉生の金沢市立図書館に話を戻すと、周りから見た印象は確かにツルツルである。しかしこれをモダニズム建築と早合点してはいけない。建物を貫く中庭の床壁には、古文書館と共通するレンガがたっぷりと用いられている。つまりこの建物は、外側はツルツル、内側はザラザラなのだ。ここにこの建築のポストモダン性がある。

注意しておきたいのは、ザラザラだからポストモダンというわけではないこと(それはむしろプレモダンだろう)。そうではなくて、ツルツルとザラザラという矛盾する2つの質感が1枚の壁の表裏に共存していること、そうした強引なハイブリッド性こそが、ポストモダンの真髄なのである。

この図書館が竣工したのと同じ年、時計メーカーのシチズンは、デジタル表示とアナログ表示を混在させた腕時計「デジアナ」を発売する。デジアナ感覚のポストモダンとして、この建築を高く評価したい。

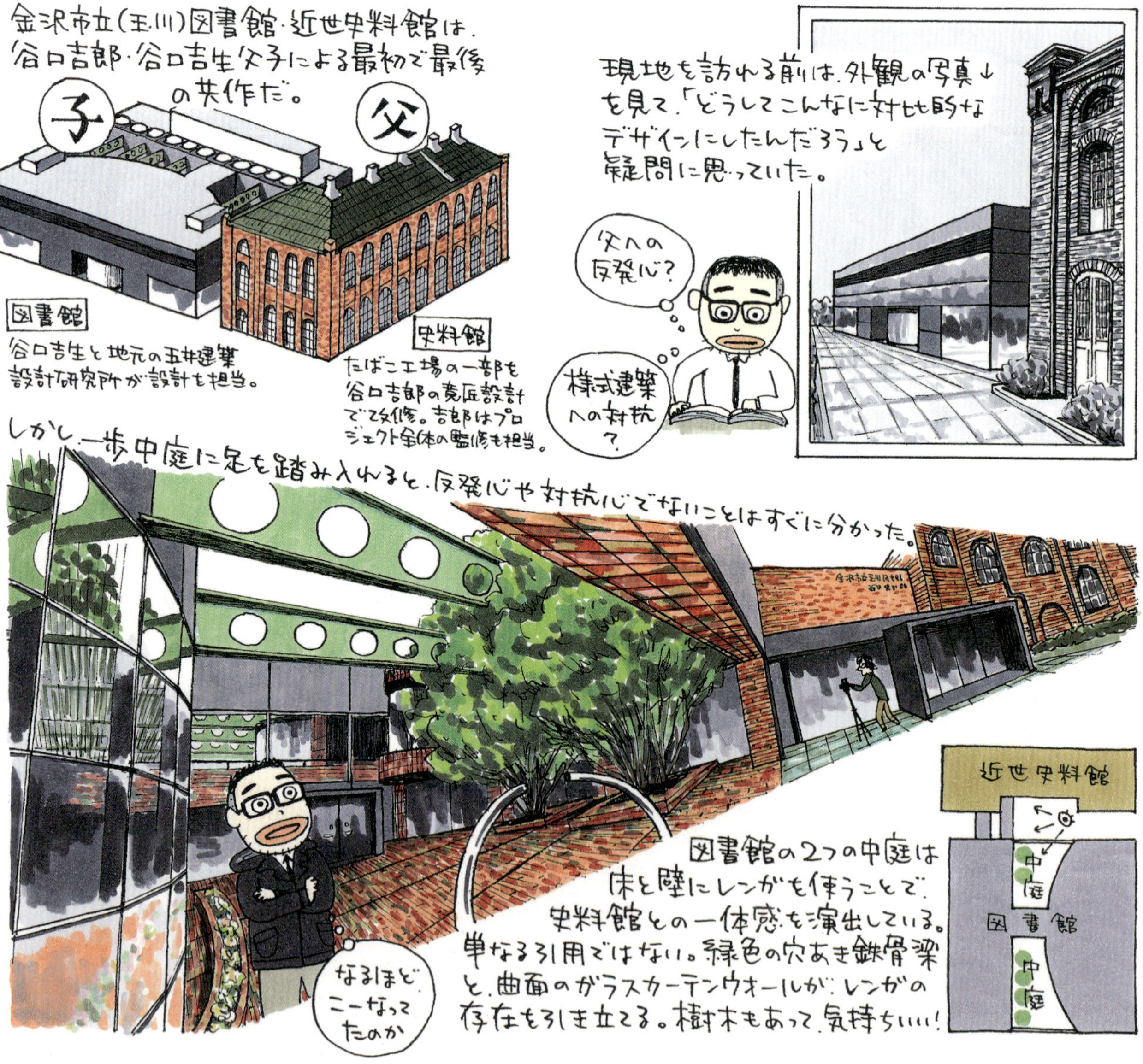
金沢市立(玉川)図書館・近世史料館は、
谷口吉郎・谷口吉生父子による最初で最後
の共作だ。
子
父
図書館
谷口吉生と地元の五井建築
設計研究所が設計も担当。
史料館
たばこ工場の一部を
谷口吉郎の意匠設計
で改修。吉郎はプロ
ジェクト全体の監修も担当。
現地を訪れる前は、外観の写真↓
を見て、「どうしてこんなに対比的な
デザインにしたんだろう」と
疑問に思っていた。
父への
反発心?
様式建築
への対抗
?
しかし、一歩中庭に足を踏み入れると、反発心や対抗心でないことはすぐに分かった。
なるほど
こーなって
たのか
図書館の2つの中庭は
床と壁にレンガを使うことで、
史料館との一体感を演出している。
単なる引用ではない。緑色の穴あき鉄骨梁
と、曲面のガラスカーテンウオールが、レンガの
存在を引き立てる。樹木もあって、気持ちいい!
近世史料館
中庭
図書館
中庭

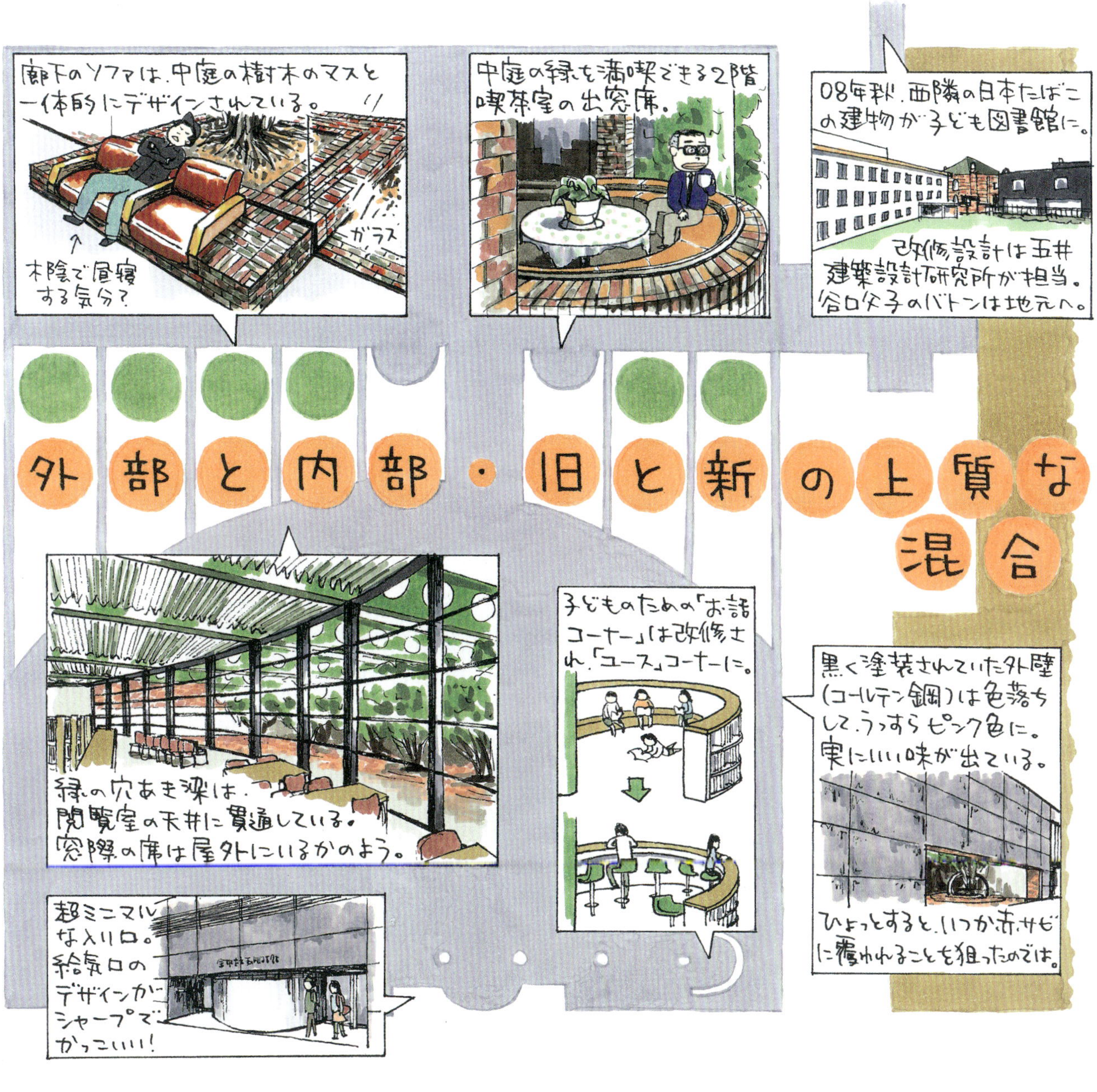
廊下のソファは、中庭の樹木のマスと一体的にデザインされている。
ガラス
木陰で昼寝する気分？
中庭の緑も満喫できる2階喫茶室の出窓席。
08年秋、西隣の日本たばこの建物が子ども図書館に。
改修設計は五井建築設計研究所が担当。谷口父子のバトンは地元へ。
外部と内部・旧と新の上質な混合
緑の穴あき梁は、閲覧室の天井に貫通している。窓際の席は屋外にいるかのよう。
子どものための「お話コーナー」は改修され、「ユース」コーナーに。
黒く塗装されていた外壁（コールテン鋼）は色落ちして、うっすらピンク色に。実にいい味が出ている。
ひょっとすると、いつか赤サビに覆われることを狙ったのでは。
超ミニマルな入り口。給気口のデザインがシャープでかっこいい！

寄り道

1980

渋谷のブラックホール

白井晟一研究所

渋谷区立松濤美術館｜The Shoto Museum of Art

所在地：東京都渋谷区松濤2-14-14｜構造：RC造｜階数：地下2階・地上2階｜延べ面積：2027㎡

設計：白井晟一研究所｜施工：竹中工務店｜竣工：1980年

衛兵が立っていそうな重厚なエントランスもすごいが、注目は中央部にある吹き抜け。上部から光が入るのに暗い。光はどこにいってしまうのか？

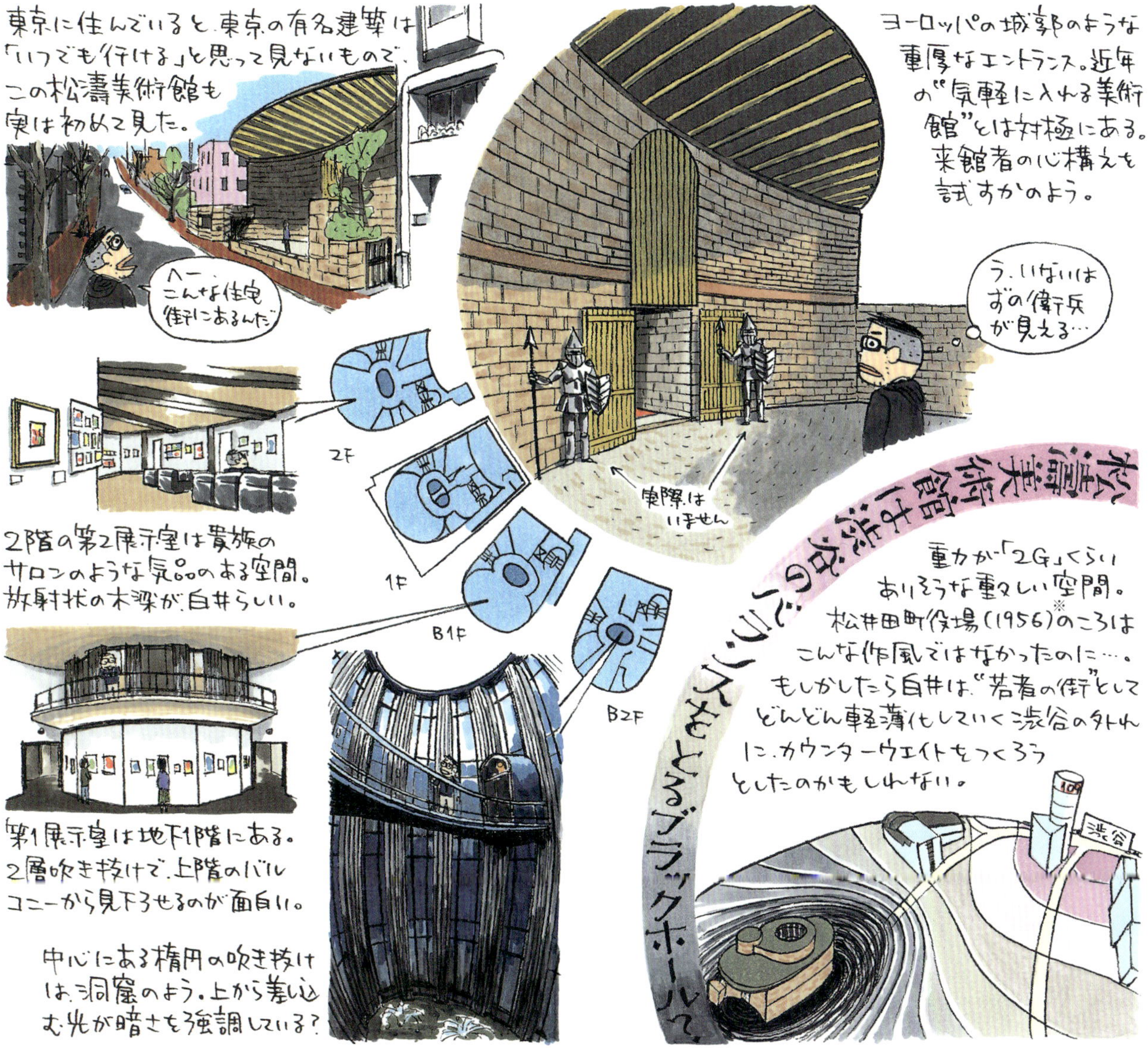

※松井田町役場は『昭和モダン建築巡礼 完全版1945-64』に掲載

1981

タコライスを味わいながら

Team ZOO
［象設計集団+アトリエ・モビル］

名護市庁舎 | Nago City Hall

所在地：沖縄県名護市港1-1-1｜構造：SRC造｜階数：地上3階｜延べ面積：6149m²
設計：Team ZOO（象設計集団+アトリエ・モビル）｜構造設計：早稲田大学田中研究室｜設備設計：岡本章・山下博司+設備研究所
家具設計：方圓館｜施工：仲本工業・屋部土建・阿波根組JV｜竣工：1981年

山原(ヤンバル)と呼ばれる沖縄本島の北部地方。その中心都市が名護だ。

1978年、市庁舎の建設にあたって公開コンペが実施された。国内の本格的なコンペは10年ぶりだったこともあって、全国から308組もの応募があり、その中から1等に選ばれたのが象設計集団とアトリエ・モビルの共同体「Team ZOO」だった。彼らは建築家、吉阪隆正の事務所から独立したメンバーを中心とする若手グループで、コンペが行われる8年も前から沖縄を何度も訪れ、集落調査を続けていた。名護に近い今帰仁村では、中央公民館(36ページ)の設計を既に手がけており、沖縄での実績も持っていた。

海風を入れて建物を冷やす

市庁舎が建つのは海の近く。北側は広場を介して住宅地が広がっている。そちらから見ると、建物は段状にセットバックし、張り出したところにはパーゴラ状の庇が架かっている。成長したブーゲンビリアが建物をはい上がり、落ちる影は濃さを増している。

この半屋外空間は「アサギテラス」と名付けられた。アサギとは神様が降りてくる場として沖縄の集落に設けられるもので、通常は壁がなく、方形の屋根が架かっている。設計者はそのイメージを庁舎に採り入れたのだった。

外装に使われているのは、沖縄の建築に広く用いられているコンクリート・ブロックだ。2色の組み合わせで、ストライプの模様をつくっている。竣工以来の年月の経過で、さすがに少し色があせた感じがする。

反対の国道側に回ると、こちらは3階までのファサードが垂直に立ち上がっている。そこに取り付けられているのは56体のシーサーだ。シーサーとは、沖縄の家屋に置かれる魔除けの像である。この建物では、県内各地のシーサー作家に1体ずつつくらせたという。

さらにじっくりと南側ファサードを眺めると、いくつもの穴が開いているのが分かる。建物を南北に貫くダクトの入り口で、ここから入ってくる涼しい海風が、建物を自然の力で冷やしてくれるという仕組みだ。亜熱帯の沖縄であるにもかかわらず、この建物は機械空調なしで建てられたのである。

「風の道」と呼ばれるこの自然通風システムは、残念ながら現在では使われておらず、エアコンの機械が入ってしまっている。これは設計者による押しつけのデザインが失敗したわけでは決してない。70年代末の時点では、空調している建物は市内にほとんどなく、「冷房なし」は設計の要綱でもあっ

A アサギテラスを西棟3階から見下ろす｜**B** 南側に突き出したスロープ。花ブロックは地元で製作されたもの｜**C** 1階のカウンターまわり。「風の道」が天井を走っている｜**D** 琉球ガラスで彩られた通路内観｜**E** アサギテラスの一部にはテーブルとベンチが置かれている｜**F** 3階の議場内部｜**G** 地元陶芸家の協力による屋外床の装飾｜**H** 西棟の屋上は芝で緑化されている

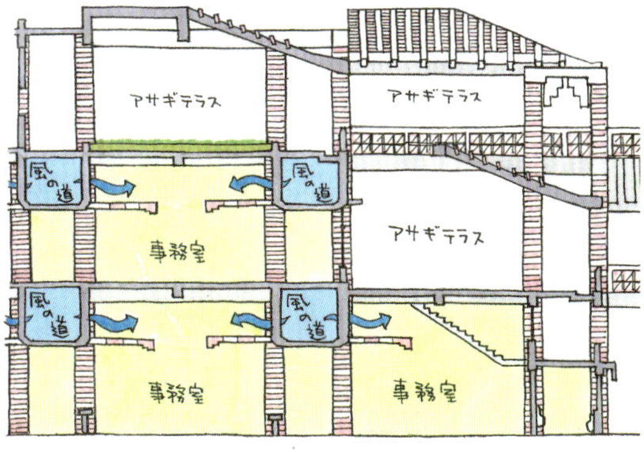

た。しかし現在、家もクルマも冷房のない方がまれだ。社会的な要求がこれだけ変わってしまえば、先進的な省エネルギー・デザインが通用しなくなってしまうのも仕方のないことだろう。

反復するアサギ。増殖するシーサー。縞模様で強調されたコンクリート・ブロック。この建物では、地域性が過剰なまでに表現されている。

批判的地域主義の例として

確かにこの時期、「地域」は建築界の大きなテーマとなっていた。名護市庁舎の完成と同じ年には、「批判的地域主義」という言葉も生まれている。

この言葉を広めたのは米国コロンビア大学で教べんを執る建築史家、ケネス・フランプトンである。著書『現代建築史』（邦訳：青土社）の1985年版で、彼は「批判的地域主義」の項を書き加え、この概念に当てはまる建築として、デンマークのヨルン・ウッツォン、スペインのリカルド・ボフィル、ポルトガルのアルヴァロ・シザ、スイスのマリオ・ボッタらの作品を採り上げる。そして日本代表として挙げたのは安藤忠雄だった。

この用語は「批判的」と付けたところがミソで、単なる民俗的なデザインとは異なることが強調されている。例えばフランプトンは安藤の建築に「普遍的な近代化と異種的な土着文化との狭間にあって感じ取った緊張感」を読み取る。しかし、現在から振り返ってみるに、この概念によりふさわしいのは、Team ZOOによる名護市庁舎の方ではあるまいか。

例えば、この建物の特徴となっているコンクリート・ブロックという材料だが、これは戦後に米軍が製造機を持ち込み、軍の施設や住宅用として普及したものである。つまり、名護市庁舎を設計する時点ではたかだか30余年の歴史しかない。これを設計者たちは、地域性を表現する材料として選び出した。彼らにとって地域性とは、あらかじめ与えられたものではなく、新たに発見されるものなのである。

沖縄には、首里城ほか計9つの「世界遺産」がある。
他国では現代建築も世界遺産に認定されるように
なった昨今、ぜひ10番目の候補に推薦して
ほしいのが、この**名護市庁舎**である。

築30年弱とは思えない風格。
これ↓よりも「遺産」ぽい？

西棟3階から東棟を見る

まず驚かされるのは、
北側の「アサギテラス」
周辺の植物の繁殖ぶり。
まるで、ジュラシック・パーク。

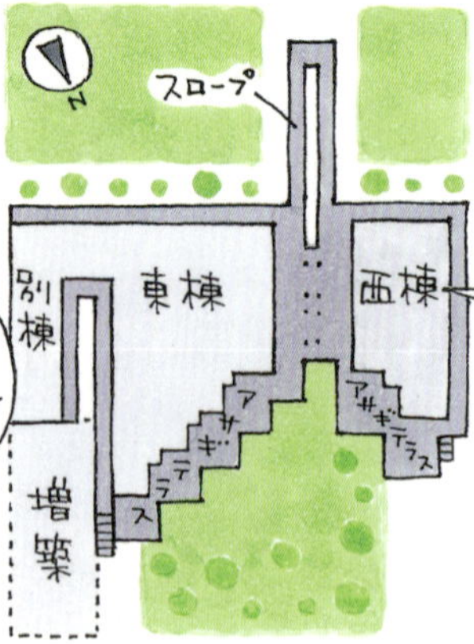

あまり知られていないが、西棟
の屋上には芝生広場がある。

「屋上緑化」「壁面緑化」といった
言葉が一般化する20年も前
に、ここまで植物を取り入れ
た建築があったとは…。

沖縄らしさとは何か

沖縄のアイデンティティーを表現した建築なら、むしろ地元建築家の作品の方が分かりやすい。思い浮かぶのは、金城信吉らが1975年の沖縄海洋博覧会のために設計した沖縄館（現存せず）だ。このパビリオンでは、赤瓦、シーサー、ヒンプン（沖縄の民家の前に立つ石積みの塀）といったアイテムを採り入れて、よりストレートに沖縄らしさを形にしていた。

こうした地元建築家の作品と比べると、名護市庁舎は圧倒的にモダンだ。外側のモロモロをはがしてしまえば、この建築は立体格子の連なりで成り立っている。そう、モダニズムを特徴付けていたあのグリッドだ。

加えて設計者のグループは、ル・コルビュジエの下で働いていた吉阪隆正の門下生たちである。そうした意味で名護市庁舎は、モダニズム直系の建築とも言えるのだ。

モダニズムと言えば「インターナショナル・スタイル」の名前で展覧会が催されたくらいで、世界の標準化を目指すグローバリズムの側に立っていた。地域主義＝リージョナリズムとは正反対の立場である。しかし名護市庁舎は、グローバリズムとリージョナリズムがその内部でぶつかり合っている。その葛藤が名護市庁舎をとらえるカギであり、批判的地域主義のサンプルとしてこの建物をとらえるゆえんである。

さらに言えば、この建築に沖縄らしさが感じられるとしたら、その葛藤があるからこそなのではないか。批判的地域主義の傑作が沖縄という地に誕生したのは、決して偶然ではない。

というのも、歴史を振り返ると、沖縄では常に異なる勢力が乗り込み合っていた。かつての琉球王国は日本と中国の二重支配の下にあったし、太平洋戦争後は米軍による占領を受ける。返還がなった現在も基地は残り、沖縄はリゾート地のある楽園のイメージと殺伐とした軍事拠点の両側面を併せ持っている。

沖縄で暮らす人々にとって、悩ましい状況であることには違いない。しかし一方で、それは沖縄独自の文化を生み出す原動力にもなっている。民謡とロックを融合させた喜納昌吉の音楽（「ハイサイおじさん」）がその代表だが、米国南部の料理と和食をミックスした「タコライス」もそうだろう。

この名物料理は1980年代に誕生したとされ、今や沖縄では全国チェーンの牛丼屋でも食べられるほど普及している。ケネス・フランプトンの口には合わないかもしれないが…。

市庁舎の南側の顔は、
56頭の獅子たち。（シーサー）

立面の単調さを打破する。巨大なスロープ。こんな長いスロープ、本当に使う人がいるの？と見ていると

片道約28m

結構、多くの人が使っていた。郵便屋さんのバイクが上ってきたのにはちょっとびっくり…。

南面からの見上げ

56頭のシーサーは、56人の職人によってつくられた。同じ形は一つもない。子どもたちや見学者のために「シーサー・ガイド」をつくれば面白いのに…。宮沢が気になったのは彼らです。

名護市庁舎 シーサー・ガイド

オシャレシーサー　親子シーサー　リーゼント(?)シーサー

ブルドッグ・シーサー　地球守護シーサー

実は1頭、壊れているようです。↓

ちなみに、コンペ案の段階では、シーサーはなかった。スロープも現状ほど飛び出してはいなかった。

コンペ案

幾何学的で美しいけれど、ちょっと物足りない感じ？

※市庁舎南側の56頭のシーサーは、台風や塩害による破損のため、2019年3月までにすべて撤去された

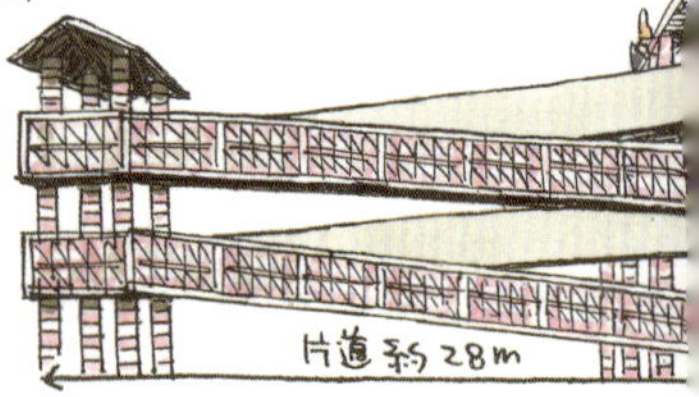

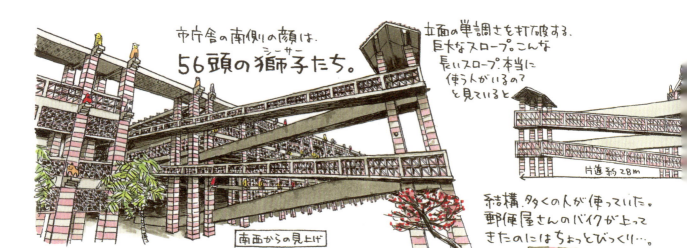

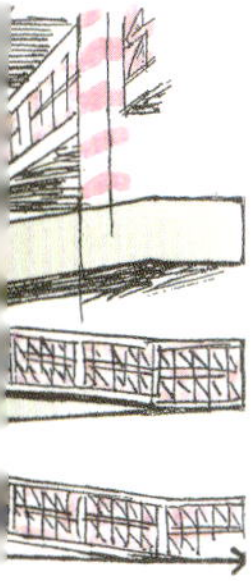

執務スペースには当初、エアコンがなかったが、今は付いている。

照明の上の片持ちコンクリート部は、当初、ピンクと白のシマ模様だった。

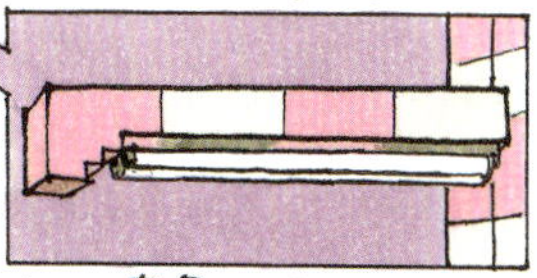

なぜ黄色になったかは不明。

受付台はギリシャ風。

議場は3階にある。中央に天窓があるものの、思ったほど変わった空間ではない。

竣工時の気負いが抜けて自然体になる獅子の建築

屋外通路は、鉢植えや生活用具で雑然としている。

想像図

出番を待つ扇風機たち。エアコン"解禁"前の4〜5月に活躍する。

2階のアサギテラスには洗い場もある。住宅のような生活感。

エアコンが付いたからといって、この建物の魅力が失われたわけではない。むしろ、竣工時の気負いが抜けて、自然体で使われている様子が好ましい。"獅子の建築"はつくり手の手を離れて歩き始めた。

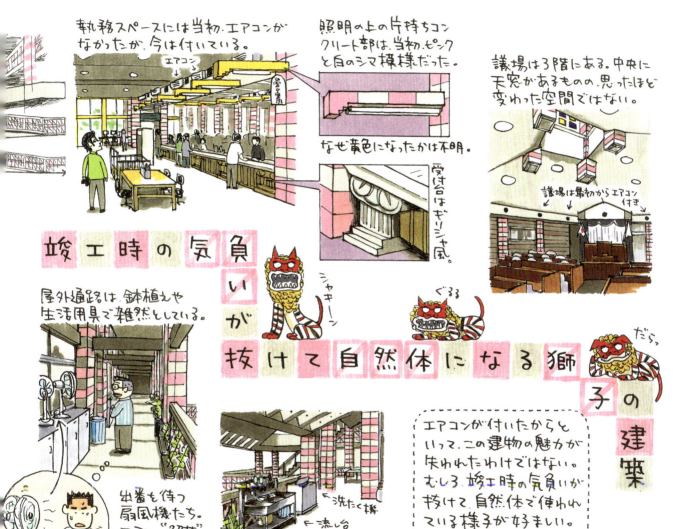

寄り道

1982,89

神秘からSFへ

毛綱毅曠建築事務所

釧路フィッシャーマンズワーフMOO｜Kushiro Fisherman's Wharf MOO

弟子屈町屈斜路コタンアイヌ民俗資料館｜Teshikaga Town Kussharo Kotan Ainu Museum

設計：北海道日建設計+毛綱毅曠建築事務所｜施工：フジタ+鹿島+戸田建設+村井建設+亀山建設JV｜竣工：1989年

[MOO]所在地：釧路市錦町2-4内｜構造：RC造・一部S造｜階数：地下1階・地上5階｜延べ面積：1万6029㎡

設計：毛綱毅曠建築事務所｜施工：摩周建設｜竣工：1982年

[資料館]所在地：北海道弟子屈町屈斜路市街1条通11番地先｜構造：RC造｜階数：地下1階・地上1階｜延べ面積：394㎡

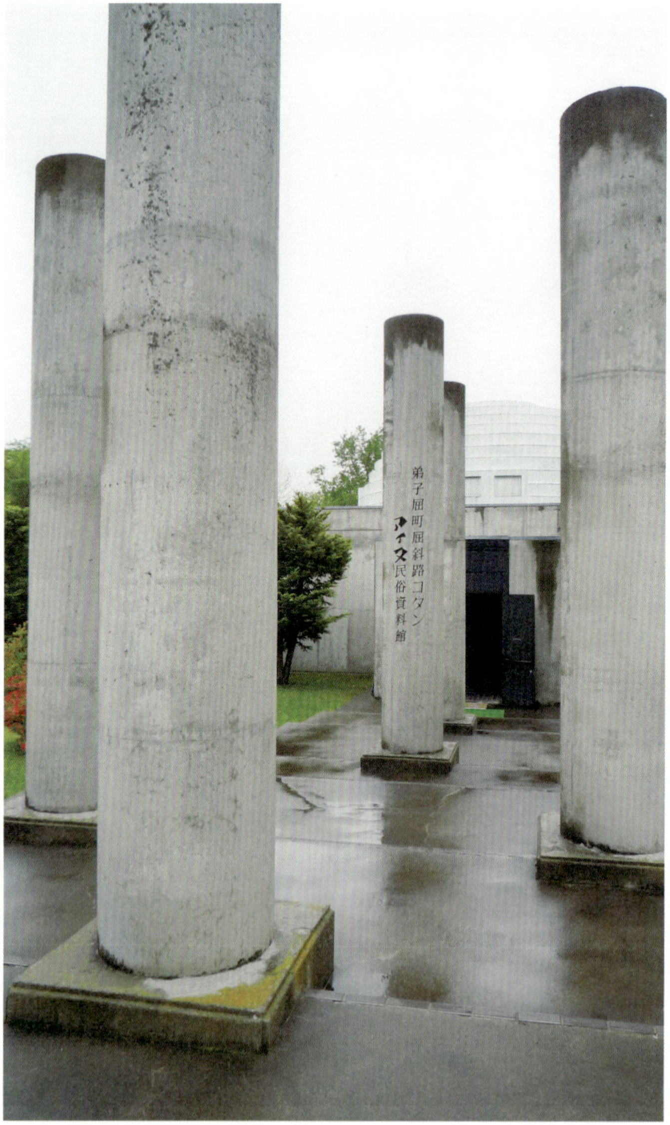

弟子屈町の資料館は「アイヌに見出された建築宇宙の元型を骨格にしている」（毛綱）という。釧路周辺を巡ると毛綱的宇宙観の変遷が分かる

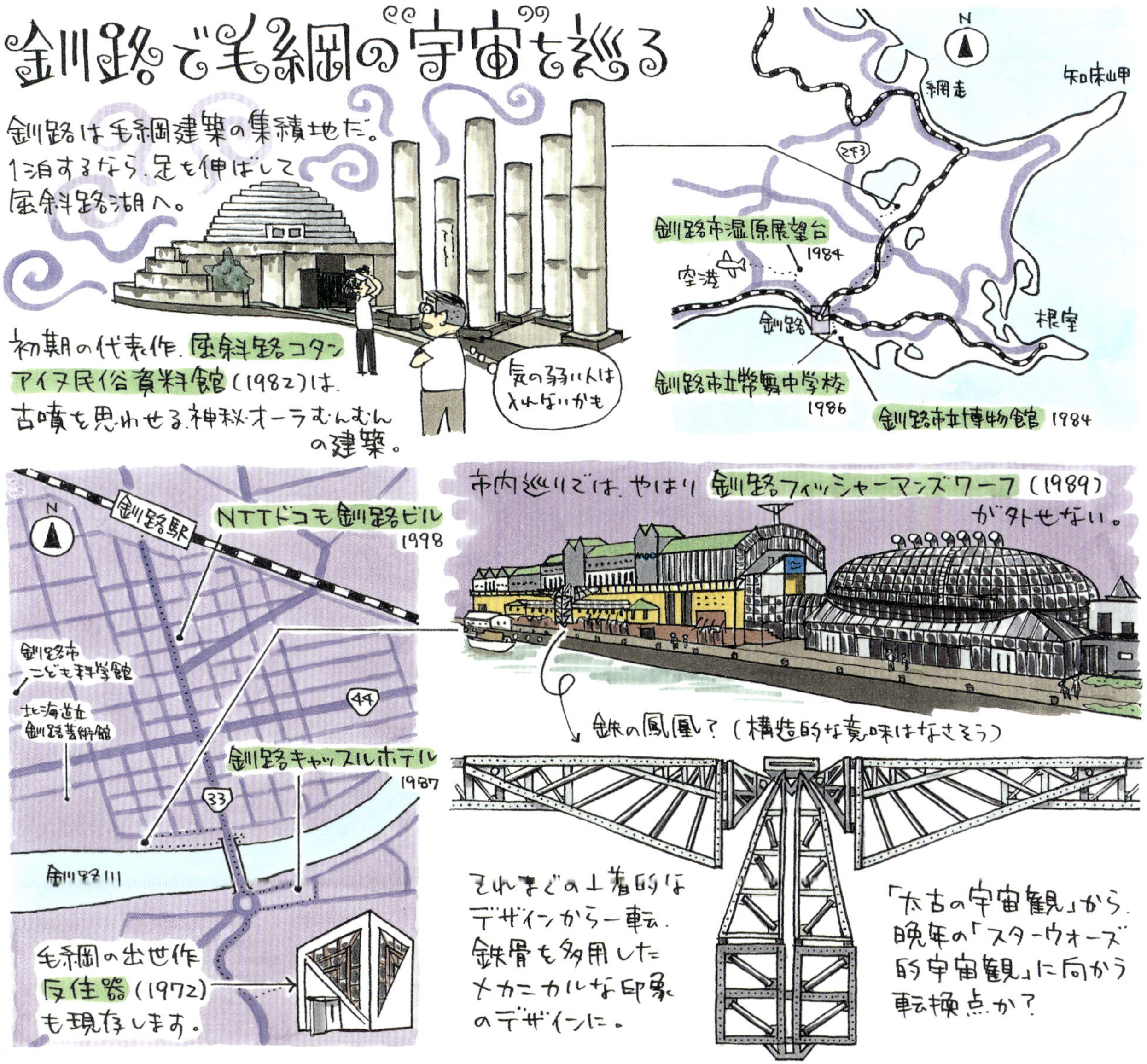
釧路で毛綱の宇宙を巡る
釧路は毛綱建築の集積地だ。1泊するなら、足を伸ばして屈斜路湖へ。
初期の代表作、屈斜路コタンアイヌ民俗資料館(1982)は、古墳を思わせる、神秘オーラむんむんの建築。
気の弱い人は入れないかも
N
網走
知床岬
243
釧路市湿原展望台 1984
空港
釧路
根室
釧路市立幣舞中学校 1986
釧路市立博物館 1984
釧路駅
NTTドコモ釧路ビル 1998
釧路市こども科学館
北海道立釧路芸術館
44
釧路キャッスルホテル 1987
33
釧路川
毛綱の出世作反住器(1972)も現存します。
市内巡りでは、やはり釧路フィッシャーマンズワーフ(1989)が外せない。
鉄の鳳凰? (構造的な意味はなさそう)
それまでの土着的なデザインから一転。鉄骨も多用したメカニカルな印象のデザインに。
「太古の宇宙観」から、晩年の「スターウォーズ的宇宙観」に向かう転換点か?

寄り道

1982

思わぬA級エンタメ建築

日建設計

新宿NSビル | Shinjuku NS Building

延べ面積：16万7668㎡ | 設計：日建設計 | 施工：大成建設 | 竣工：1982年

所在地：東京都新宿区西新宿2-4-1 | 構造：S造（4階以上）、鋼管立体トラス（大屋根） | 階数：地下3階・地上30階

今でもこの建築を訪れると、首が痛くなるほど吹き抜けを見上げてしまう。空中歩廊は、林昌二が反対の声を押しのけて実現したという

筆者（宮沢）が「建築」に足を踏み入れる前に感動した建築が2つある。1つは、小学生の時、バスから見た代々木第2体育館。

そのシルエットは、小学生の目にも「力の流れ」を直感させた。

そして、もう1つが大学生の時に見た、新宿NSビル。こちらは外観の記憶はほとんど残っていない。

感動したのは、1階から最上階（30階）までを貫く、巨大な吹き抜け。「低予算のB級映画だと思っていたら、一級の娯楽映画だった」みたいな心地良い裏切り感。

空中ブリッジ（29階）から吹き抜けを見下ろすという演出も東京ビギナーの心をとらえた。

吹き抜けの仕上げがあえて外壁っぽい（アルミコルゲート板）のも、「都市の中の都市」みたいで面白い。

ところで、長い間腑《ふ》に落ちなかったのが、内部にくらべて地味な外観。今回、資料を調べてわかった。設計チームの林昌二によると、屋根は「はね上げ橋」風に、外壁は「金・銀2色」に色分けしたかったとのこと。うーん、それも見てみたかった…。

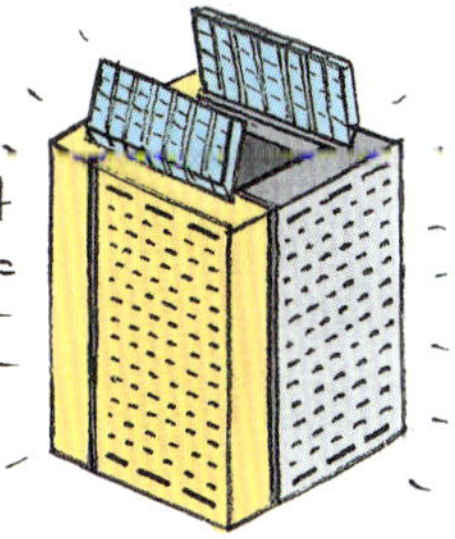

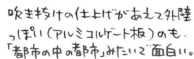

寄り道

1982

フェロモンをまく〝蝶〟高層

丹下健三・都市・建築設計研究所

赤坂プリンスホテル［グランドプリンスホテル赤坂］新館｜Akasaka Prince Hotel

設計：丹下健三・都市・建築設計研究所、鹿島（構造・設備）｜施工：鹿島｜竣工：1982年
所在地：東京都千代田区紀尾井町1｜構造：SRC造・S造｜階数：地下2階・地上39階｜延べ面積：6万7751㎡

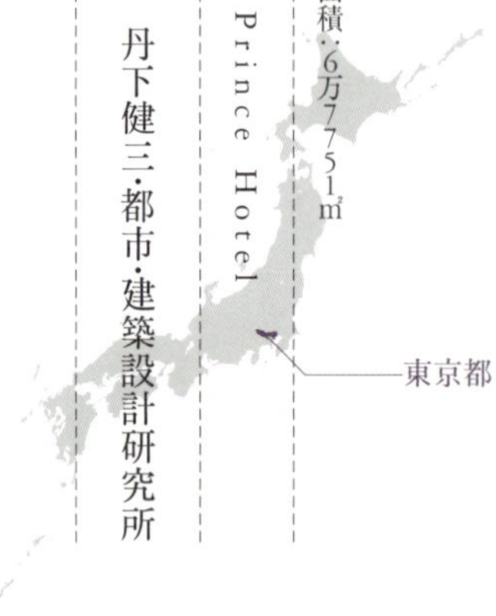

解体

閉館後、東日本大震災の被災者を受け入れた。解体工事は、元施工の鹿島を抑え、大成建設が落札。最初から最後まで話題をまき続けた

いつかは
赤プリ…
非東京出身
←平均的大学生

バブル期に学生時代を過ごした筆者（宮沢）にとって、「赤プリ」という言葉は特別なあこがれ感を思い起こさせる。

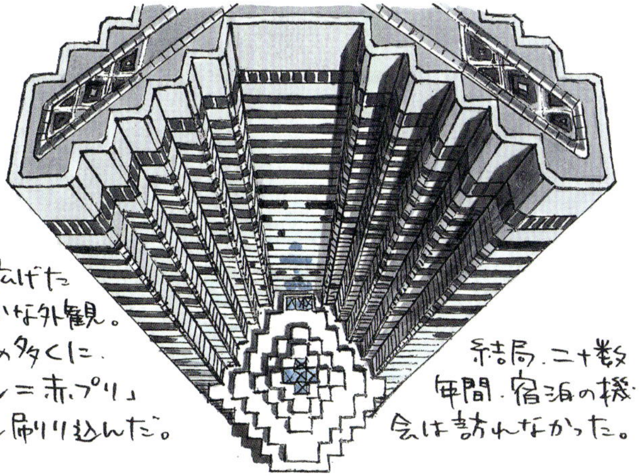

蝶が羽を広げたような、華やかな外観。当時の若者の多くに、「シティ・ホテル＝赤プリ」という図式も刷り込んだ。

結局、二十数年間、宿泊の機会は訪れなかった。

ご存知のように、赤プリは2011年3月末で閉館。建て替えの予定だ。そこで、

憧れの赤プリに泊まってみた。

※宿泊したのは閉館2日前の3月29日。

最初で最後
の夜景か…

コーナー部に設けられた大開口とソファが、ゆったり感を与える。天井高が2.4mと低いことが、建て替えの一因といわれているが、全く気にならなかった。

化粧コーナーの椅子は、E.サーリネンがデザインした「チューリップ・チェア」。ミッドセンチュリーな雰囲気がいい感じ。この椅子、どうなるんだろう…。
ちなみに、1階喫茶の椅子もチューリップ・チェアでした。

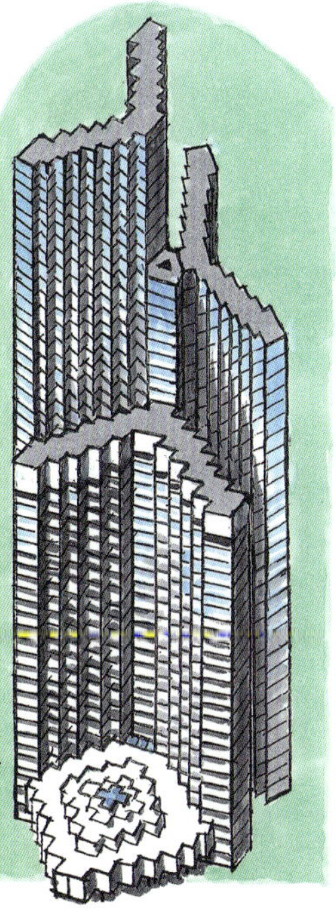

それにしても、これほど象徴性の高い外観を変えてしまうのは、経営的にもマイナスなのでは？　床面積を増やすことが目的ならば、「増築」でもいいはず。例えば、こんなのはどう？　西武の幹部の方、今からでもご検討を！

※旧赤坂プリンスホテル新館は2012〜2013年に解体された

寄り道

1982

リアル姫路城を引用

兵庫県立歴史博物館 | Hyogo Prefectural Museum of History

丹下健三・都市・建築設計研究所

設計：丹下健三・都市・建築設計研究所（実施設計は兵庫県都市住宅部営繕課と共同）|施工：鹿島|竣工：1982年

所在地：兵庫県姫路市本町68|構造：RC造・一部S造|階数：地下1階・地上2階|延べ面積：7466㎡

兵庫県

姫路城天守閣は2015年に保存修理工事を終え、この写真よりも白くなった姿が、ミラーガラスに映る

兵庫県立歴史博物館は、姫路城天守閣の北東400mの所にある。
史跡に近いため、高さは11m以下に抑えられた。
そのためか、ぱっと見て丹下健三と分かるダイナミックさはない。
わずかに丹下らしさを感じさせるのは、伝統木造を思わせる軒下。
(換気口)
エントランスホールは
平面に対して斜めに架かる梁が特徴的。
意図は分かるが、それほどインパクトはない。
この博物館は83年4月に開館した(竣工は82年)。当時、丹下は赤坂プリンスホテル(82年)やイタリアの都市再開発などのビッグプロジェクトに忙殺されていた。
2階西側の通路からは、姫路城がよく見える。
でも、誰だってこうするよなぁ
丹下健三、手を抜いたのか?
などと、少しがっかりしつつ西側の広場に出ると…
ん?これは
ミラーガラスに借景!
喫茶室のミラーガラスにベストアングルの姫路城が!!
見えない
姫路城の方向を見ても、木々に隠れて、実物は見えない。
同時代のポストモダン建築が「歴史の引用」に走る中で、丹下は「本物」を取り込んでしまった。これぞ究極のポストモダン?

2

隆盛期

1983—1989

1983年、「つくばセンタービル」が完成。
有名建築をあからさまに引用したこの建物は、ポストモダン建築における一つの到達点を示した。
時を同じくして、「野武士たち」と呼ばれる若手建築家たちは、
それぞれのスタイルで注目作を完成させる。
日本のポストモダン建築が花開いたのがこの時期だと言えるだろう。
見た目にも強烈なこれらの建築は、話題をさらう一方で守旧派からの風当たりも強くなる。
モダンVSポストモダン、対立の構図はバブル景気が到来することにより、
なし崩し的にポストモダン側へと振れていく。
そこに海外からも先鋭的なデザインで知られる建築家が参入。
日本は海外建築家にとっても夢の国となっていた。

080 17 | **つくばセンタービル** 1983
086 18 | **直島町役場** 1983
092 19 | **伊豆の長八美術館** 1984
098 20 | **釧路市立博物館** 1984
21 | **釧路市湿原展望資料館** 1984
104 22 | **球泉洞森林館** 1984――寄り道
106 23 | **世田谷美術館** 1985
112 24 | **盈進学園東野高等学校** 1985
118 25 | **織陣** 1986
124 26 | **ヤマトインターナショナル** 1986
130 27 | **石垣市民会館** 1986――寄り道
132 28 | **東京都多摩動物公園昆虫生態館** 1987――寄り道
134 29 | **龍神村民体育館** 1987――寄り道
136 30 | **東京工業大学百年記念館** 1987――寄り道
138 31 | **フィッシュダンス** 1987――寄り道
140 32 | **兵庫県立こどもの館** 1987
146 33 | **アサヒビール吾妻橋ビル＋吾妻橋ホール** 1989
152 34 | **湘南台文化センター** 1989
158 35 | **東京都葛西臨海水族園** 1989――寄り道

1983

ノリツッコミの極意

磯崎新アトリエ

つくばセンタービル | Tsukuba Center building

所在地：茨城県つくば市吾妻1-10-1｜構造：SRC造・RC造・S造｜階数：地下2階・地上12階｜延べ面積：3万2902 m^2（竣工時）
設計：磯崎新アトリエ｜構造設計：木村俊彦構造設計事務所
設備設計：環境エンジニアリング｜施工：戸田・飛島・大木・株木建設JV｜竣工：1983年

東京・秋葉原からつくばエキスプレスの快速に乗って45分。2005年にこの新路線が開通して、つくばはずいぶんと便利になった。つくば駅からは、ペデストリアンデッキを渡って、すぐに目的地へとたどり着く。

つくばセンタービルは、ホテル、飲食施設、銀行、音楽ホールなどを収めた複合施設だ。建物はL字形に並んでおり、それに囲まれて1階のレベルに楕円形のフォーラムがある。

この庭はミケランジェロが設計したローマのカンピドリオ広場（16世紀半ば）を真似たものだ。形も大きさも同じ。ただし、床のパターンは白黒が反転され、丘の上の広場はサンクンガーデンへとひっくり返されている。中心にある騎馬像の代わりには噴水が据えられた。

外壁のところどころに見られる円柱と角柱を交互に積んだような柱型は、ルドゥーによる「ショーの製塩工場」（1779年）の鋸状柱を思い起こさせる。高層棟は西洋建築の原理である三層構成を採ったもの。このほかにもいろいろと西洋建築の手法が採り入れられていることから、この建築は歴史的な建築様式を取り込んだポストモダン建築の代表とされてきた。

しかし、ポストモダン建築の流行がはるかに過去となった今、この建物を改めて見ると、まず目が行くのはそのモダン性だ。

とりあえず空虚を埋めるもの

例えば立方体のモチーフが、壁面の分割、開口部、ホールのホワイエの天井など、執拗に繰り返されている。これは磯崎が群馬県立近代美術館や北九州市立美術館など1970年代の作品で用いていた方法だ。当時の磯崎は、立方体が連続する3次元のグリッドに建物を返してしまうことによって、建築にまつわる美学や政治といったもろもろを抜き去ってしまおうと目論んだ。つまり、立方体が意味しているのは「空虚」だった。

つくばセンタービルの設計でも、この手法から出発したのではないかと想像する。しかし空虚なままを保つのは難しい。外から入り込んでくる空気によって、真空状態はたやすく破られる。つくばではこの空虚を、国家を象徴するもので埋めることが暗に要請されていた、と磯崎は言う。なぜならつくばは、過密化した東京の首都機能を移転するべく計画された国家プロジェクトであり、この建物はその中心を担う施設だったからだ。

しかし磯崎はそれを拒否した。そして、とりあえず空虚を埋めるものとして、日本とは何の関係もないヨーロッパの歴史建築を選んだ。Capitol（国の

A カンピドリオ広場を模したフォーラム越しにホテル棟を見る。ホテルは当初、筑波第一ホテルだったが、現在はオークラフロンティアホテルつくばになっている | **B** フォーラムを見下ろす。許可を得てホテル11階のテラスから撮影 | **C** 音楽ホール(ノバホール)のホワイエの位置を表す南面ファサードの一部 | **D** 立方体、鋸状柱、モンローカーブなどがコラージュされたホテルのファサード | **E** 遠近法を強調したホテルロビーの階段 | **F** 大宴会場内部のステージは太い円柱とペディメントでかたどられている | **G** 大宴会場のホワイエのレリーフ。大理石にテラゾーを埋め込んで描かれている

中心）の代わりに、Capitolino（カンピドリオ広場の別名）を。そんな思い付きだったのかもしれない。

「ノリつつシラケる」

つくばセンターの周辺をぶらぶら歩いていると、1kmほど北にある松見公園の展望塔（設計：菊竹清訓）から、音楽ホールのホワイエまでが、広場と街路を貫いて一直線で結ばれていることが分かった。こうした都市デザインとの親和性も、この建物のひとつの特徴である。

つくばの新都市が計画されたのは1960年代。モダニズムの延長で、都市もデザインされた。線形に延びていく都市構造や、ペデストリアンデッキによる歩車分離に、当時の設計手法が見て取れる。ハシゴ状に配された幹線道路は、丹下健三が構想した「東京計画1960」（これには磯崎もスタッフとして加わっていた）のようでもある。

しかし、東京からの機能移転はなかなか進まず、人口も予定通りには増えなかった。都心部のまちづくりは遅れ、つくばセンタービルの周りも、中心市街区とは言い難い寂しい雰囲気のままだった。時代は既に1970年代末。モダンな都市デザインの有効性に疑問符が付けられていた。

そんな状況でこのつくばセンタービルは設計されたのだが、意外なほどに周辺の都市デザインをきちんと受け止めている。先に挙げた都市軸の導入しかり、周囲の床タイルをそのまま踏襲したというペデストリアンデッキの材料選択しかり。モダン都市の成れの果てに対して、必要以上とも思える順応の身振りを見せているのだ。

そのうえで、近代都市デザインにおいても重要な役割を果たすと考えられていた広場を、実在するマニエリスム建築の引用でつくってしまった。そうした方法によって、モダニズムがよって立つ設計理念を茶化したのである。

80年代において、こうした態度は、ひとつのスタイルとして奨励されていた。思い起こせば当時、「ニューアカデミズム」というブームがあって、その火付け役だった浅田彰は、つくばセンタービル完成と同年に発行したベストセラー『構造と力』（勁草書房）で、こんなふうに書いている。「対象と深くかかわり全面的に没入すると同時に、対象を容赦なく突き放し切って捨てること。（中略）簡単に言ってしまえば、シラケつつノリ、ノリつつシラケること」。

これを今、お笑い用語で言うならば、ボケの無茶なフリにしばらく乗ってから突っ込む、ノリツッコミの極意か。人気漫才師のタカアンドトシをここに呼んで、「欧米かっ！」と突っ込み返してもらうというのはどうだろう。

今回の巡礼地は「つくばセンタービル」である。

←こんなイメージ画を何度か目にしていたので、薄汚れた外観を想像していたのだが…

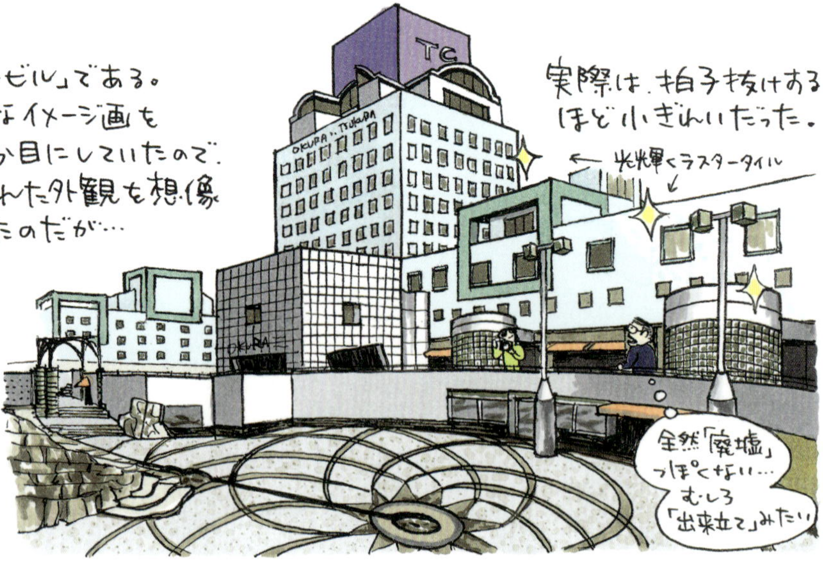

実際は、拍子抜けするほど小ぎれいだった。

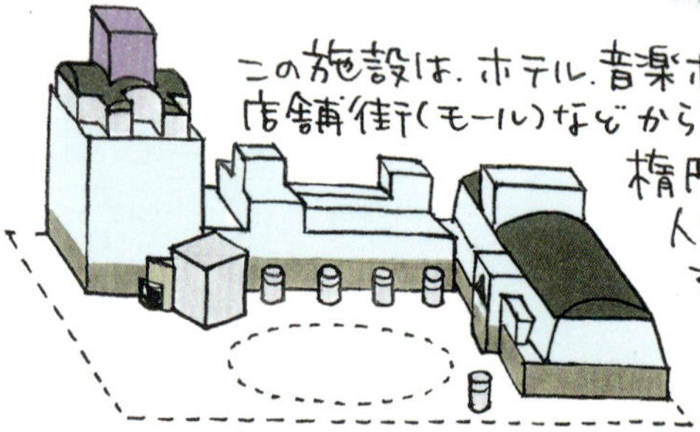

この施設は、ホテル、音楽ホール、店舗街(モール)などから成る。

楕円形の広場(1階)と人工地盤(2階)によってそれぞれの機能を立体的に結び付けている。

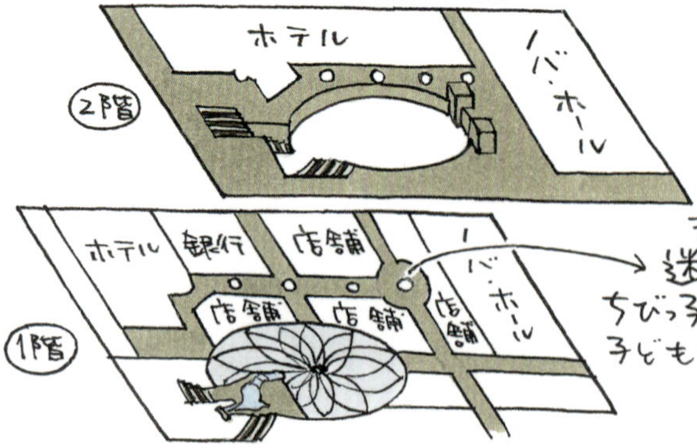

人工地盤の上に並ぶガラスブロックの円筒。中は見えない。一体何?
正解は、1階に光を入れる筒状天窓でした。

モール内にある迷路状のベンチ。ちびっ子が大はしゃぎ。子どもを意識したのか、たまたまか?

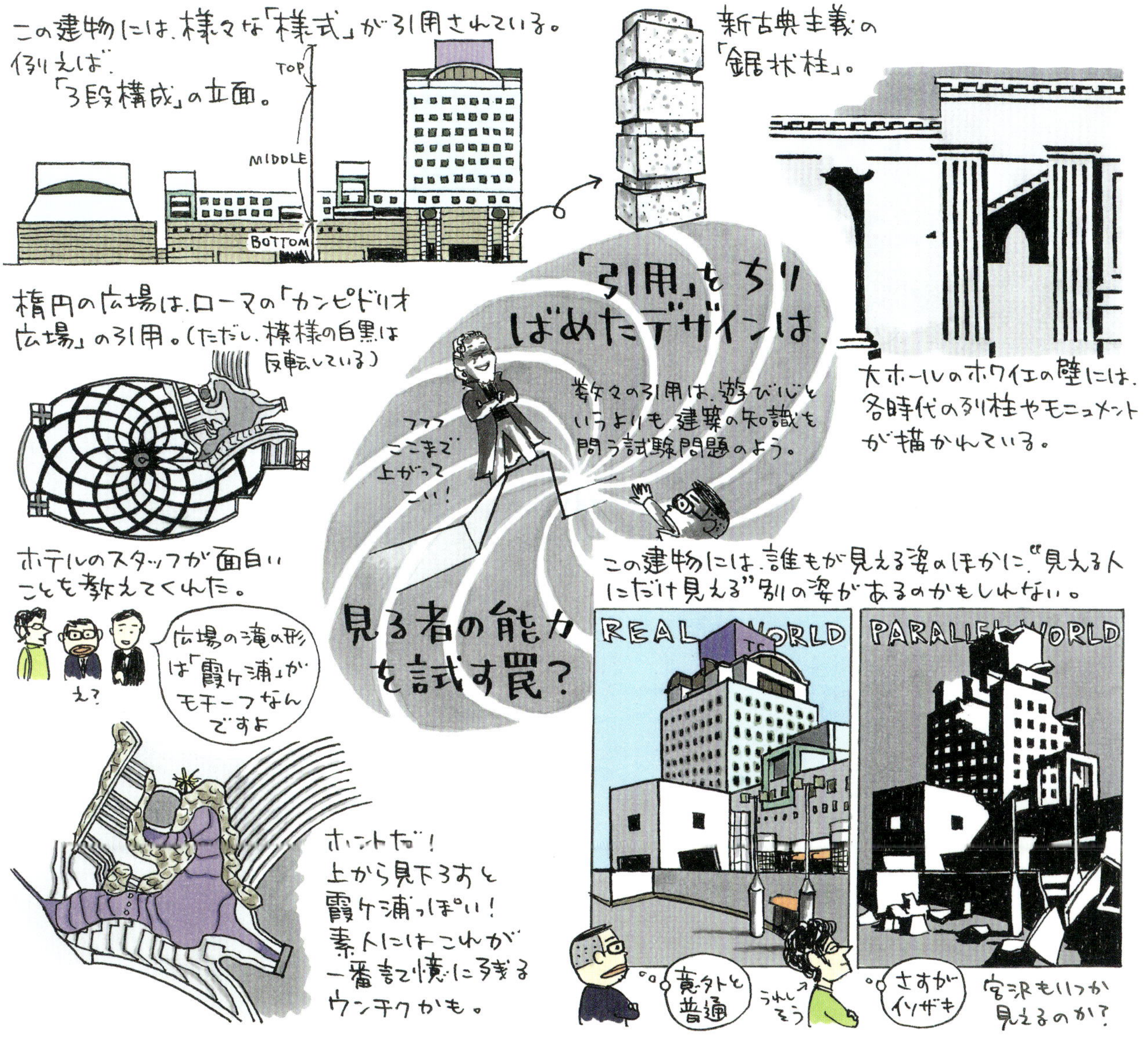
この建物には、様々な「様式」が引用されている。
例えば、
「3段構成」の立面。
TOP
MIDDLE
BOTTOM
新古典主義の「鋸状柱」。
楕円の広場は、ローマの「カンピドリオ広場」の引用。（ただし、模様の白黒は反転している）
「引用」をちりばめたデザインは、
数々の引用は、遊び心というよりも、建築の知識を問う試験問題のよう。
フフフ ここまで上がってこい！
大ホールのホワイエの壁には、各時代の列柱やモニュメントが描かれている。
ホテルのスタッフが面白いことを教えてくれた。
広場の滝の形は「霞ケ浦」がモチーフなんですよ
え？
見る者の能力を試す罠？
この建物には、誰もが見える姿のほかに、“見える人にだけ見える”別の姿があるのかもしれない。
REAL ORLD
PARAL ORLD
ホントだ！
上から見下ろすと霞ケ浦っぽい！
素人にはこれが一番記憶に残るウンチクかも。
意外と普通
うれしそう
さすがイソザキ
宮沢もいつか見えるのか？

1983

モザイク・ニッポン

石井和紘建築研究所

直島町役場 | Naoshima Town Hall

所在地:香川県香川郡直島町1122-1 | 構造:SRC造 | 階数:地上4階 | 延べ面積:2184m^2
設計:石井和紘建築研究所 | 構造設計:松浜宇津構造設計室 | 設備設計:建築設備研究会 | 施工:大成建設 | 竣工:1983年

岡山県の宇野港からフェリーに乗って20分。着いたところは直島の宮浦港だ。出迎えてくれるのは「海の駅なおしま」。SANAA（妹島和世+西沢立衛）の設計で2006年に完成したフェリーターミナルである。近年の直島は、アートと建築の島として名高く、それを目当てに多くの観光客が訪れている。

農漁業と銅精錬所で成り立っていた直島が変貌するきっかけとなったのが、1992年にオープンしたベネッセハウス・ミュージアムだ。設計したのは安藤忠雄で、その後も安藤は、ベネッセハウス・オーバル（95年）、南寺（99年）、地中美術館（2004年）など、数多くの建物を完成させている。

直島の建築家といえば安藤忠雄。そんな連想がすっかり定着した昨今なのだが、1980年代までは直島の建築家といえば石井和紘だった。

最初の作品は直島小学校（1970年）である。この建物を東京大学吉武泰水研究室の一員として担当した石井は、竣工当時、弱冠26歳だった。以後、直島幼稚園（74年、共同設計者：難波和彦）、直島町民体育館・武道館（76年）、直島中学校（79年）などを続けて手がける。これらの建物に次いで設計を依頼されたのが、町役場であった。

直島町役場は島内を走るバス・ルートの途中に建っている。周囲には民家を利用したアート作品「家プロジェクト」が点在する。そのため、多くの観光客がこの建物を目にするが、ほとんどは立ち止まらずに通り過ぎるだけだ。しかしこの建物こそ、ポストモダン巡礼の聖地とも言える記念碑的建築なのである。

引用で埋め尽くされた建築

直島町役場は、4階建ての鉄筋コンクリート造ながら、伝統的な和風建築を装っている。左右非対称の不思議な屋根を持った外観は、京都・西本願寺にある飛雲閣を模したものだ。飛雲閣は金閣、銀閣と並ぶ京都の三名閣のひとつとされる。この国宝の数寄屋建築を、ここではまるごと写し取ってしまった。

全体の形ばかりではない。窓は京都・角屋の欄間、塩尻・堀内家の障子引き手など、塀は伊東忠太の築地本願寺、外階段はさざえ堂、廊下の壁は辰野金吾の旧日本生命九州支社、議場の天井は折上格《おりあげごう》天井……といった具合に、建物の部分がそれぞれ実在する有名建築をモチーフにしているのである。

和風にしたのは町の意向であり、石井は最初、悩んだというが、数寄屋、民家、近代建築など、古今の日本建築をこれでもかとばかりに集めることで、それに応えてしまった。この建築は、日本建築

A 飛雲閣を模した望楼 | **B** 南側のファサード。外壁はコロニアル張り | **C** 東側壁面の窓。扇形のものは角屋、右端は日本生命北陸支店（設計：辰野金吾）を引用 | **D** 外部階段はさざえ堂をモデルにしている | **E** 築地本願寺（設計：伊東忠太）を引用した塀 | **F** 折上格天井の議場内観。正面にはパラディオのテアトロ・オリンピコを引用 | **G** 町民ホール。左手の緩くカーブしたカウンターが町民を受け入れる | **H** 2階の旧食堂前の廊下壁面。日本生命九州支社（設計:辰野金吾）から引用

の引用だけででき上がっていると言ってもよい。

石井はこの町役場以外でも、引用をたびたび行ってきた。たとえばスピニング・ハウス（84年）は国会議事堂、バイコースタルハウス（83年）はクイーンズボロブリッジとゴールデンゲイトブリッジ、牛窓国際交流ヴィラ（88年）は三十三間堂を引用している。

極めつけは、同世代の橋（86年）という住宅で、石山修武、毛綱毅曠、伊東豊雄といった、石井にとってライバルでもあるはずの建築家13人の作品をコラージュしたもの。建築家という人種は、自分ならではの新しい建築をつくろうとして苦闘するものだが、石井にはそうしたことに対するこだわりが全くないようにも見える。

「間テクスト性」の理論でポストモダン思想に影響を与えた言語学者のジュリア・クリステヴァは、著書『セメイオチケ』（邦訳：せりか書房、1983年）の中で、「どのようなテクストも様々な引用のモザイクとして形成され、テクストはすべて、もう一つの別なテクストの吸収と変形に他ならない」と記した。石井にとって建築は、クリステヴァがとらえるようなテクストであり、引用のモザイクなのである。

日本建築のポストモダン性

引用はポストモダン建築の重要な手法である。この手法を採った建築家は石井だけではない。この本でも採り上げげたつくばセンタービル（83年、80ページ）の磯崎新も、その代表だ。2人の大きな違いは、磯崎が日本を引用元とすることを周到に避けたのに対し、石井は過剰なまでにそれをやってしまったことだ。

磯崎が避けた理由は、日本を象徴的に表現してしまうことの危険性を察知したからだろう。一方、石井はパロディとして見せてしまえばいい、と踏んだ。そして、よりパロディらしく見せるために、日本建築を薄っぺらい図像として抽出し、それを大量にぶち込むという作戦に出た。

そうして出現したのが、日本の伝統をポストモダン建築として再構成したこの町役場なのだ。そしてこの建物は、もうひとつ別のことを見る者に示唆する。ここで用いられている引用の手法とは、数寄屋において伝統的に行われている「写し」のやり方にほかならない。つまり、日本建築とは、そもそもポストモダン的だったのではあるまいか。

ただし、この見方はモダニズムの建築家たちが、桂離宮などを例として挙げながら、日本建築はそもそもモダニズムに近かった、ととらえたのと相似形である。日本の伝統とどう向き合うかという問題においては、モダンとポストモダンは、実はなめらかに連続しているのであった。

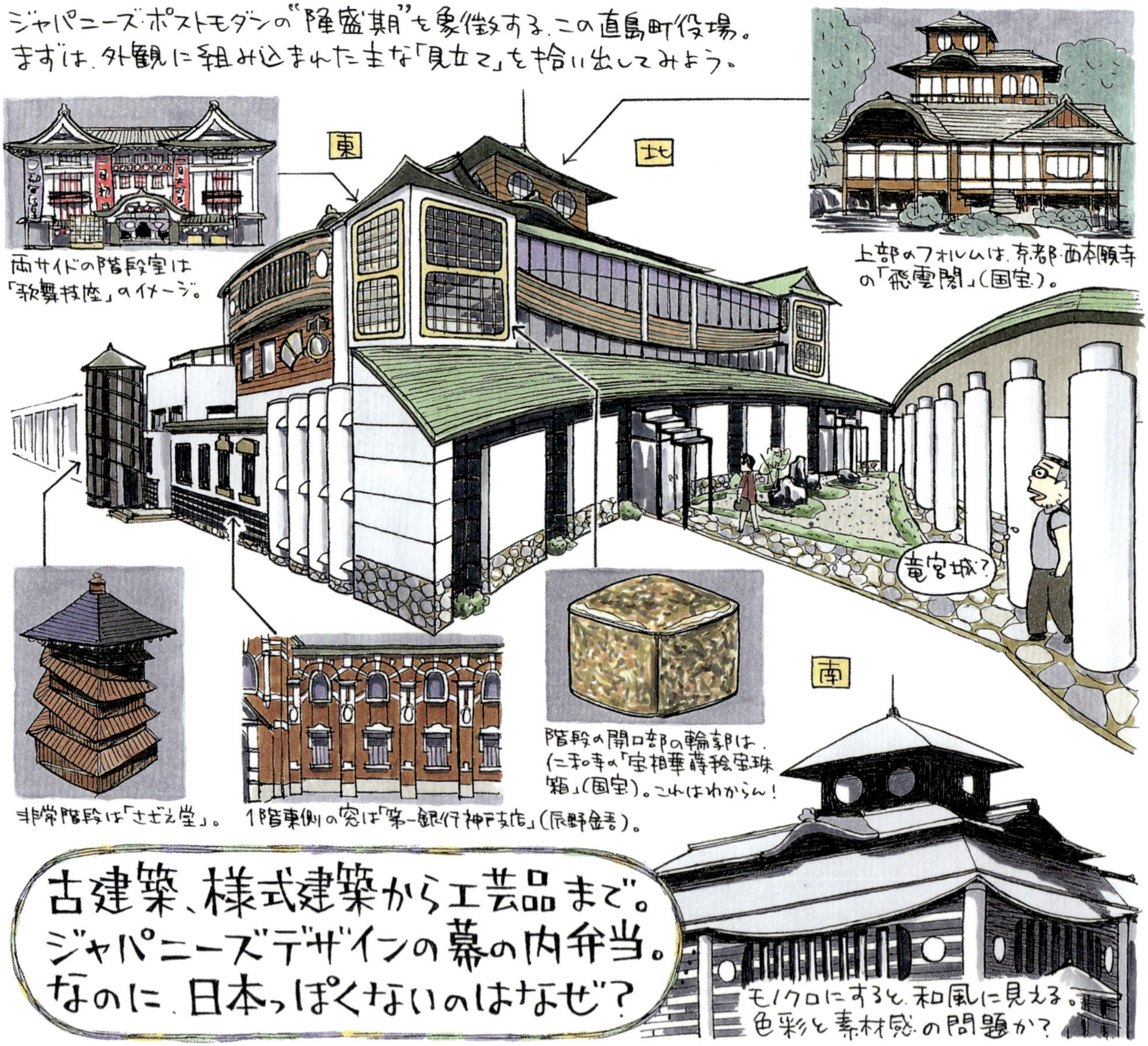
ジャパニーズ・ポストモダンの"隆盛期"を象徴する、この直島町役場。
まずは、外観に組み込まれた主な「見立て」を拾い出してみよう。
東
北
南
両サイドの階段室は「歌舞伎座」のイメージ。
上部のフォルムは、京都・西本願寺の「飛雲閣」（国宝）。
竜宮城？
非常階段は「さざえ堂」。
1階東側の窓は「第一銀行神戸支店」（辰野金吾）。
階段の開口部の輪郭は、仁和寺の「宝相華蒔絵宝珠箱」（国宝）。これはわからん！
古建築、様式建築から工芸品まで。
ジャパニーズデザインの幕の内弁当。
なのに、日本っぽくないのはなぜ？
モノクロにすると、和風に見える。
色彩と素材感の問題か？

「舟入り」風の風除室を抜けると、そこは町民ホール。

町民ホールは意外と大人しい印象。自ら抑えたのか、抑えられたのか?

面白いのは、議場。目まいがするほどのサンプリング空間。

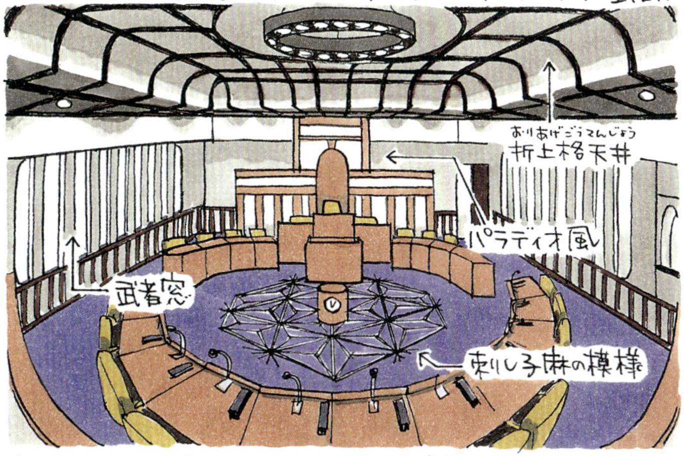
折上格天井《おりあげごうてんじょう》
パラディオ風
武者窓
刺し子麻の模様

ポストモダン・インテリアの傑作! 見学不可なのが残念。

あるはずのないものがそこにある。それって現代アート?

直島は今では"現代アートの島"として、多くの観光客が訪れるようになった。その象徴が草間彌生の作品。

なぜ海岸に巨大カボチャ?
女子多し

09年夏にオープンした「I LOVE 湯」(大竹伸朗)も人気だ。

なぜ銭湯に象?

あるはずのないものがそこにある—。それが現代アートの条件であるならば…

ありえなーい
まじやば
かなりきてるね

この直島町役場は、まさに現代アート。ガイドブックで詳しく解説すれば、アート好きギャルたちが押し寄せるかも。

1984

偉大なるアマチュア

石山修武+ダムダン空間工作所

伊豆の長八美術館 | Izu Chohachi Museum

所在地:静岡県賀茂郡松崎町松崎23 | 構造:SRC造一部RC造、S造 | 階数:地上2階 | 延べ面積:435m^2(竣工時)
設計:石山修武+ダムダン空間工作所 | 施工:竹中工務店、日本左官業組合連合会店 | 竣工:1984年

やってきたのは西伊豆の松崎町。人口約8000人ほどのこの小さな漁村に、伊豆の長八美術館はある。

伊豆の長八とは、この地に生まれて、江戸末期から明治初期にかけて活躍した著名な左官職人、入江長八のこと。立体的に浮かび上がらせた漆喰画に彩色を施した見事な鏝《こて》絵が展示されている。

建物を設計したのは石山修武。この施設の建設計画を聞き、頼まれてもいないのに建築の案をつくって雑誌に発表した。そのアイデアと熱意が、当時の町長の心を動かし、設計者として認められた。

美術館は1984年にオープンし、多くの観光客を呼び込む施設として成功。その後、野外劇場、民芸館、収蔵庫など、付属する建物も石山が設計している。それ以外にも、橋や時計台のデザインを手がけるなど、石山は松崎町のまちづくりに継続的にかかわることとなる。

左官作家の作品を展示した施設ということもあって、この建物には左官の技術が全面的に用いられている。外壁は白壁となまこ壁の組み合わせ。中庭の壁には土佐漆喰という珍しい左官技法も採り入れている。そのほか、モルタル洗い出しや、ドーム天井面の漆喰彫刻といった技術も使われ、建物自体が左官技術のショーケースとなっている。施工は、日本左官業組合連合会の全面協力の下で行われ、日本全国からすぐれた職人が駆けつけたという。

新しい建材や工法の普及によって、左官のような伝統的な職人技術は、受け継がれていくことなく途絶えてしまうのではないか。将来性を危ぶむ声も高まっていた。そうしたなかで、職人の力を結集し、その技を見せつけたこの建物は、伝統的な職人技術の再評価という意味からも注目を集めた。

しかし建物のデザイン自体は伝統とはほど遠い。曲面のファサード。パースペクティブが強調された台形の平面と断面。建物中央部にはドーム型の屋根が載っているし、トップライトは恐竜の背びれのように突き出している。左官の技術を見せたいのなら、例えば蔵のような建物の形を借りればいいものを、石山はそうはしなかった。なぜか。

職人に託したこと

石山は大学生の時には、建築史の研究室に所属していた。そして、大学院を出ると設計事務所に勤める経験もなく、そのまま自分の事務所を開設してしまう。そして幻庵(1975年)を代表とする、土木用のコルゲート・パイプを住宅に転用したシリーズをつくる。それは建築のあり方を根源から問い直す試みだったが、その手法が採られた理

A アプローチから見たファサード | **B** 美術館に隣接して1986年に完成した民芸館の外観 | **C** 野外劇場(1985年完成)の側から美術館を見る。手前の建物は1997年に増築した収蔵庫 | **D** 中庭越しに入り口を見る | **E** 民芸館側から見た美術館の側面 | **F** 中庭の壁の下部はなまこ壁。上部は土佐漆喰が用いられた | **G** 展示室を階段から見下ろす。入江長八の鏝絵を展示している | **H** 展示室をエントランスホール側から見る。逆向きのパースペクティブが不思議な効果を生んでいる

由を推測するに、経験のないシロウトが建築をつくる手段として、とりあえず使える技術がコルゲート・パイプだったのではないか。

コルゲート・パイプの建築利用には、川合健二の自邸という先例があり、石山自身もその影響を公言している。川合もまた、自分で資料を集めて最新のエネルギー理論をマスターし、丹下健三の建築で設備設計をこなしたという独学の天才だった。

それ以外でも、石山がひかれる対象は、どこかアマチュアらしさをまとわせている。例えば英国で壁紙を販売してグッドデザインの概念を広めたウイリアム・モリスは、普通の人がそれぞれにものづくりの楽しさに目覚める理想社会を夢見ていたし、フラー・ドームなど数々の画期的な発明を行ったバックミンスター・フラーも、建築家なのか、構造エンジニアなのか、設備エンジニアなのか、プロダクト・デザイナーなのか、結局のところ何が専門なのかよく分からない人だった。

石山は技術面でも造形面でも、プロフェッショナルによる洗練された建築とは対極にある、アマチュアによるものづくりに魅力を感じ、それに取り組んだ人なのだ。

しかし、松崎で伊豆の長八美術館を設計するにあたって、石山も迷っただろう。初めての公共建築である。「アマチュア」のデザインをそのままさらけ出してよいものか。そこで助け船になったのが、左官の参加だったのではないか。技術的な洗練をそこに預ける格好で、石山自身は「アマチュア」のまま、自由に建築デザインに没頭できたのだ。

洗練を超える原初的な力

1970年代末から80年代初めにかけて、音楽の世界では、パンク・ロックやテクノポップといった新しいジャンルが起こり、昨日まで楽器を持ったこともなかったようなシロウトがステージに立つということが起こっていた。またイラストレーションの世界では、湯村輝彦や渡辺和博らによる、一見すると子どもの落書きのようなヘタウマというスタイルがもてはやされた。

モダニズムの美学や技術は洗練を究めていくが、その先がない。むしろ限界を突破できるのはアマチュアの原初的な力なのではないか。そんな考えによる実践が、いろいろな表現分野で起こっていたのである。その建築における表れが、例えば石山修武の作品だったのだ。

そして壁を仕上げることに飽き足らず、芸術の世界に踏み込んでいった入江長八という人物も、偉大なるアマチュアの先達である。その作品を展示する場として、この建物はいかにもふさわしい。

「長八」「ナマコ壁」で
全国的に知られるよう
になった伊豆・松崎町。

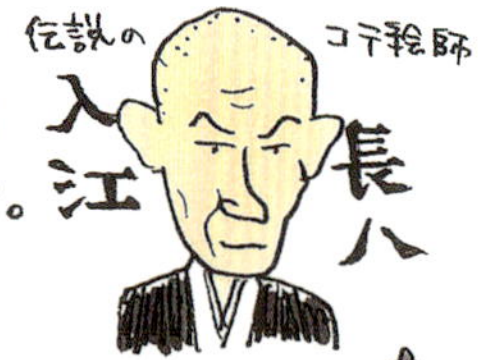
伝説の
コテ絵師
入江
長八

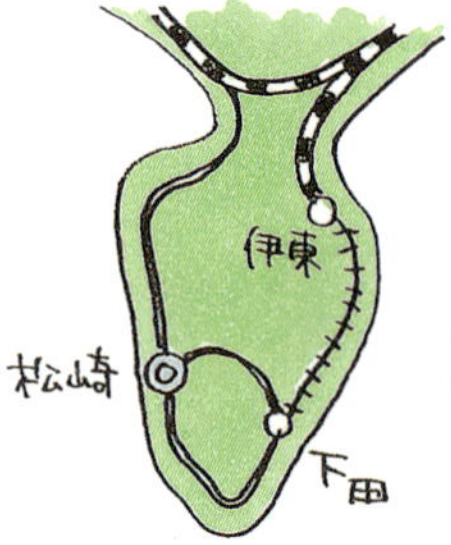

松崎を一躍有名にしたのが、この長八美術館だ。
全国の左官職人延べ2000人が建設に参加した。

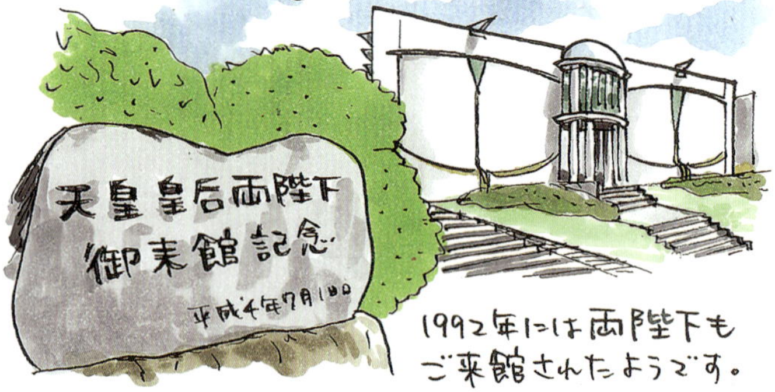

1992年には両陛下も
ご来館されたようです。

この美術館、確かに見応えはあるが、細部を見ていくと、「なぜ？」と思うところが多々ある。

円弧と直線で構成された白いファサードは、
和風というより イスラム建築を思わせる。

一見、シンメトリーな
デザインだが、開口
部の逆三角形の高さ
が違うのはなぜ？
まるで間違い探し
のよう。

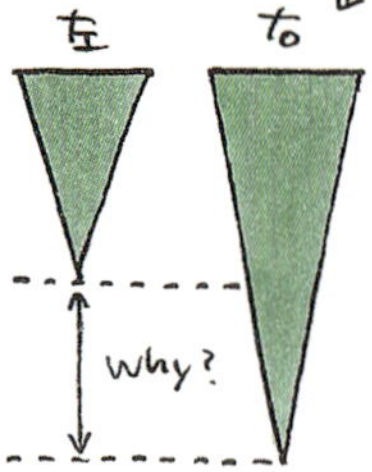

側面のデザインが
正面と全く違う
のはなぜ？

まるで
怪獣

中庭の床は瓦なのに、
屋根には瓦を使わ
なかったのはなぜ？

瓦
基本的に屋根は
アルミ葺き。

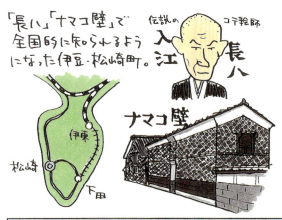

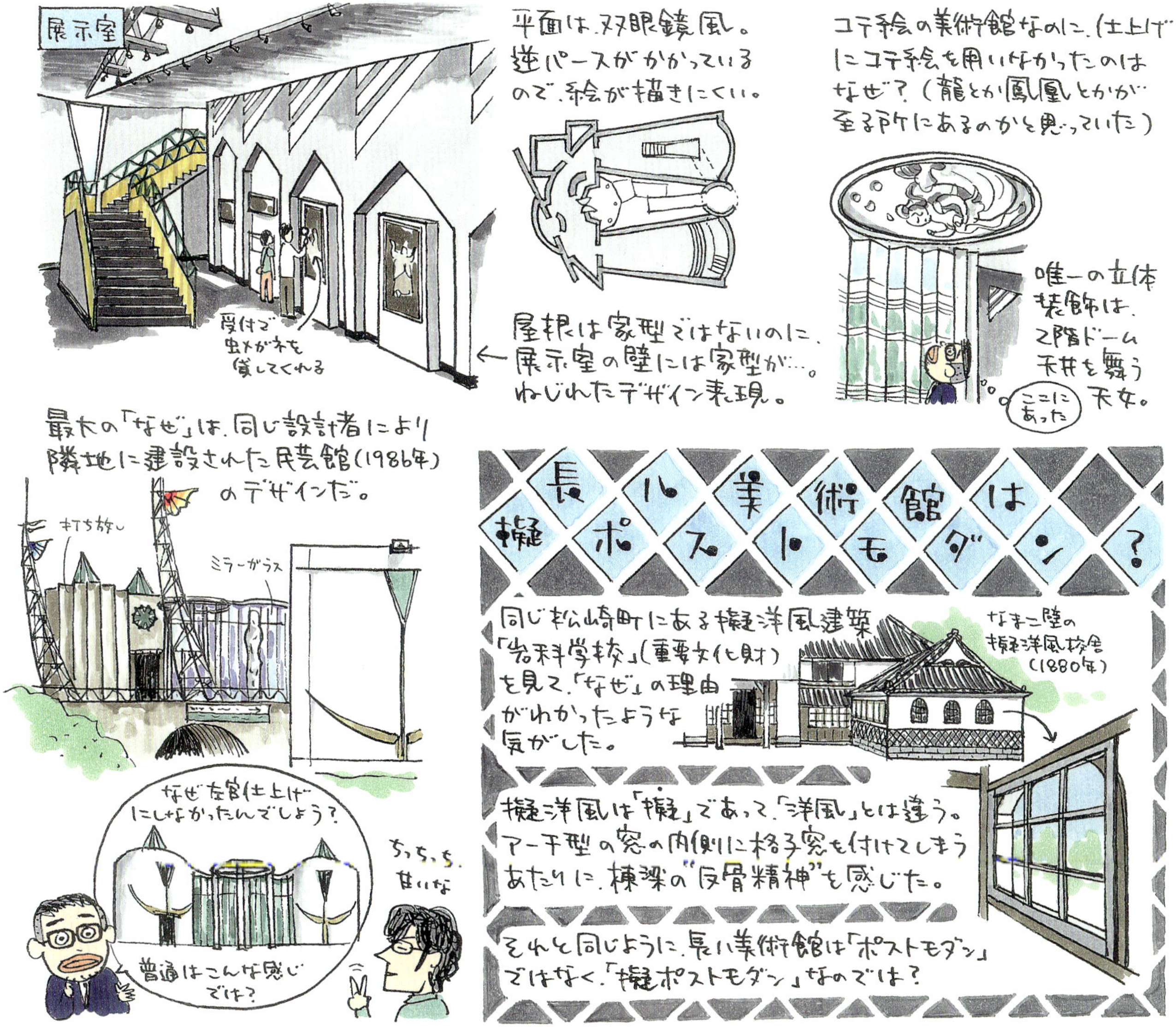
展示室
受付で虫メガネを貸してくれる
平面は、双眼鏡風。逆パースがかかっているので、絵が描きにくい。
屋根は家型ではないのに、展示室の壁には家型が…。ねじれたデザイン表現。
コテ絵の美術館なのに、仕上げにコテ絵を用いなかったのはなぜ?(龍とか鳳凰とかが至る所にあるのかと思っていた)
唯一の立体装飾は、2階ドーム天井を舞う天女。
ここにあった
最大の「なぜ」は、同じ設計者により隣地に建設された民芸館(1986年)のデザインだ。
打ち放し
ミラーガラス
なぜ左官仕上げにしなかったんでしょう?
普通はこんな感じでは?
ちっちっち。甘いな
長八美術館は擬ポストモダン?
同じ松崎町にある擬洋風建築「岩科学校」(重要文化財)を見て、「なぜ」の理由がわかったような気がした。
なまこ壁の擬洋風校舎(1880年)
擬洋風は「擬」であって、「洋風」とは違う。アーチ型の窓の内側に格子窓も付けてしまうあたりに、棟梁の“反骨精神”を感じた。
それと同じように、長八美術館は「ポストモダン」ではなく、「擬ポストモダン」なのでは?

1984

ミクロコスモスとしての建築

毛綱毅曠建築事務所

釧路市立博物館 | Kushiro City Museum
釧路市湿原展望資料館［釧路市湿原展望台］| Kushiro Marsh Observatory

［博物館］所在地：北海道釧路市春湖台1-71 | 構造：SRC造 | 階数：地下1階・地上4階 | 延べ面積：4288m²
設計：毛綱毅曠建築事務所(基本設計)、石本建築事務所+毛綱毅曠建築事務所(実施設計) | 施工：清水建設+戸田組+村井建設JV | 竣工：1984年
［湿原展望資料館］所在地：北海道釧路市北斗6-11 | 構造：SRC造 | 階数：地上3階 | 延べ面積：1110m²
設計：毛綱毅曠建築事務所 | 構造設計：T&K構造設計室 | 設備設計：大洋設備建築研究所 | 施工：葵建設+向陽建設JV | 竣工：1984年

釧路市立博物館

村上春樹のベストセラー小説『1Q84』は、1984年を境に別のものへと変わってしまった世界を描いている。現実の建築界においても1984年は大きな転回点だったように思える。本書でも採り上げた石山修武の「伊豆の長八美術館」、木島安史の「球泉洞森林館」など、日本のポストモダン建築を代表する作品が、相次いで世に出ているのだ。今回、採り上げる毛綱毅曠の2作品も、この年に完成した。

釧路市立博物館は市内の春採湖のほとりで異形を見せる。隣には、同じ設計者による釧路市立幣舞中学校(1986年、旧・東中学校)もあり、湖越しに2つの建物が並んでいる風景は、古代文明の聖地のようだ。中央に変形したドームを置く左右対称の外観は、毛綱によれば、風水に言う「金鶏抱卵形」、つまり鳥が卵を抱いている姿だという。実は建物の右半分は埋蔵文化財調査センターとなっており、そちらは博物館の6年前に完成。その後、博物館側が増築され、一体の建築として出来上がるという珍しい建設プロセスを経た。

博物館の内部では、この地域の自然と歴史を解説する展示を行っている。建築的な見所には乏しいが、3層の展示室を上下に結ぶ二重らせん階段は、建築家の狙いを結晶させたもので、見飽きない。

同じ1984年に竣工した釧路市湿原展望資料館(現・釧路市湿原展望台)は、釧路湿原国立公園の中にある。こちらは、湿原に自生する植物の地下茎が凍って盛り上がる「谷地坊主《やちぼうず》」の形を模したとされている。2階の展示室は裂け目を円形に押し広げたような空間になっていて、その段状の形が1階と3階にも現れている。小さいながら、空間の醍醐味を味わえる施設だ。

釧路は毛綱の生まれ故郷。市内にはこのほかにも、母親の家である反住器(1972年)、釧路キャッスルホテル(1987年)、釧路フィッシャーマンズワーフMOO(1989年)、湖陵高校同窓会館(1997年)など、多くの作品を残している。それらを地図にプロットした観光客パンフレットもつくられていて、地元の名士として毛綱が認められていることが分かる。

建築それ自体が宇宙である

宗教学者のミルチャ・エリアーデは、1957年の著書『聖と俗』(法政大学出版局から邦訳あり)のなかで、ル・コルビュジエの住居論を批判した。彼にとって住居とは、「決して〈住む機械〉ではない。それは人間が模範的な神々の創造、宇宙開闢に倣って自分のために創建する宇宙である」。建築についても同様で、それがどんなに小さなもので

釧路市立博物館

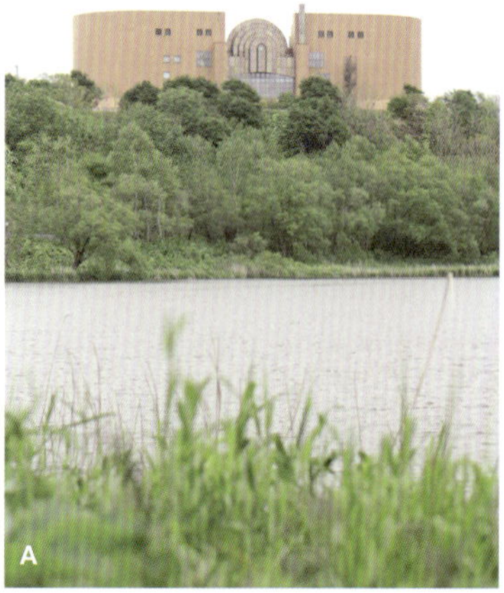

釧路市湿原展望資料館

A 春採湖越しに西側から見た釧路市立博物館の全景 | **B** 東側の外壁 | **C** エントランスまわり。外装にはタイルと砂岩が使われている | **D** 3層の展示室を貫く二重らせんの階段。中央には太鼓橋が架かる | **E** 二重らせん階段の周りに配された展示室 | **F** 最上階のドーム天井を生かした展示室 | **G** 釧路市湿原展望資料館の外観 | **H** 2階、湿原復元スペースの天井見上げ

あっても、建築とはそれ自体が宇宙としてあるべきなのだ、と。

同じ考え方を、毛綱の建築に見てとることができる。例えば代表作の反住器を見てみよう。目の前にあるのは重ね合わされた3重の立方体だが、これはその外側にある大きな立方体、さらにその外側にあるさらに大きな立方体と、入れ子状に無限に連なる立方体の存在を暗示している。この住宅は、広大な宇宙をそのまま縮小した宇宙模型なのだ。

釧路市立博物館もまた、重ね合わせによる建築だ。こちらは立方体ではなく同心円をモチーフとして、それを積んだり、並べたり、分割したり、ネガポジ反転させたりしながら、全体を組み立てている。ここにもまた部分と全体の対応が、明らかに仕組まれている。展示室の二重らせん階段はDNAをかたどったもの。太古から続く宇宙の記憶を未来へと伝える遺伝子として、建築に持ち込まれたものである。

湿原展望資料館の方については、こちらは胎内くぐりのイメージだと毛綱が説明している。胎内とはすなわち、万人が生まれる前に体験してきた宇宙のことにほかならない。

つまり毛綱の建築では、それ自体が宇宙となるようなミクロコスモスであることが、常に意図されているのだ。

ニューサイエンスの流行

現在では、こうした「宇宙=建築」の考え方を受け継ぐ建築家はほとんどいない。それもあって今の若者には、毛綱のような機能的でもなければ合理的でもない神秘主義的な建築が受け入れられたことは、奇異なことに思えるかもしれない。

しかし、80年代初めの思想状況からは決して不思議ではなかった。チベットでの修行から帰ってきた中沢新一が『チベットのモーツァルト』（1983年）を書いてニューアカデミズムの旗手となり、アーサー・ケストラーやライアル・ワトスンに代表されるニューサイエンスが脚光を浴びる。

そこで唱えられていたのは、世界を部品の寄せ集めから成る機械としてとらえる要素還元主義の否定だった。部分は単に全体を切り分けたものではなく、部分自体に全体性があるというシステム論だ。こうした神秘主義的な世界観は「宇宙=建築」論と見事にはまり合う。毛綱による異形の建築は、決して建築家の手すさびから生まれたのではなく、新しい世界観の表明であった。「見かけにだまされないように。現実というのは常にひとつきりです」（『1Q84』に登場したタクシー運転手の言葉）。

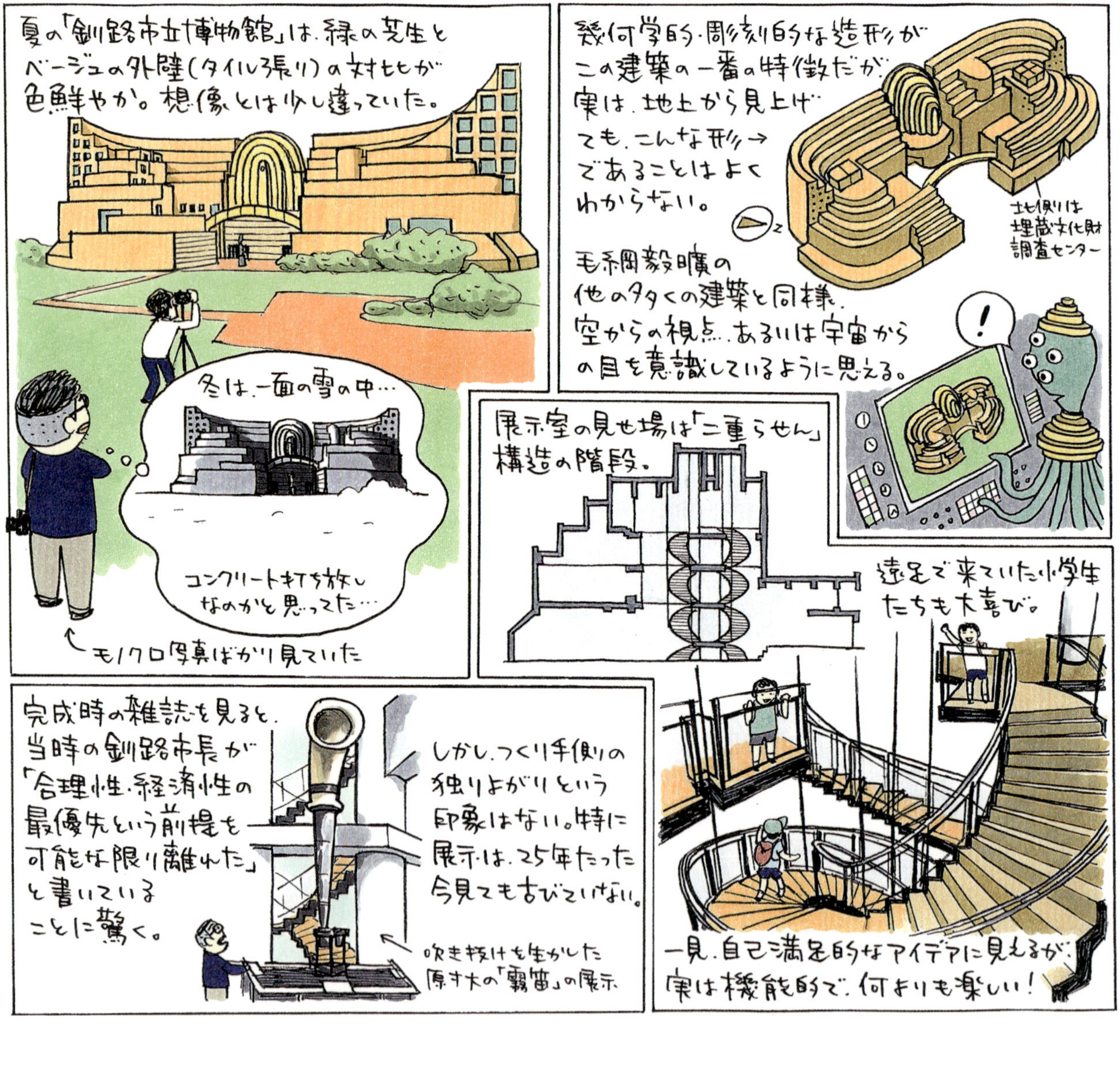
夏の「釧路市立博物館」は、緑の芝生とベージュの外壁（タイル張り）の対比が色鮮やか。想像とは少し違っていた。
冬は、一面の雪の中…
コンクリート打ち放しなのかと思ってた…
モノクロ写真ばかり見ていた
幾何学的・彫刻的な造形がこの建築の一番の特徴だが、実は、地上から見上げても、こんな形→であることはよくわからない。
北側は埋蔵文化財調査センター
毛綱毅曠の他の多くの建築と同様、空からの視点、あるいは宇宙からの目を意識しているように思える。
!
展示室の見せ場は「二重らせん」構造の階段。
遠足で来ていた小学生たちも大喜び。
一見、自己満足的なアイデアに見えるが、実は機能的で、何よりも楽しい！
完成時の雑誌を見ると、当時の釧路市長が「合理性・経済性の最優先という前提を可能な限り離れた」と書いていることに驚く。
しかし、つくり手側の独りよがりという印象はない。特に展示は、25年たった今見ても古びていない。
吹き抜けを生かした原寸大の「霧笛」の展示

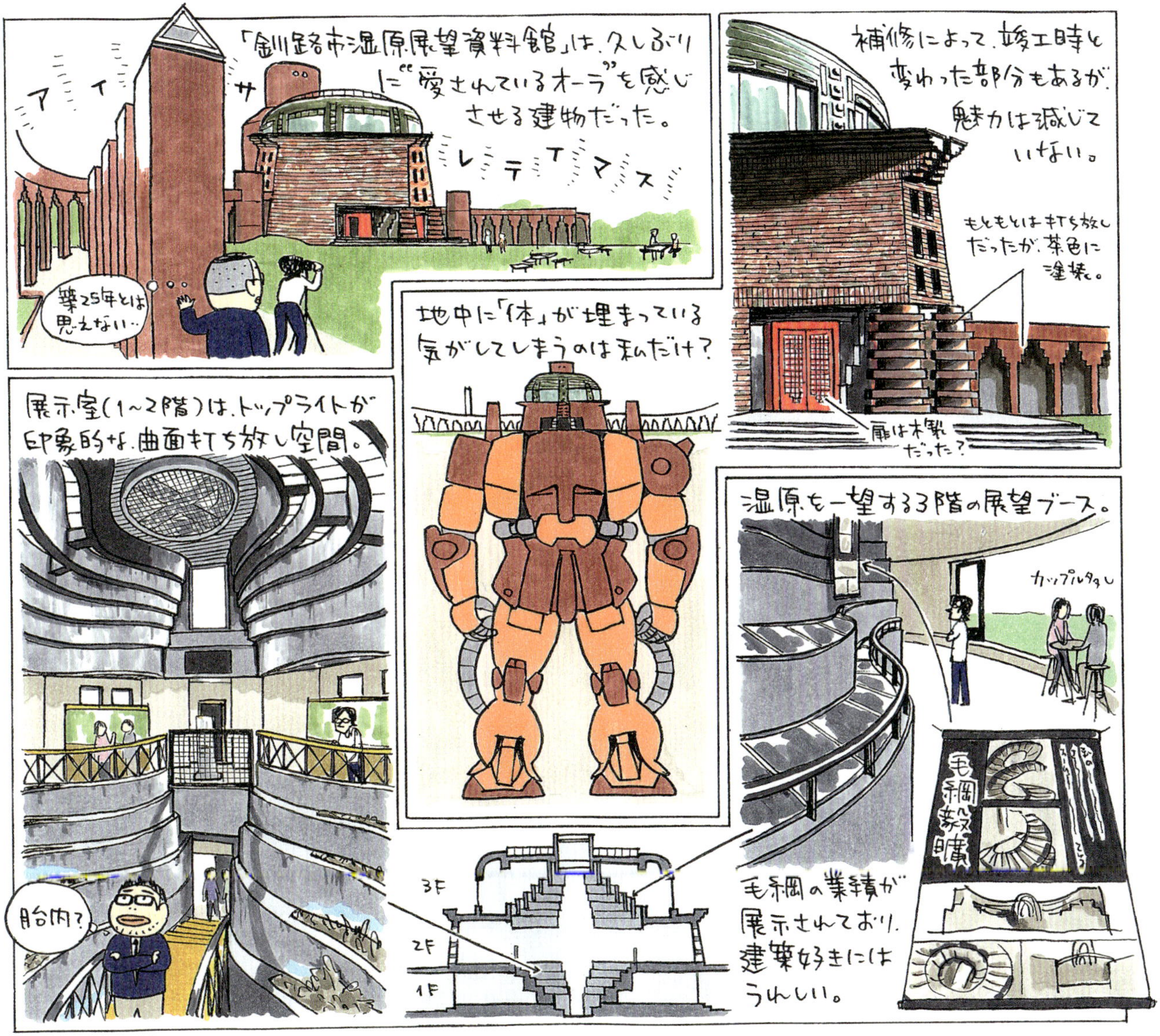
「釧路市湿原展望資料館」は、久しぶりに“愛されているオーラ”を感じさせる建物だった。
ア イ サ レ テ イ マ ス
築25年とは思えない…
補修によって、竣工時と変わった部分もあるが、魅力は減じていない。
もともとは打ち放しだったが、茶色に塗装。
扉は木製だった？
地中に「体」が埋まっている気がしてしまうのは私だけ？
展示室（1～2階）は、トップライトが印象的な、曲面打ち放し空間。
胎内？
3F
2F
1F
湿原を一望する3階の展望ブース。
カップルタなし
毛綱毅曠
毛綱の業積が展示されており、建築好きにはうれしい。

寄り道

1984

森に沸き出す巨大な泡

木島安史＋YAS都市研究所

球泉洞森林館｜Kyusendo forest museum

設計：木島安史＋YAS都市研究所｜施工：西松建設｜竣工：1984年
所在地：熊本県球磨郡球磨村大瀬1121｜構造：SRC造＋トラスウォール工法｜階数：地下1階・地上2階｜延べ面積：1640㎡

休館中

球泉洞は1973年に発見された鍾乳洞。その入り口近くに林業の資料館として建てられたが、取材時にはエジソンに関する展示が中心だった

ポストモダン巡礼では「これは夢?」と錯覚するような建築もいくつも訪ねてきたが、この球泉洞森林館はそんな中でも上位に入る異次元建築だ。

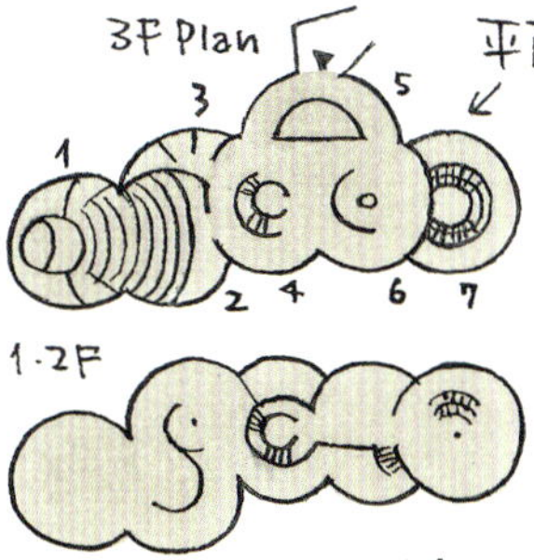

平面は7つの円を重ね合わせてできている。

3階の展示室は、ドーム天井が途中で隣のドームに切り替わる。

外観は、ワンマン企業の研修所か、宗教施設のよう。ふらりと入るにはかなり勇気が要りそう。

開館当初(1984年)は、森林関連の展示だけだったが、開館10年目に2～3階が「エジソン・ミュージアム」になった。エジソンと森林のミスマッチも非日常感も増調する。

当時の蓄音機の生音が聞けます。

時を超えて膨らみ続けるはかなき泡のイメージ

ドーム1つならばどうということはないが、それが複数連なることで、泡のようなはかなさが生まれる。木島安史は、シュタイナーの「第1ゲーテアヌム(1920)」に影響を受けたと語っているが、

この森林館の造形は「エデン・プロジェクト(2001)」に影響を与えている気がしてならない。

建築技術がさらに進化すれば泡のイメージはもっと壮大な形で我々の前に現れるかもしれない。

1920年、スイス(火災で焼失)

2001年、英国/設計:ニコラス・グリムショウ

20XX年

※2012年の豪雨による浸水被害のため休館中

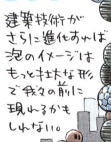

1985

隠喩としての「健康」

内井昭蔵建築設計事務所

世田谷美術館 | Setagaya Art Museum

所在地:東京都世田谷区砧公園1-2|構造:RC造|階数:地下1階・地上2階|延べ面積:8223m^2
設計:内井昭蔵建築設計事務所|構造設計:松井源吾+O.R.S.|設備設計:建築設備設計研究所|造園設計:野沢・鈴木造園設計事務所
施工:清水・村本・儘田JV|竣工:1985年

東急・田園都市線の用賀駅から、用賀プロムナードを歩く。この道は象設計集団の設計によるもので、ところどころに水路やベンチがある楽しい遊歩道だ。その突き当たりにあるのが、都立の砧公園。世田谷美術館はこの公園の中にある。

逆三角形の支柱で持ち上げられたパーゴラが伸び、訪問者を出迎える。建物は高さとボリュームを抑えたいくつかの棟からなる。緩い曲面のボールト屋根がそれぞれに載り、スカイラインを切るはずだったが、現在は背後に市場の大きな建物が建ち、その美しさは減じてしまった。屋根の緑青の色が定着せず、赤い色になってしまったのも設計者の想定外のはずだが、全体の環境としては、「公園と一体となった美術館」という当初のコンセプトは守られているといってよいだろう。

入り口をくぐると、ボールト形の光天井から柔らかな光が降ってくるエントランスホールだ。壁面や家具に木を多用しているので、優しい印象を与える。ここからパティオの上に架かるブリッジ状のギャラリーを通って、企画展示室に至る。企画展示室の一つは扇形に広がる独特の空間で、大きな開口で公園の景色を取り込んでいる。

企画展示室の先は廊下を抜けてエントランスホールへと戻る動線になっているが、この廊下もまたハイサイドライトからの光が差し込むドラマチックな空間になっている。あらゆるところが丁寧に設計され、手を抜いたところはどこにも見当たらない。

設計者の内井昭蔵は1980年代後半以降、一宮市博物館、浦添市美術館、高岡市美術館、石川県七尾美術館など、日本各地でミュージアムの設計を手がける。世田谷美術館はその始まりであり、代表作でもある。

建物全体を彩る装飾

さて、まずはこの問題から。果たして、この建物はポストモダンなのか。

内井自身は、ポストモダン建築に対して、否定的だった。例えばこんな文章を残している。「わが国でもポストモダンははじめは新鮮であった。しかし、しだいに数を増し流行現象となり、どこにでも掃いて捨てる数ほど氾濫してくるとむしろいやらしさを感じる」(『建築雑誌』1999年5月号)。

しかし、内井の建築がポストモダンの一例と受け取られていたことも確かだ。内井本人も、世田谷美術館の館長から「これは本当のポストモダニズムの建築ですね」と言われて驚いたというエピソードを明かしている。

ならば、内井の建築のポストモダン性はどこにあるのか。それは豊かな装飾性だろう。世田谷美

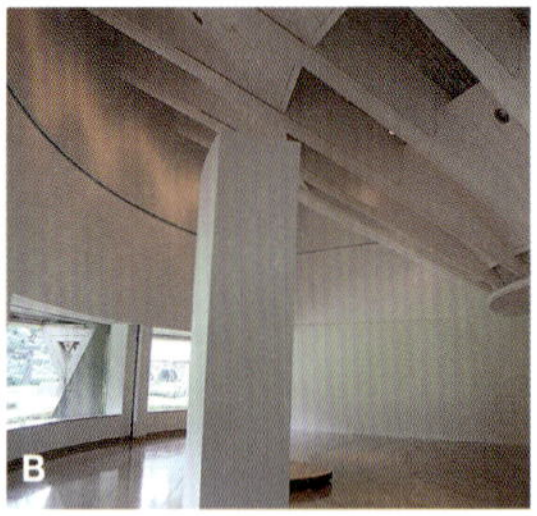

A エントラス広場に延びるパーゴラ | **B** 大きな開口とハイサイドライト(右上)をとった企画展示室2。ハイサイドライトは閉じていることが多いという | **C** 展示室に囲まれたパティオ(地階)には公園から直接アプローチできる | **D** 講演会などに用いられる扇形平面の講堂 | **E** 光天井が頭上を覆うエントランスホール。壁にはラテン語で、「芸術と自然は健康に導く」という文章が掲げられている | **F** 企画展示室に通じるギャラリー | **G** 企画展示室1の内観 | **H** ハイサイドライトから光が落ちる廊下

術館でも、外装タイルの正方形、屋根や手すりの円弧、ベンチの波形など、盛りだくさんの装飾的要素が、建築を彩っている。

この時期、内井はフランク・ロイド・ライトへの私淑を明らかにし、米国まで出掛けて、その作品を詣でている。世田谷美術館の装飾には、その影響が見て取れる。この装飾へのこだわりは、明らかにモダニズムとはかけ離れたものだ。

モダニズムという建築様式は、装飾を排除するところから始まっている。極端な例がオーストリアのアドルフ・ロース（1870-1933年）で、彼は「装飾と罪悪」という文章の中で、「近代の装飾家は、落後者であるか、もしくは病的な現象だ」とまで書いている。20世紀初頭のラジカルなモダニストにとって、装飾とは健康な身体を襲う病気なのであった。

猛反発を食った健康建築論

それに対して、内井は全く異なる見方で建築の「健康」をとらえた。世田谷美術館の完成に先立つ5年前、内井昭蔵は「健康な建築をめざして」という文章の中で、機能主義に偏り、画一的になった昨今の建築を病的と批判し、「求められているのは“健康さ”なのである」と主張する。

内井の言う健康とは「肉体も精神も共に健全」なことであり、建築に当てはめるなら「単に丈夫で、機能を満たすだけではなく、スピリットがなければ健康な建築とはいえない」という。そしてスピリットを表現するのが空間であり、存在感のある空間をつくるのが材料に対する執着であるとして、ディテールの重要性を説く。ロースとは逆に、ディテールや装飾の豊かさは、建築の健康を示すものなのだ。

この健康建築論は石山修武、伊東豊雄といった、内井よりもひと回り若い建築家から猛反発を食った。「健康」という言葉がいかにも優等生的で、うざったく聞こえたのだろう。反発する気持ちも分からなくはない。

しかし、内井による「健康な建築」の実践篇であるところの世田谷美術館を見ると、増殖する装飾が建物全体を覆い尽くしていて、これはこれである種の不気味さを漂わせているようにも見える。この建築における細部への執着は、病的な域にまで達しているとは言えまいか。

そもそも、心身が健康ならば声高に「健康」を叫ぶ必要はないわけで、内井の「健康な建築」の裏には、実は隠された病の面が潜んでいる。当時、映画監督の山本晋也がテレビ番組で発していた流行語を借りるなら、「ほとんどビョーキ」。逆説めいて聞こえるかもしれないが、それこそが世田谷美術館の魅力のカギなのである。

内井昭蔵の代表作といえば、この世田谷美術館だろう。

1933－2002年（享年69歳）。
何度か取材したことがあるが、本当にいい人だった。

都心とは思えぬ
絶好のロケーション。
まさに
都会の
オアシス

この建築の魅力は、
「内」と「外」が複雑に交錯
する、変化に富んだ空間
構成と…

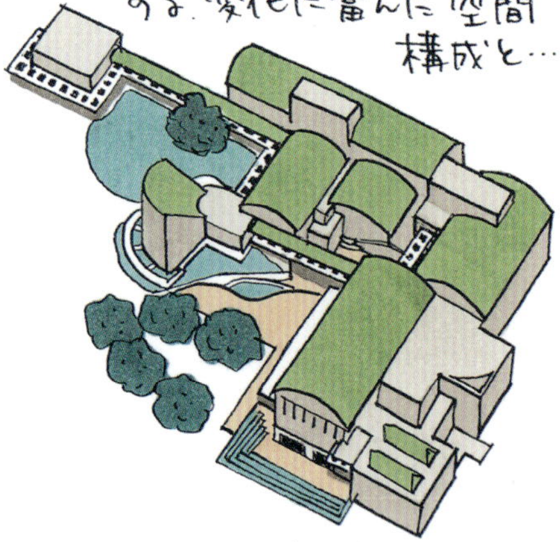

同じ形を執拗《しつよう》に繰り返す
ことによる、ある種の
“陶酔感”だ。

執拗に反復される同一形

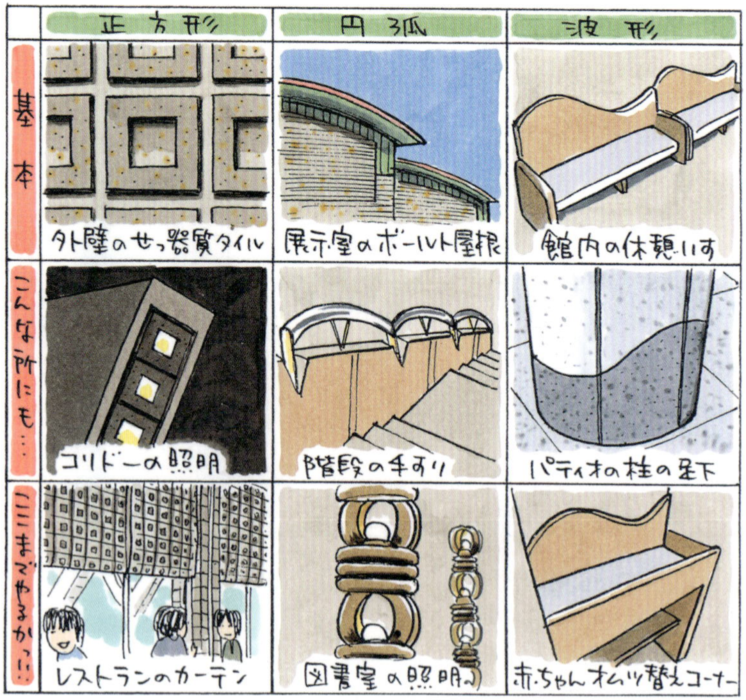
正方形
円弧
波形
基本
外壁のせっ器質タイル
展示室のボールト屋根
館内の休憩いす
こんな所にも…
コリドーの照明
階段の手すり
パティオの柱の足下
ここまでやるか!!
レストランのカーテン
図書室の照明
赤ちゃんオムツ替えコーナー

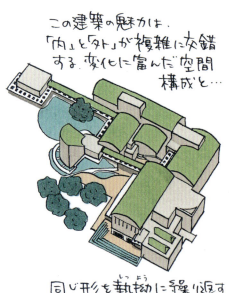

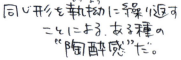

※都城市民会館は『昭和モダン建築巡礼 完全版 1965-75』に掲載予定

1985

カワイイ建築じゃダメかしら

環境構造センター
［C・アレグザンダー］

盈進学園東野高等学校 | Eishin Higashino Highschool

所在地：埼玉県入間市二本木112-1 | 構造：RC造、木造 | 階数：地上2階（教室棟ほか） | 延べ面積：9061m²
設計：環境構造センター、日本環境構造センター | 設備設計：フジタ工業 | 施工：フジタ工業 | 竣工：1985年

ポスト・モダニズムを理論として打ち立てる——。そんな役割を負った建築家がクリストファー・アレグザンダーである。彼は空間をつくり上げている原子や分子のようなものがあると考え、それを「パタン」と呼んだ。そしてこれを組み合わせることにより、建築の専門家だけでなく、誰もがすぐれた建築や町をつくっていけるとした。

この思想に共鳴した学園の常務理事から設計を依頼され、アレグザンダーが日本において初めて実現させた建築が、盈進《えいしん》学園東野高校である。キャンパスづくりにあたっては、教職員の全員と一部の学生が参加し、望ましい学校のイメージを言葉にすることからスタートした。これをもとに、現場で配置計画を決めていく。従来の図面上で検討を繰り返すという方法とは全く異なる建築設計が行われた。

施工においても、当初は直営による建設を目論んでいた。ただし、これは全うすることができず、最終的にはゼネコンが参入することとなった。図面がほとんどなかったため、ゼネコンは自分で図面を起こし、施工を進めようとするが、そのやり方を設計者側は認めない。いさかいは最後まで絶えなかったようだ。

アレグザンダーのパタン・ランゲージは、日本の建築界でも注目されており、その実践であるこの学校への期待も高かった。しかしでき上がった建物への評価は決して高くない。例えば難波和彦は「あまりにも時代錯誤的で、オリエンタリズムに侵されているように見えたので、一気に熱が冷めてしまった」（『建築の四層構造』INAX出版）と記している。

理論と現実の間で評価が引き裂かれた格好となったこの建築は、今、我々の目にどう映るだろうか。期待半分、不安半分で現地へと向かった。

「名付け得ぬ質」

二つの門をくぐる参道のようなアプローチを経て中央広場に至る。正面には池が広がっており、ゆったりとした公園のような風景だ。

職員室で取材の許可を得てから、学園内を回る。まずは太鼓橋を渡って食堂へ。小高い丘の上に位置するここからは、キャンパス全体を見渡せる。普通の学校なら、屏風のような校舎が視界を遮っているところだが、ここでは小さな家が建ち並ぶ集落のような光景が広がっている。

再び池を越えて“集落”の中へ。まず体育館に入ると、屋根は木造の小屋組みによって支えられていた。バスケットボールのコートが一面入るくらいの、適度な広さの空間だ。

次に見たのは教室棟。2階建てで、各階に一つ

A

B

D

C

E

F

G

A キャンパス西側にある食堂から見た全景。食堂へは、太鼓橋を渡ってアプローチする。左の建物は大講堂。正面が正門、右手が教室棟の建物群｜**B** 白と黒のしっくいで仕上げられた正門｜**C** 多目的ホールの出入り口兼アルコーブ｜**D** 丘の上に建つ食堂｜**E** 教室棟と特別教室に挟まれた路地空間｜**F** 体育館の内観。日本建築センターの構造評定を経て実現した｜**G** 大講堂の内観ずつの教室が入る。教室棟の建物群は、花壇が据えられたホームルーム通りを挟んで二列に延びており、外側は列柱が並ぶアーケードで結ばれている。

中央広場に戻って、今度は大講堂の中へ。黒とピンクで不思議な文様が施された、和風とも洋風とも言えない空間である。

カメラを持ってキャンパスを歩いていると、どこもかしこもシャッターを切りたくなる。そして、建物の中も外も居るのが楽しい。なるほど、これがアレグザンダーが唱える「名付け得ぬ質」というものか。

「名付け得ぬ質」とは、「人、町、建物、荒野などの生命や精神の根源的な規範である」(アレグザンダー『時を超えた建設の道』、鹿島出版会)。これは「生き生きとした」「全一的」「居心地のよい」「捕われのない」などといった形容詞で説明されるが、こうした言葉を連ねても、なお表しきれない。にもかかわらずそれは誰もが経験的に理解できるという。

カワイイ建築の先駆け

ところで、2000年代になってデザイン界でも注目されるようになった形容詞に「カワイイ」がある。若い女性を中心にしばしば発せられる言葉で、プロジェクト・プランナーの真壁智治によれば、「カワイイかカワイクナイかは、誰にでも迷わずに選び分けられる」(『カワイイパラダイムデザイン研究』平凡社)。

「名付け得ぬ質」がそうであるように、みんなが共有できる感覚なのだ。ならば「名付け得ぬ質」のひとつとして、「カワイイ」をとらえてみるのはどうだろう。

真壁は建築にも「カワイイ建築」があるとし、その特性をキーワードで示している。盈進学園東野高校を改めて見直せば、真壁が挙げるそのキーワードのうち、「スモール・スケール・センス」「家型」「こだわり装飾」「豊かな余白」などが当てはまることが分かる。つまり、東野高校はカワイイのである。

こう考えれば、建築界の反応がイマイチだった理由も察せられる。当時は、建築に対して「カワイイ」という価値観を認めることができなかったのだ。いい大人の男が「あなたカワイイわね」と言われた時のように、どぎまぎしてしまったのである。

東野高校が完成した1985年、伊東豊雄は「東京遊牧少女の包」を発表する。このインスタレーションを伊東の下でスタッフとして担当したのが妹島和世であり、作品の写真ではモデルも務めている。後に、梅林の家(2003年)や金沢21世紀美術館(2004年)などで、「カワイイ建築」の第一人者となる妹島が、ここで建築界に登場する。

「使える」と「カッコイイ」をその価値としてきた建築が、「カワイイ」へかじを切る。その始まりがこの年であり、東野高校はその先駆けだったのだ。

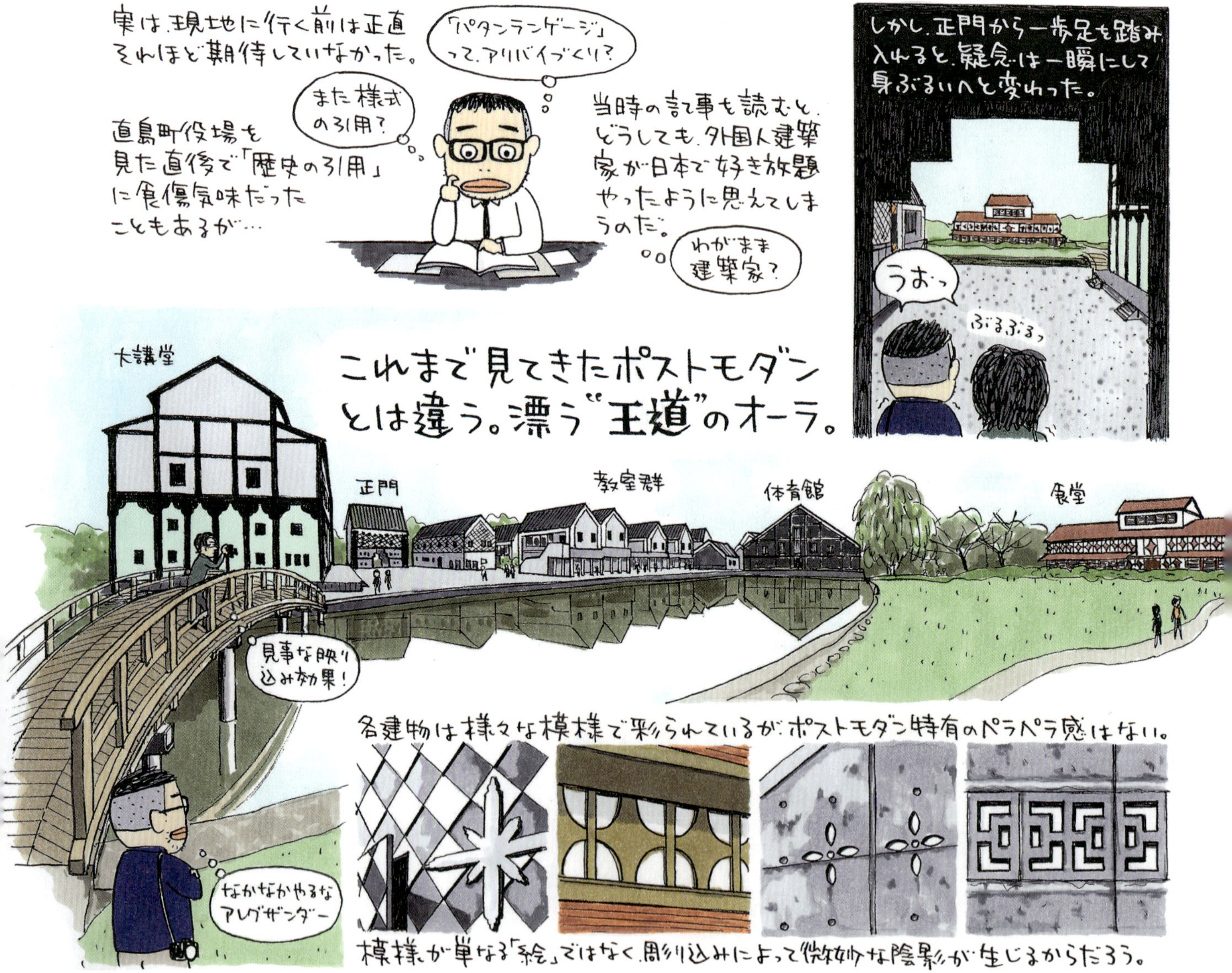
実は、現地に行く前は正直それほど期待していなかった。
「パタンランゲージ」って、アリバイづくり？
また様式の引用？
直島町役場を見た直後で「歴史の引用」に食傷気味だったこともあるが…
当時の記事も読むと、どうしても、外国人建築家が日本で好き放題やったように思えてしまうのだ。
わがまま建築家？
しかし、正門から一歩足を踏み入れると、疑念は一瞬にして身ぶるいへと変わった。
うおっ
ぶるぶるっ
これまで見てきたポストモダンとは違う。漂う“王道”のオーラ。
大講堂
正門
教室群
体育館
食堂
見事な映り込み効果！
なかなかやるなアレグザンダー
各建物は様々な模様で彩られているが、ポストモダン特有のペラペラ感はない。
模様が単なる「絵」ではなく、彫り込みによって微妙な陰影が生じるからだろう。

パタンランゲージは実現するも、施工の直営は断念

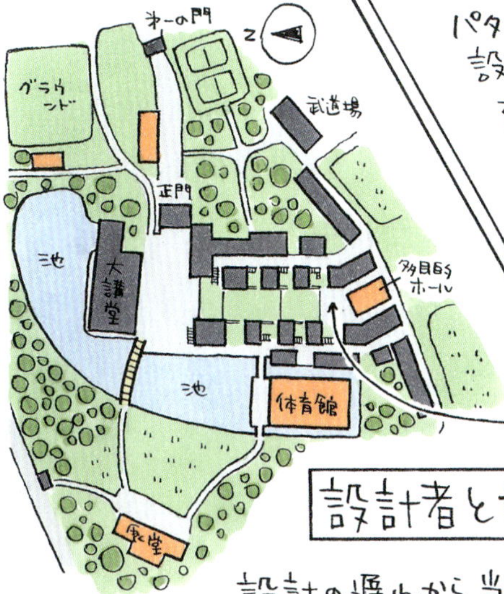

パタンランゲージの実践で知られるこの建築。設計の初期にたっぷり時間をかけたことは、建物の配置を見れば一目瞭然だ。教室間の距離や重なりが絶妙。

特に、このカーブが効果的。

どこを切っても絵になる!

設計者とゼネコンが対立。「20%は未完」。

設計の遅れから、当初掲げていた「施工の直営」は断念。フジタが約8カ月という超短工期で完成させた。

そんな短工期も微塵も感じさせないほど施工は細やかだ。特に、体育館は必見。

アレグザンダーは開校時、

計画自体80%は成功したと思う。しかし、実現しなかった残りの20%は大変大切なものであった

と、不満たらたらのコメントを残した。

食堂にて。

だが、竣工時の写真と見比べると明らかに今の方が魅力的だ。25年の歳月が未完の建築を「名作」に育て上げたのだ。

25年の歳月が、未完の20%を補完した?

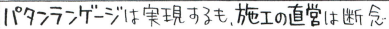

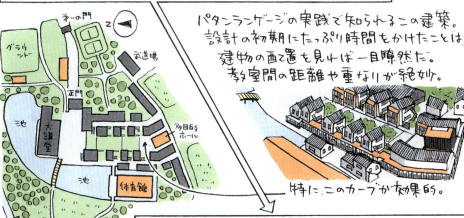

1986

役に立たない機械

高松伸建築設計事務所

織陣 | Origin

所在地:京都市上京区新町通上立売上ル安楽小路町418-1 | 構造:RC造 | 階数:地上3階
延べ面積:1期=619m²、2期=333m²、3期=745m² | 設計:高松伸建築設計事務所 | 構造設計:山本・橘建築事務所
設備設計:建築環境研究所 | 施工:田中工務店 | 竣工:1期=1981年、2期=1982年、3期=1986年

解体

ポストモダン建築を巡る本書で、高松伸の作品は必須である。しかし、どれを採り上げるかでは悩んだ。キリンプラザ大阪（1987年）やSYNTAX（1990年）といった代表作が、完成後20年もたたないうちに既にこの世から消えているのだ。結局、80年代前半に高松が手がけて出世作となった織陣を取材することにした[1]。

織陣は、着物の帯を製造販売している「ひなや」の本社屋である。内部に事務所、ショールーム、工房などの機能を収める。戸建て住宅とマンションが混在するエリアで、赤御影石の堂々たるファサードを見せているのが1981年に完成した第1期の建物だ。1年後、その奥に第2期が増築され、さらにその奥に1986年、赤いドーム屋根のタワーを持った第3期（左ページの写真）が竣工した。

第3期の南側にはサンクンガーデンがあったが、そこは現在、仮設の屋根で覆われていて、倉庫となっている。そのため、建物の側面が隠れてしまった。第3期の側面は水平軸に対して対称にデザインされている。キリンプラザ大阪でも見られた手法で、この時期の高松建築の特徴が出ていただけに、見えなくなったのは残念だ（同じデザインの北側立面は道路から少し見える）。

設計者の高松伸はこの建築を、1期、2期、3期の各段階で完成したものととらえており、2度に及ぶ増築は設計者として予期せぬ事態だったという。それもあってか、デザイン・テイストは大きく異なる。

第1期は白井晟一の作品を思い起こさせる象徴性の強い建築。第2期はコンクリート打ち放しのシンプルな箱。第3期になると、石に併せて金属が多用され、機械のようなモチーフが現れてくる。塔の頂部はピストンヘッドのようだし、側面の窓回りは蒸気機関車の動輪と連結ロッドにも見える。建築評論家のボトンド・ボグナーも、織陣第3期を「奇怪かつプリミティブで神話的な機械」と評している（『JA Library1 高松伸』新建築社、1993年）。

奇怪なる機械

機械については、設計者本人も意識していた。織陣第3期を掲載した雑誌に寄せた文章のタイトルは「建築・機械・都市」だし、1983年にはより直接的に機械を感じさせるARKという歯科医院の建物も設計している。

機械と言っても高松がイメージを借りているのは、たとえば蒸気機関車のような過去の機械だ。実は、こうしたレトロ・マシーンへの関心は、高松伸の建築だけでなく、同時代のいろいろなジャンルに見られる。

例えば映画では、プロペラや羽ばたきで飛行す

[1]——織陣も2013年に解体された

A 1期の東側ファサード。赤御影石の重厚な構えを見せる | **B** 3期の北側壁面。奥にコンクリート打ち放しの2期が見える。南面の壁は、仮設倉庫の陰になって見えない | **C** 3期の西側外観。尖ったトップライトが塔に取り付く | **D** 1期の玄関ホール見上げ。赤いアートは、ひなや会長でテキスタイルアーティストでもある伊豆藏明彦氏の作品 | **E** 3期、2階の玄関に至るアプローチ | **F** 3期、3階貴賓室の天井見上げ | **G** 3期、1階のサロン

る機械が登場する『天空の城ラピュタ』（1986年）や、蒸気を吐くダクトで覆われた室内空間が印象的な『未来世紀ブラジル』（1985年）などがある。これらの作品では、SF的な世界を設定としているにもかかわらず、そこにあえて重苦しい時代遅れの機械のデザインを持ち込んでいる。1927年のサイレント映画で、金属ボディの女性型ロボットが登場する『メトロポリス』の再編集版が制作された（1984年）のも、こうした流れに沿ってのことだろう。

小説では、19世紀の科学技術が別の形で発展した世界を描いた「スチーム・パンク」と呼ばれるジャンルが興る。歯車で動く巨大な計算機の物語、『ディファレンス・エンジン』（ウィリアム・ギブスン+ブルース・スターリング、1990年）が代表作だ。

ハイテック建築の兄弟

建築の世界に戻ると、80年代に大きな話題になっていたデザインの流れに「ハイテック」がある。その建築では、先端的なテクノロジーを用いるだけでなく、構造や設備を露出し、それを必要以上に目立たせるという手法を採っている。結果としてそれらは、建築自体が巨大な機械へと変ぼうしていた。リチャード・ロジャースのロイズ・オブ・ロンドン（1984年）やノーマン・フォスターの香港上海銀行ビル（1985年）が代表作である。

この時期に建築が機械を模すようになった背景には、おそらくコンピューター技術の発展がある。マイクロチップとソフトウエアで作動するコンピューターは、従来の機械のように動いている様子を目で確かめることができない。見えない機械が主流となることが、逆に「見える機械」を建築として欲する心理を生んだのだ。

もっとも、さかのぼって考えれば、建築と機械は切っても切れない関係にある。モダン建築の主導者ル・コルビュジエも、著書『建築をめざして』において、「住宅は住むための機械である」と書いている。自動車のように、建築もまた合理性を追求すべき、と考えたのだ。

建築は昔から機械を目指していた。その遺伝子を正当に受け継いだのが、ハイテック建築である。高松伸の織陣も、機械らしさをまとっているという点では、ハイテックの兄弟と言えなくもない。

しかし、その機械の意味はまるで異なっている。高松建築における機械は、合理性と全く関係がない。その機械は作動しないことがあらかじめ明らかなのだ。

ル・コルビュジエと同じく、高松も機械に萌えた。高松にとっても、建築は機械である。ただしそれは、役に立たない機械である。

高松伸の"メタリック建築四天王"(宮沢が勝手に命名)のうち.既に2つはこの世に存在しない。

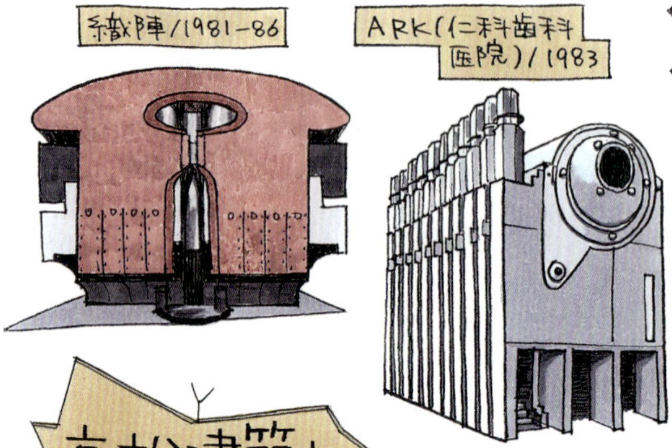

高松建築に迫る危機。急げ!原点《オリジン》へ

キリンプラザ大阪は2008年.SYNTAXは2005年ごろに解体され.建て替えられた。そのデザインが時代を投影しすぎているがゆえの短命か…。それにしても.世間はこの時代の建築に冷たくないか?
(建築界も…)

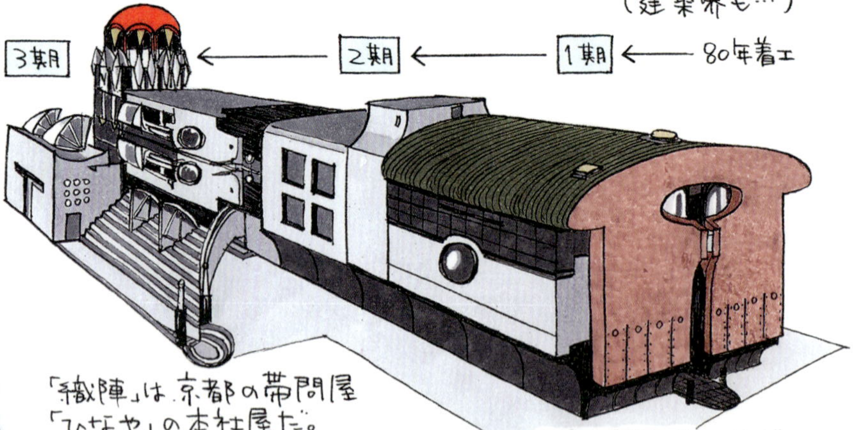

「織陣」は.京都の帯問屋「ひなや」の本社屋だ。
3段階.7年がかりで建設された。

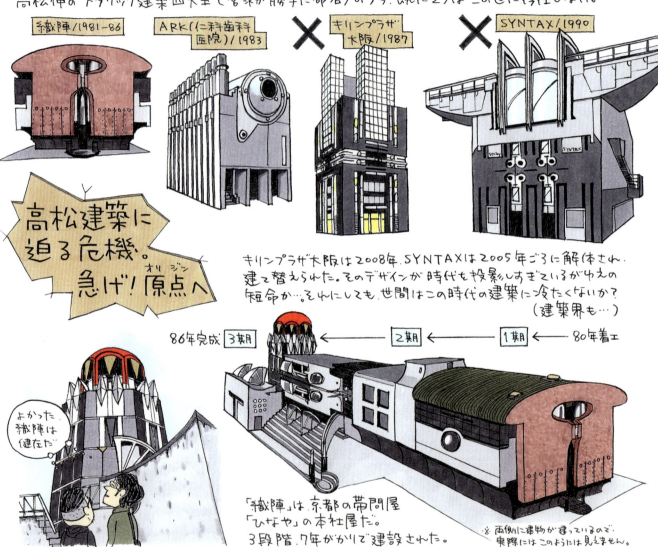

1期と3期をじっくり観察すれば、**定番・高松ディテール**のほとんどが採集できる。例えば…

※ここからは80年代高松伸スケッチ風に描いてみます。

御影石にスリット(1期)・球面の丸窓(1期)・扇形のトップライト(3期)・銀色シリンダー(3期)・八角形の塔(3期)

組み合わせれば、あなたも今日から高松伸？

※宮沢の空想です

そうそう、高松建築を空想するときのもう一つのポイントは「左右対称」。

織陣の立面、平面とも「切り紙」のよう。

残念なのは、南側のサンクンガーデン(3期)が仮設の倉庫でふさがれてしまったこと。

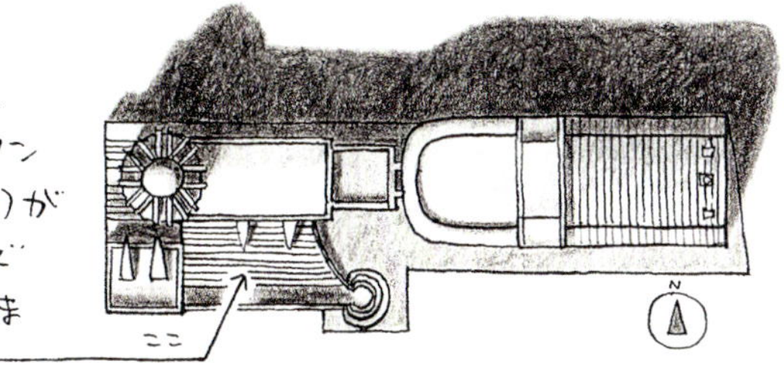

竣工時の南側

それによって、特徴的な南側立面が見えなくなり、地下のトップライトには光が差さなくなってしまった。

竣工時の地下

しかし、多くは望むまい。老舗問屋の本社屋として20余年。今も原形をとどめていることが奇跡なのだから。

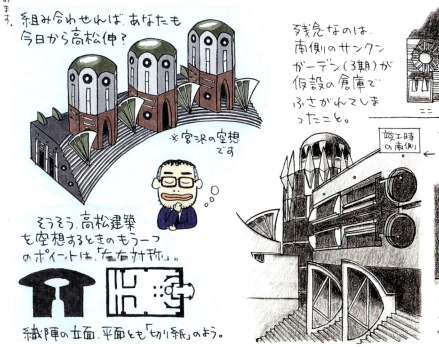

1986

基壇の上の雲

原広司+アトリエ・ファイ建築研究所

ヤマトインターナショナル | Yamato International

所在地:東京都大田区平和島5-1-1 | 構造:SRC造 | 階数:地上9階 | 延べ面積:1万2073m^2
設計:原広司+アトリエ・ファイ建築研究所 | 構造設計:佐野建築構造事務所 | 設備設計:明野設備研究所
施工:大林組・清水建設・野村建設工業JV | 竣工:1986年

この本では、できるだけ一般に公開されている公共的な建物を採り上げることにした。読んで関心を持った人が、その建物を実際に見に行く。そのきっかけに、本書がなればいいと考えたからだ。

しかしこの建物は例外で、私企業のオフィスビルである。なぜなら、どうしてもこれを採り上げたかったのだ。大学生のころに雑誌に載ったものを見て感激し、以来「好きな建築は？」と尋ねられるたびに、この建物の名を挙げてきた。にもかかわらず、中には入ったことがなかった。今回の取材は、二十数年来の願いがかなっての訪問となる。

ヤマトインターナショナルは「クロコダイル」や「エーグル」などのブランドで知られるアパレルメーカーである。場所は東京の平和島。羽田空港に近いこのエリアには、倉庫や流通センターなど大規模な施設が集積している。それらに負けることなく、この建物も南北に100m以上の長さで横たわっている。

当初は、1−3階が倉庫、4階以上に事務室や役員室などの機能を収めていたが、物流体制の再編により倉庫としての機能が不要となり、また組織の集約で使用する床面積も少なくなったので、2002年以降は空いたフロアにテナントを入れている。

目をひくのは、まず特異な外観だ。3階から下は、がっしりとした基壇としてつくられており、4階レベルが人工地盤となって、その上に自由な形態の建築が展開している。よく見るとそれは、薄い層を幾重にも重ね合わせた形ででき上がっている。

そしてその表面には、切妻屋根、ボールト屋根、窓といった住居を思い起こさせる形態要素が不規則に散りばめられている。敷地の西側にある公園から見ると、木々の上にのぞく建物の上部はまるで集落のよう。それが空中高くに浮かんでいるので、まるで蜃気楼を望むがごとくだ。

名もなき住居群のイメージ

設計者の原広司は、1970年代に世界中の集落を調査旅行で回っている。その時に出くわした情景が、そこには投影されているのかもしれない。ポストモダン建築はしばしば有名建築の引用を行ったが、原が自分の建築に持ち込んだのは、世界に分布する名もなき住居群のイメージだった。

建物の中に入ると、天井、手すり、窓ガラスなど、そこかしこにまた目を奪われる。装飾に使われているのは、ミリ単位の細かなギザギザで描かれる不規則な模様だ。同じ模様はひとつとしてない。似ているようですべてが異なっている。それは雲の形が無限にあるのと同じことだ、と設計者は説明している。

人間の身体から建築の比例関係を導き出そう

A 西側の壁面。磁器タイル張りの基壇の上に、アルミパネル張りの自由な架構を載せている | **B** 4階の基壇面から屋上まで外部通路が巡る | **C** 4階屋上テラス。右は雲形屋根のあずまや | **D** すっぱりと切断されたような東側の壁面 | **E** エントランス前に設けられた中庭 | **F** 7階応接室の窓。ガラス面のエッチングによる図像と公園の風景が重ね合わされる | **G** 5階エレベーターホールの手すり。フラクタル図形のような複雑な形に加工されている

とした建築家のウィトルウィウスや、植物を真似たアールヌーボーなど、自然の造形を手本にした建築はこれまでにも数多くつくられてきたが、この建物では雲や蜃気楼といった気象現象が参照されているのだ。

モダニズムのテーゼは「レス・イズ・モア」、つまり単純であればあるほど良かった。だが、ここでは、建築をどこまで複雑化できるのかが追求されているようにも思える。そして、集落のように複雑であること。雲のように複雑であること。自然と人工の両方の多様性が一体となって、この建物は「世界そのもの」の似姿になっている。

複雑系の建築へ

建物のシルエットを形づくっている1000分の1のデザインから、天井の模様を描いている1分の1のデザインまで、あらゆるスケールで同程度の複雑さを保持しているのがこの建物の特徴だ。

それはまるで海岸線のようである。細かく折れ曲がった海岸線は、拡大して見ていくとそこにさらに細かな折れ曲がりが見えてくる。こうした部分と全体とが同じ形となる自己相似性を示す図形のことをフラクタルという。数学者のブノワ・マンデルブロが1970年代の半ばに提唱したものだが、この概念が大きく広まったのは、パーソナル・コンピューターの発達でこの図形が簡単に描けるようになった1980年代のことだった。

フラクタルだけでなく、1980年代には散逸構造論、カオス理論、ファジー理論などといった、複雑であること、あいまいであることを科学的にとらえ直す理論に関心が集まっていた。一見、ランダムに見える形や現象も、そこに実は明快な秩序があることが見えてきたのである。ヤマトインターナショナルの複雑であいまいな建築の形は、こうした新しい科学の動きとも同調していた。

1990年代に入ると、景気の後退とともに日本の建築デザインの流れは、再び単純化、縮小化の方向に舵を切る。そうしたなか、連結超高層の梅田スカイビル（93年、206ページ）や、地形的なコンコースを内包した京都駅ビル（97年）などの複雑で巨大な建築を手がけていた原は、時代の主流に乗っていなかった面もある。

しかし、原が関心を持ち続けた新しい科学や数学の領域は、今また、複雑系科学や非線形理論として、注目されるようになった。平田晃久、藤本壮介、藤村龍至といった若手建築家も、こうした複雑系の科学への関心を表明し、それに影響を受けた建築をつくり始めている。その源流に、この建築は位置していると言えるだろう。

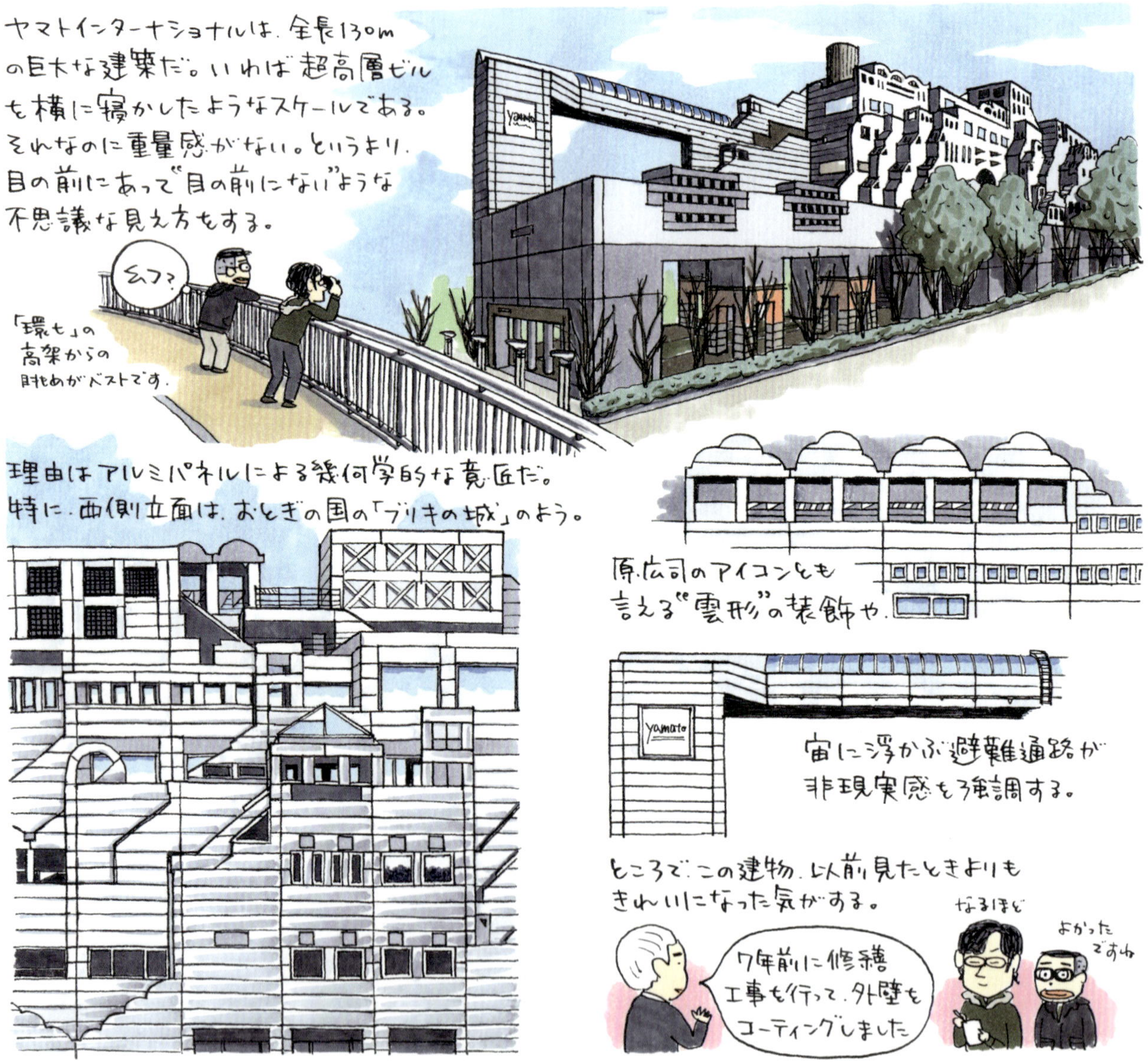
ヤマトインターナショナルは、全長130mの巨大な建築だ。いわば超高層ビルを横に寝かしたようなスケールである。それなのに重量感がない。というより、目の前にあって“目の前にない”ような不思議な見え方をする。
ムフ？
「環七」の高架からの眺めがベストです。
yamato
理由はアルミパネルによる幾何学的な意匠だ。
特に、西側立面は、おとぎの国の「ブリキの城」のよう。
原広司のアイコンとも言える“雲形”の装飾や、
yamato
宙に浮かぶ避難通路が非現実感を強調する。
ところで、この建物、以前見たときよりもきれいになった気がする。
7年前に修繕工事も行って、外壁をコーティングしました
なるほど
よかったですね

室内のあちこちにも、おとぎの国的な装飾がある。

例えば、エレベーターホールの窓まわりも見ると…

手すりとガラスの重なりで絵が生まれる。繊細!

屋上にも上らせてもらった。

例の雲形は、鉄ではなく、コンクリートでできていた。ちょっとびっくり。

〈特別付録・卓上3D ヤマトインターナショナル〉

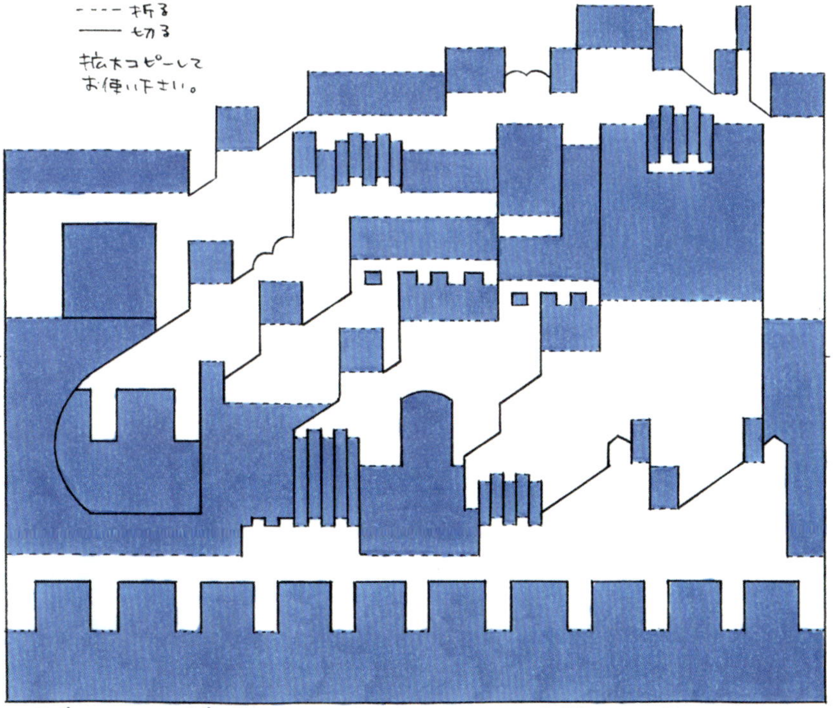

© 宮沢2010　本家・茶谷先生はもっとすごいのもつくっていそうな気もしますが…。

この建物を見ていたら、茶谷《ちゃたに》正洋氏(東京工業大学名誉教授、1934−2008年)が考案した「折り紙建築」を思い出した。突如、工作魂に火がつき、自分でつくってみたのが、これ↓。

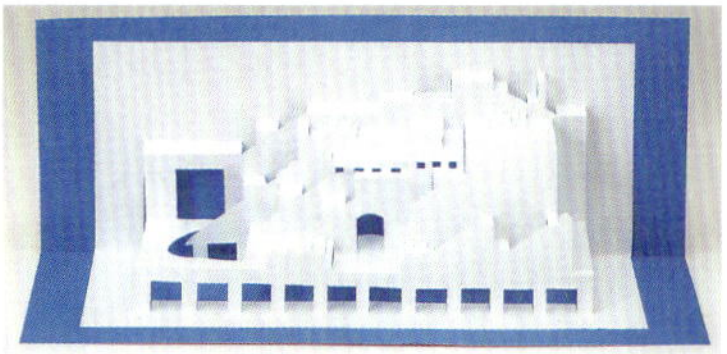

おお、我ながらナイスな出来。「2次元のような3次元」の造形は、まさに折り紙建築向き。ひょっとするとこの建築、折り紙建築の影響も受けている?

(茶谷氏が折り紙建築を発表したのは1981年)

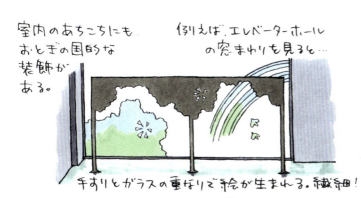

寄り道

1986

モダニストの竜宮城

石垣市民会館｜Ishigaki Civic Hall

設計：ミド同人+前川國男建築設計事務所｜施工：フジタ工業・八重山興業・大山建設JV｜竣工：1986年
所在地：沖縄県石垣市浜崎町1-1-2｜構造：RC造・一部S造｜階数：地上2階｜延べ面積：6637㎡

ミド同人+前川國男建築設計事務所

沖縄県

前川國男の最晩年・最南端のホール。配置は前川の定番だが、ディテールはいつもより装飾的。モダニズムの巨匠も南国の風にやられた?

前川国男(1905-86)といえば、言わずと知れた"モダニズムの巨匠"。前川の建築に「ポストモダン」なんてあるの？いえいえ、それがあったんです。

モダニズム一筋六十余年

それは「石垣市民会館」。前川最晩年の1986年に完成した。

北から南まで一体、いくつのホールもつくったんだ？

いつもの前川風だな。

2つのホールの配置は、前川の定番ともいえる「Z」型。→ 外装は打ち込みタイルと、コンクリート打ち放しで、これも後期前川建築の定番だ。しかし…

と思ったら大間違い。

打ち放しだと思っていた部分に近づいてみると…。何だ、これは？

いたる所にメカニカルな彫り込みが…。しかも、当時の資料を見ると、単なる打ち放しではなく「真ちゅう粉末(金粉)吹付」とある。え？ピカピカに光っていたということ？

あんが龍宮城か！！

なんでも、これは石垣島の「龍宮城」伝説を意識したものだという。モダニストが思い描いた龍宮城って、想像すると何だかおかしい。

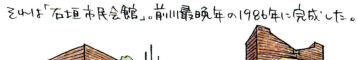

寄り道

1987

蝶の中に広がる蝶天国

東京都多摩動物公園昆虫生態館｜Insect Ecological Garden In Tama Zoo

設計：東京都多摩動物公園工事課、日本設計事務所（現・日本設計）｜施工：松本建設｜竣工：1987年
所在地：東京都日野市程久保7-1-1｜構造：S造｜階数：地下1階・地上1階｜延べ面積：2486㎡

日本設計

「建物の形を見下ろせる場所がない！」と怒って帰ることなかれ。温室に入れば、ちっぽけな怒りは一瞬で吹き飛ぶはず。季節を問わず、蝶天国

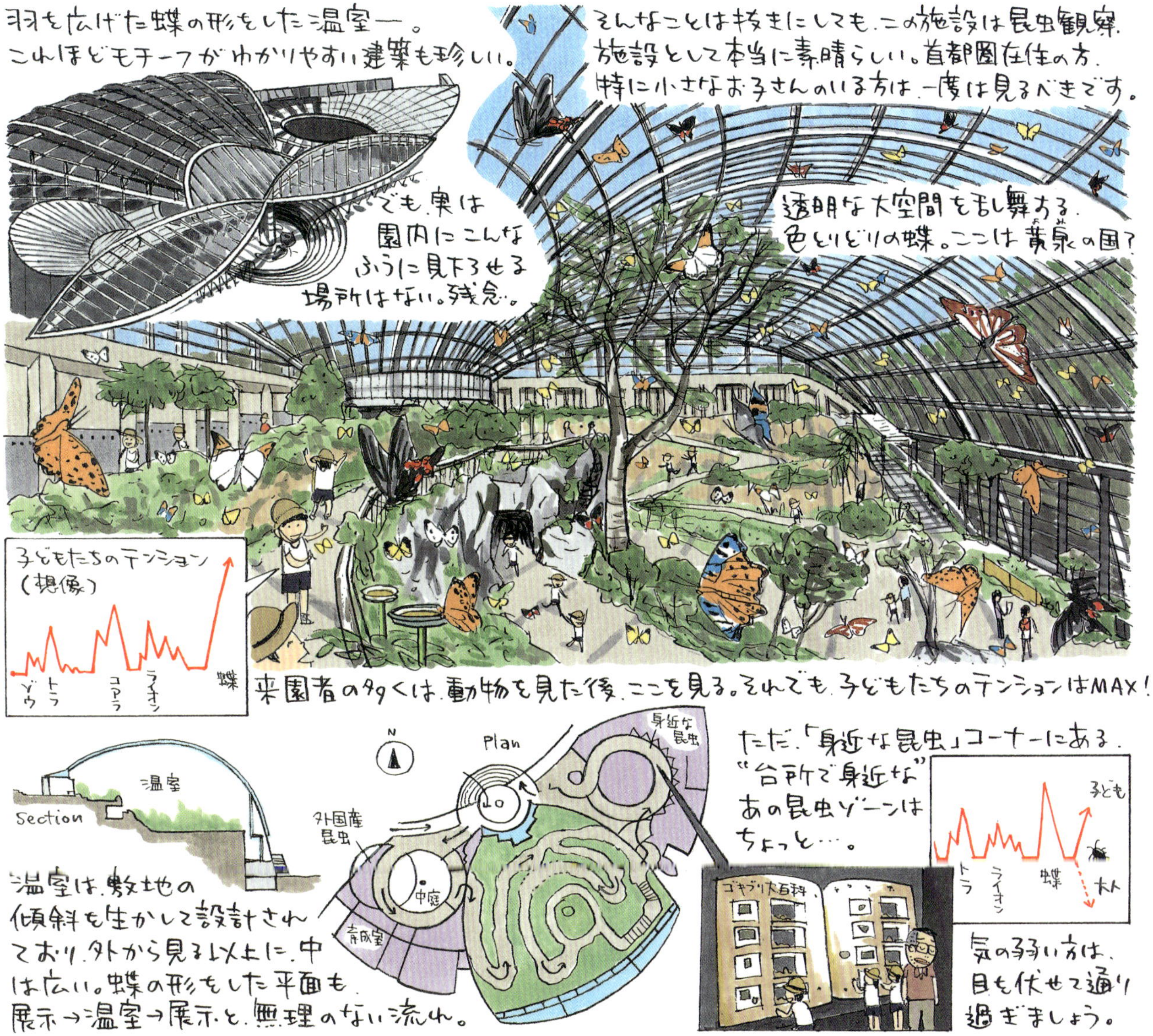
羽を広げた蝶の形をした温室──。
これほどモチーフがわかりやすい建築も珍しい。
そんなことは抜きにしても、この施設は昆虫観察施設として本当に素晴らしい。首都圏在住の方、特に小さなお子さんのいる方は、一度は見るべきです。
でも、実は園内にこんなふうに見下ろせる場所はない。残念…。
透明な大空間を乱舞する、色とりどりの蝶。ここは黄泉《よみ》の国?
子どもたちのテンション（想像）
ゾウ
トラ
コアラ
ライオン
蝶
来園者の多くは、動物を見た後、ここを見る。それでも、子どもたちのテンションはMAX!
Section
温室
N
Plan
身近な昆虫
外国産昆虫
中庭
育成室
温室は、敷地の傾斜を生かして設計されており、外から見る以上に、中は広い。蝶の形をした平面も、展示→温室→展示と、無理のない流れ。
ただ、「身近な昆虫」コーナーにある、
“台所で身近な”
あの昆虫ゾーンは
ちょっと…。
ゴキブリ大百科
子ども
トラ
ライオン
蝶
大人
気の弱い方は、目を伏せて通り過ぎましょう。

寄り道

1987

「混合」の切なさに萌える

渡辺豊和建築工房

龍神村民体育館［龍神体育館］｜Ryujin Village Gymnasium

設計：渡辺豊和建築工房｜施工：村本建設｜竣工：1987年

所在地：和歌山県田辺市龍神村安井822｜構造：RC造・木造｜階数：地上2階｜延べ面積：1228㎡

RC造の上に木造のバットレスが飛び出す外観も面白いが、室内はさらに面白い。木造なのか何なのか分からないくらい金物が存在を主張する

この体育館は87年度建築学会賞受賞作だ。だが、実物を見たことのある人は少ないに違いない。白浜町にある「ホテル川久」から車で約1時間。アドベンチャーワールドでパンダを見るのもいいけれど、建築好きなら迷わず龍神村へGO!

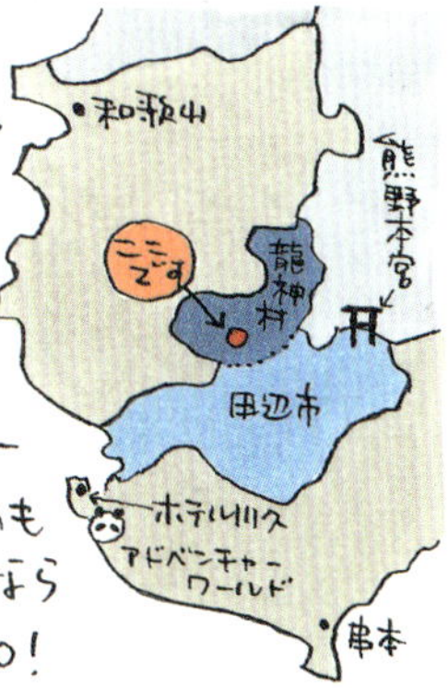
和歌山
熊野本宮
ここです
龍神村
田辺市
ホテル川久
アドベンチャーワールド
串本

「龍神」という神秘的な名前と、「地元木材の活用」という設計条件から、和風を想像したら大間違い。入り口側には古典主義の丸柱が並ぶ。

おお、これぞポストモダン

側面には杉のトラスのバットレスが…。

なぜ雨が当たる場所に木を使う?

木材よりも存在感のある接合金物。

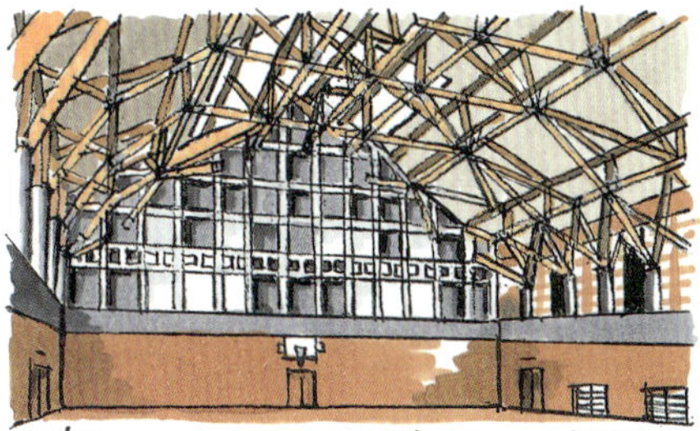

内部はコンクリートの壁の上に木造架構(杉ムク材)を架け渡している。

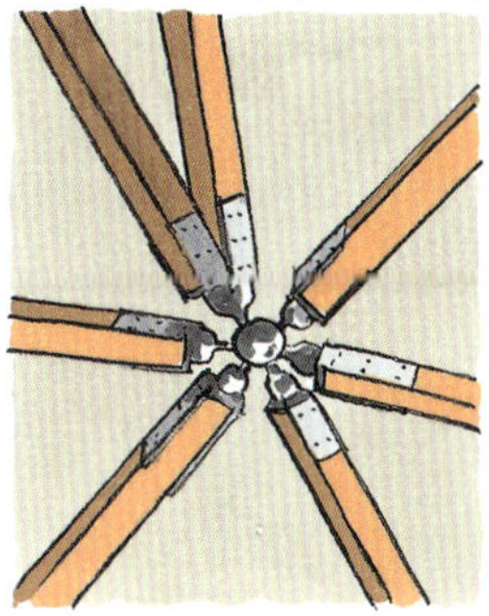

木造といっても、接合部は金物でガチガチに固められており、鉄と木とコンクリートの「3種ハイブリッド」という印象だ。

◀タコ足ジョイント

ハイブリッドの切なさに萌える

この建物は80年代末〜90年代前半の大規模木造ムーブメントの先駆け的存在だ。当時の技術ではここまで接合金物に頼らざるを得なかったのか?

主張するリベット

いや違う。これはきっとわざと金物を目立たせたのだ。この建物を見ていたら、なぜか、体が"半分機械"の女子高生を思い浮かべた。金属が見えるからこその切なさ、美しさ…。設計者もそれを狙ったに違いない。

寄り道

1987

意外と描きやすい複雑系

東京工業大学百年記念館｜Tokyo Institute of Technology Centennial Hall

設計：篠原一男｜施工：大成・大林・鹿島・清水・竹中JV｜竣工：1987年

所在地：東京都目黒区大岡山2-12-1｜構造：SRC造・一部S造｜階数：地下1階・地上4階｜延べ面積：2687㎡

篠原一男

篠原一男は生前、この建物のテーマは「ノイズ」であると語っていた。キャンパスの入り口に巨大なノイズを建てさせる東京工業大学は侮れない

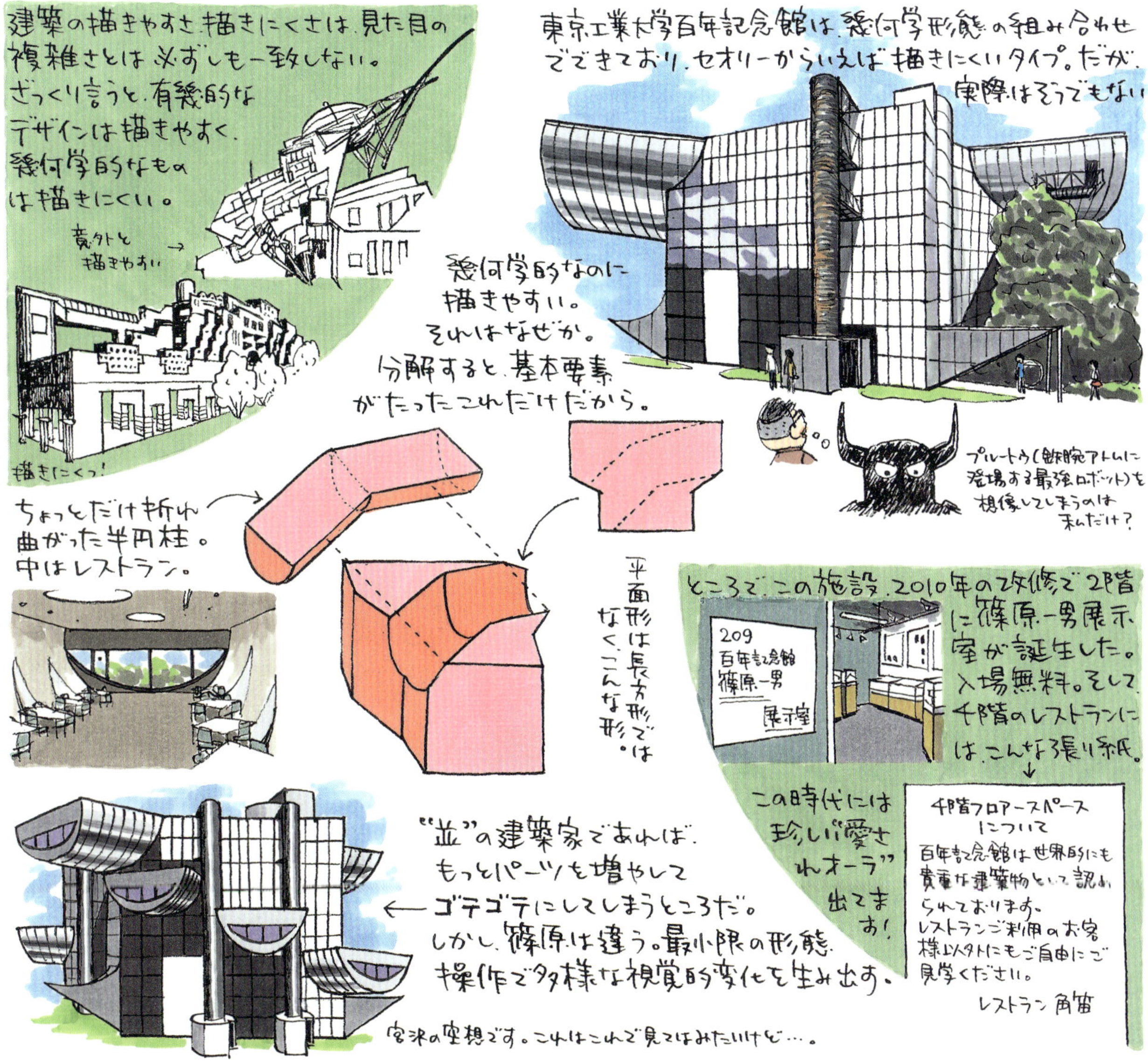
建築の描きやすさ、描きにくさは、見た目の複雑さとは必ずしも一致しない。ざっくり言うと、有機的なデザインは描きやすく、幾何学的なものは描きにくい。
意外と描きやすい→
描きにくっ!
東京工業大学百年記念館は、幾何学形態の組み合わせでできており、セオリーからいえば描きにくいタイプ。だが、実際はそうでもない。
幾何学的なのに描きやすい。それはなぜか。分解すると、基本要素がたったこれだけだから。
ちょっとだけ折れ曲がった半円柱。中はレストラン。
平面形は長方形ではなく、こんな形。
プルートウ(鉄腕アトムに登場する最強ロボット)を想像してしまうのは私だけ?
ところで、この施設、2010年の改修で2階に篠原一男展示室が誕生した。入場無料。そして、4階のレストランには、こんな張り紙。
209
百年記念館
篠原一男
展示室
4階フロアースペースについて
百年記念館は世界的にも貴重な建築物として認められております。
レストランご利用のお客様以外にもご自由にご見学ください。
レストラン 角笛
この時代には珍しい"愛されオーラ"出てます!
"並"の建築家であれば、もっとパーツを増やしてゴテゴテにしてしまうところだ。
しかし、篠原は違う。最小限の形態操作で多様な視覚的変化を生み出す。
宮沢の空想です。これはこれで見てはみたいけど…。

寄り道

1987

湾岸なのになぜか淡水魚

フィッシュダンス | Fish Dance

設計:フランク・O・ゲーリー、神戸港振興協会|施工:竹中工務店|竣工:1987年
所在地:神戸市中央区波止場町2-8|構造:S造|階数:地上2階

フランク・O・ゲーリー

「湾岸」という言葉がオシャレに感じられた80年代後半の文化遺産。赤さびに負けず、後世に伝えてほしい。それにしてもなぜ鯉がモチーフ?

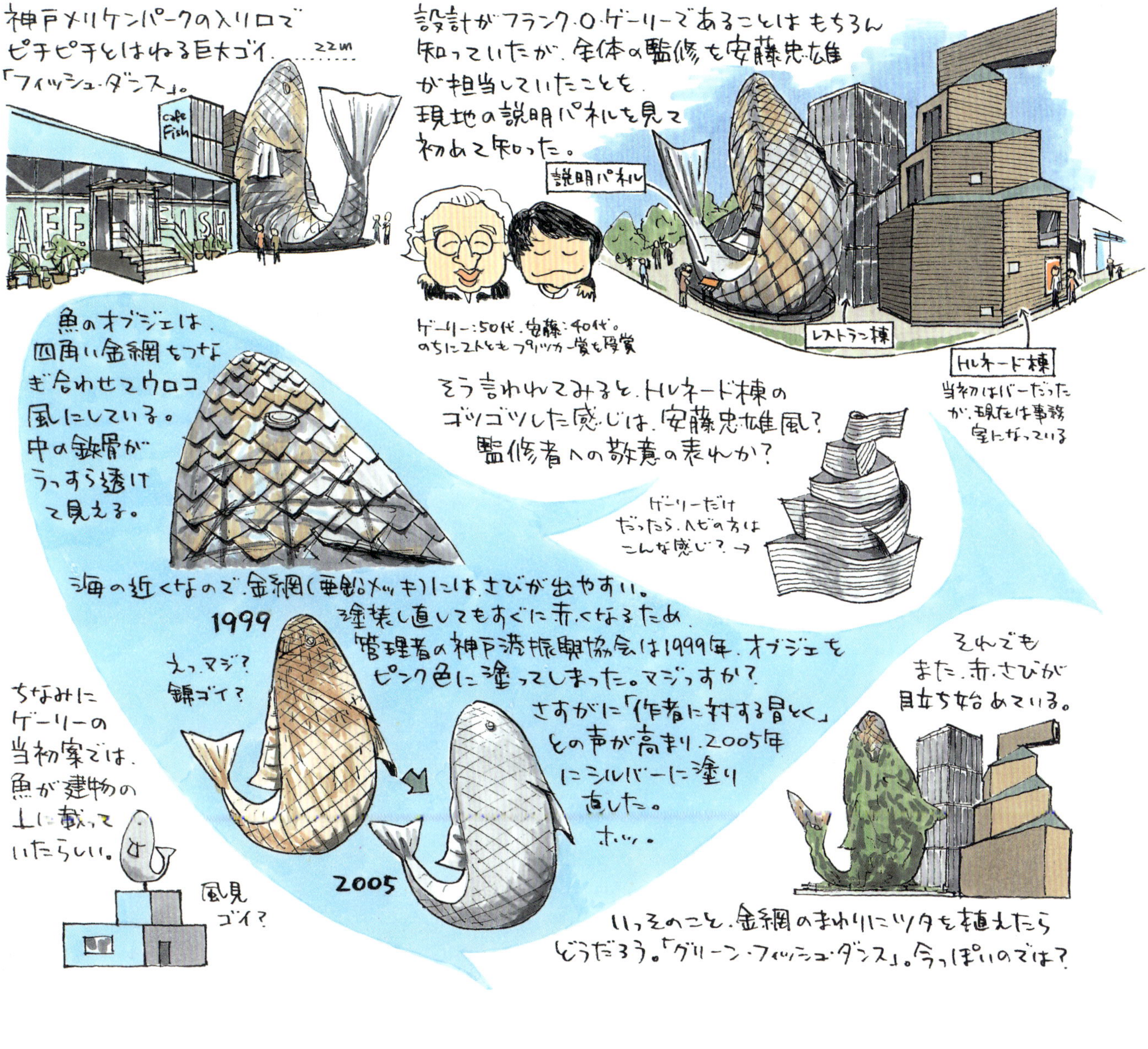
神戸メリケンパークの入り口で
ピチピチとはねる巨大ゴイ。
22m
「フィッシュ・ダンス」。
cafe Fish
設計がフランク・O・ゲーリーであることはもちろん
知っていたが、全体の監修も安藤忠雄
が担当していたことも、
現地の説明パネルを見て
初めて知った。
説明パネル
ゲーリー：50代、安藤：40代。
のちに2人ともプリツカー賞を受賞
レストラン棟
トルネード棟
当初はバーだったが、現在は事務室になっている
魚のオブジェは、
四角い金網をつな
ぎ合わせてウロコ
風にしている。
中の鉄骨が
うっすら透け
て見える。
そう言われてみると、トルネード棟の
ゴツゴツした感じは、安藤忠雄風？
監修者への敬意の表れか？
ゲーリーだけ
だったら、ヘビの方は
こんな感じ？→
海の近くなので、金網（亜鉛メッキ）には、さびが出やすい。
塗装し直してもすぐに赤くなるため、
管理者の神戸港振興協会は1999年、オブジェを
ピンク色に塗ってしまった。マジっすか？
1999
えっ、マジ？
錦ゴイ？
さすがに「作者に対する冒とく」
との声が高まり、2005年
にシルバーに塗り
直した。
ホッ。
2005
それでも
また、赤さびが
目立ち始めている。
ちなみに
ゲーリーの
当初案では、
魚が建物の
上に載って
いたらしい。
風見
ゴイ？
いっそのこと、金網のまわりにツタを植えたら
どうだろう。「グリーン・フィッシュ・ダンス」。今っぽいのでは？

1989

建築を自ら語る建築

安藤忠雄建築研究所

兵庫県立こどもの館 | Hyogo Children's Museum

所在地:兵庫県姫路市太市中915-49 | 構造:SRC造・一部RC造 | 階数:地下1階・地上3階 | 延べ面積:7488 m^2

設計:安藤忠雄建築研究所 | 構造設計:アスコラル構造研究所 | 設備設計:設備技研 | 施工:鹿島建設・竹中工務店・立建設JV | 竣工:1989年

不審に思う人も多いに違いない。安藤忠雄の建築はモダニズムで、この本のタイトルにあるポストモダンとは対極にあるだろうと。安藤人気にあやかって、無理に押し込んだのか? 勘ぐりたくなる気持ちも分かるが、まあ読んでほしい。

採り上げるのは、1989年に開館した兵庫県立こどもの館だ。大型の児童館であり、家族やグループで訪れた子どもたちが、遊んだり、表現活動や読書をしたりする施設である。施設があるのは姫路駅から車で20分ほど走った桜山貯水池のほとり。緑豊かな景勝地であり、付近には自然観察の森、姫路科学館、星の子館(これも安藤による設計)などの施設が集まっている。

こどもの館は大きく、本館、中間広場、工作館の3つのブロックからなる。本館は段状に流れる人工の川に沿って2棟が並列し、内部には図書館、劇場、ギャラリー、多目的ホールなどの機能を収める。中間広場は16本の柱が自立する屋外の展望休憩スペース。工作館は竹や木を使っておもちゃなどをつくる工房である。

建物の周りには、安藤自身が提唱した「児童彫刻アイデア国際コンクール」の優秀作である彫刻が置かれ、敷地全体が彫刻美術館としても機能している。

3つのブロックは150mほどの間隔を空けて建っており、屋外を走る直線的な園路がそれらを結ぶ。どうしてこんなに歩かされるのか、と思うような長い道のりだが、壁によって見え隠れする建物や、柱梁のフレームで切り取られた自然が、見る者に劇的に迫ってくる。建築を見ることの醍醐味が、この経路に凝縮されているようにも感じられる。

使われている素材はコンクリート打ち放しであり、形態は直交する線と円弧の組み合わせというシンプルな幾何学によるものだ。安藤建築に共通するこれらの特徴は、モダン建築の特徴とも共通するものであり、だから安藤建築を遅れてきたモダニズムの傑作と位置付けることも可能だろう。実際、そうした見方が一般的だ。でも、それだけで片付けられないところがあるように思える。

行き止まりのデッキ

気になるのは例えば、こどもの館の本館3階ブリッジから北側にちょこんと飛び出たデッキ(次ページの写真A)である。袋小路状になっていて、どこにたどり着くわけでもない。外の景色を楽しんでもらうのが狙いなら、わざわざ飛び出させる必要もない。なぜこんなものを設けたのか。

その理由は、実際に行けば分かる。そこに立つと、湖を背景にしてこどもの館の展望広場が美し

A

B

C

D

E

F

G

A 本館北側の屋外階段から飛び出た展望デッキ。デッキからはCの景色が望める。デッキの下に見えるのは、子どものアイデアをもとにした彫刻作品「じゃぐちくん」| **B** 本館の北東側。鉄筋コンクリートの壁やフレームが幾重にも重なる。写真左に池を見下ろすデッキが見える | **C** 本館の南西方向を見る。展望広場の向こうに桜山貯水池 | **D** 本館南側の池越しに実習室(右)、円形劇場の棟(左)を見る | **E** 16本の柱が立つ中間広場 | **F** 円形劇場の周りにある展望ロビー | **G** 北側の池に面して大きな開口を持つ児童図書室

く見えてくる。つまり建築を見るビューポイントとして、この突起状のデッキはつくられたのだ。

こうした突起状のデッキがある安藤建築は、ここだけではない。兵庫県立美術館芸術の館（2002年）では同様のデッキが、円形テラスを手前に中庭を見通すという、この建築の見せ場を提供している。

また、デッキではなく壁で建築の見せ場をつくり上げている例もある。真言宗本福寺水御堂（1991年）や大阪府立近つ飛鳥博物館（1994年）などでは、建物本体の前に長い壁を配置し、それを迂回するアプローチ動線が設定されている。こどもの館の園路もそうだ。建築は最初、壁に遮られて見えない。壁が途切れ、それを回り込んだ瞬間、建築はドラマチックに現れる。

建築の見せ場がその建築によってつくられる。安藤建築は、しばしばそういう構造を持っている。建築はそれ自体を見るための装置なのである。

見えるのは常に「部分」

どうして安藤はそんなややこしいことをしたのか。そこには、建築を巡る社会状況の変化があるように思える。

モダンの時代なら、建築の正しさ、美しさは自明であり、その価値は建築の外側にある社会がすんなりと認めてくれた。前川國男や丹下健三が建築をつくり始めた時はそうだった。しかし、ポストモダンの時代になると、建築の正しさ、美しさを、社会がストレートに認めてくれなくなった。

外の人がほめてくれないなら、建築自身に建築の意義を語らせるしかない。その方法が「ここから建築を見よ。見れば分かる」というビューポイントを、建築の中に設定することだった。

確かに設計者自身によって設定された視点から見た建築の姿は素晴らしい。建築の美しさを、誰もが感得するだろう。しかしその姿は常に不完全なものだ。なぜなら、自分自身の立ち位置が建築の内側にある以上、それを含んだ全体を視野に入れることは不可能だからだ。そこから見えるのは常に部分である。実に堂々と完全を装う安藤建築だが、その実態は分裂しているのだ。

もっとも、全体が現れないからこそ、見る側の欲望を呼び覚ますという効果もある。そして見る者の内部で補完され、より強い建築イメージとして浮かび上がるのだ。

というわけで、その手法においては究極のモダン建築であるとも言える安藤建築にも、実は時代の中で現代建築が直面していった困難さが反映している。そういう意味で、これもまた確実に、ポストモダン時代の建築なのである。

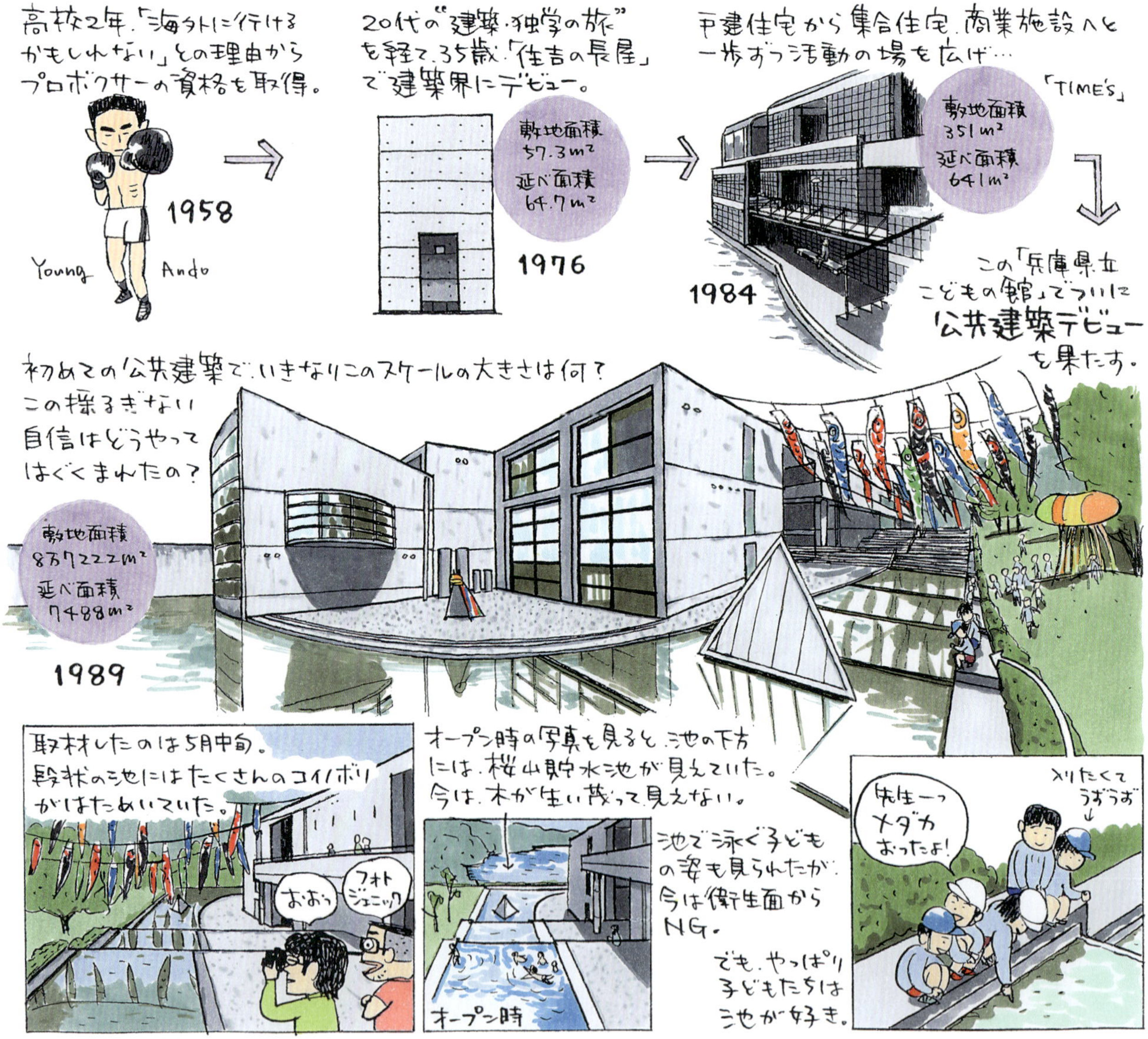

高校2年、「海外に行けるかもしれない」との理由からプロボクサーの資格を取得。
Young Ando
1958
20代の"建築・独学の旅"を経て、35歳、「住吉の長屋」で建築界にデビュー。
敷地面積
57.3m^2
延べ面積
64.7m^2
1976
戸建住宅から集合住宅、商業施設へと一歩ずつ活動の場を広げ…
「TIME'S」
敷地面積
351m^2
延べ面積
641m^2
1984
この「兵庫県立こどもの館」でついに
公共建築デビュー
を果たす。
初めての公共建築で、いきなりこのスケールの大きさは何？
この揺るぎない自信はどうやってはぐくまれたの？
敷地面積
8万7222m^2
延べ面積
7488m^2
1989
取材したのは5月中旬。段状の池にはたくさんのコイノボリがはためいていた。
おおっ
フォトジェニック
オープン時の写真を見ると、池の下方には、桜山貯水池が見えていた。今は、木が生い茂って見えない。
オープン時
池で泳ぐ子どもの姿も見られたが、今は衛生面からNG。
でも、やっぱり子どもたちは池が好き。
先生ーっ
メダカ
おったよ！
入りたくてうずうず

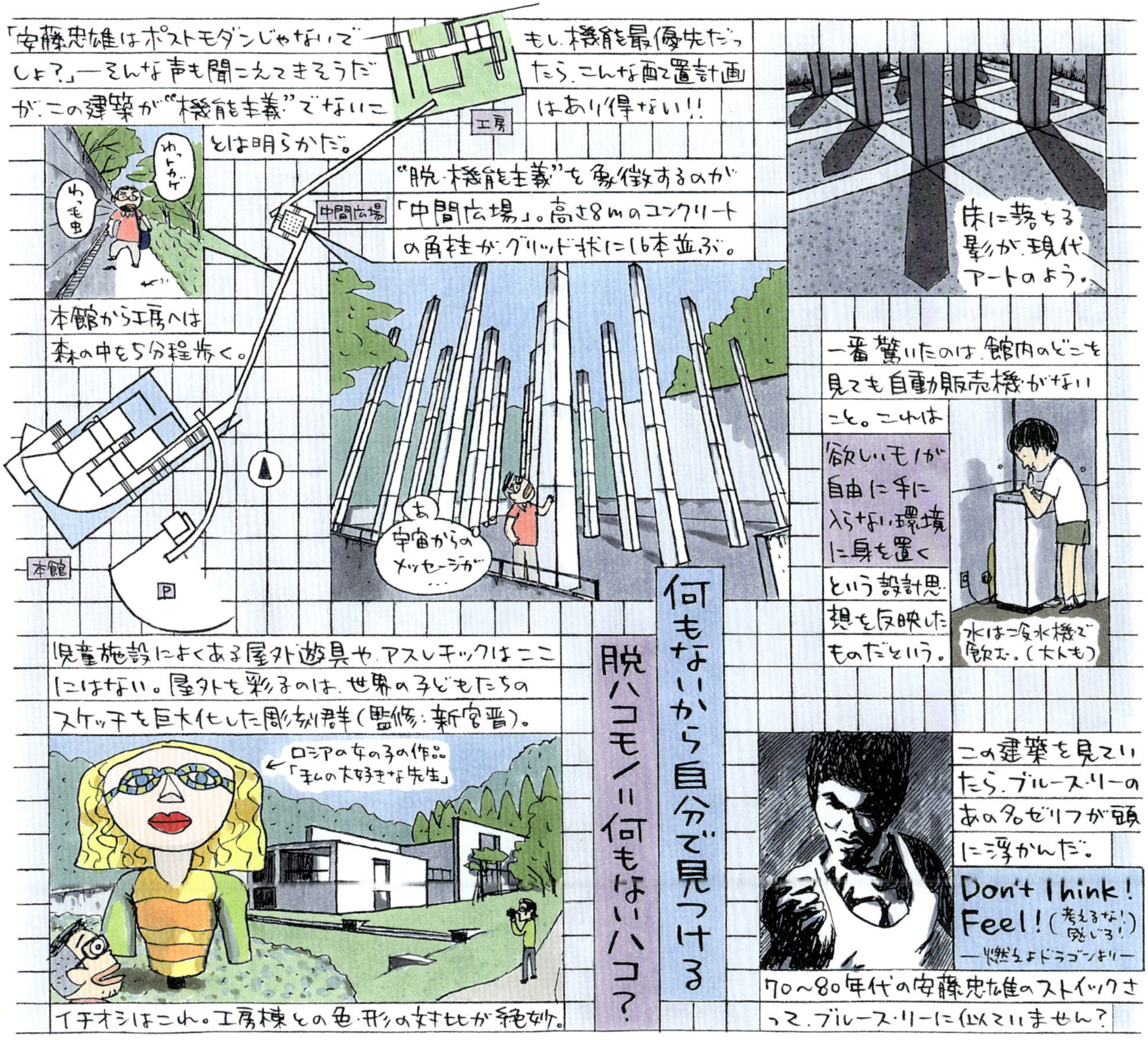
「安藤忠雄はポストモダンじゃないでしょ?」──そんな声も聞こえてきそうだが、この建築が"機能主義"でないことは明らかだ。
もし、機能を最優先だったら、こんな配置計画はあり得ない!!
工房
わっトカゲ
わっ毛虫
中間広場
本館から工房へは森の中を5分程歩く。
"脱・機能主義"を象徴するのが「中間広場」。高さ8mのコンクリートの角柱が、グリッド状に16本並ぶ。
床に落ちる影が、現代アートのよう。
あ 宇宙からのメッセージが…
本館
P
一番驚いたのは、館内のどこを見ても自動販売機がないこと。これは欲しいモノが自由に手に入らない環境に身を置くという設計思想を反映したものだという。
水は冷水機で飲む。(大人も)
何もないから自分で見つける
脱ハコモノ＝何もないハコ?
児童施設によくある屋外遊具や、アスレチックはここにはない。屋外を彩るのは、世界の子どもたちのスケッチを巨大化した彫刻群(監修：新宮晋)。
←ロシアの女の子の作品「私の大好きな先生」
イチオシはこれ。工房棟との色・形の対比が絶妙。
この建築を見ていたら、ブルース・リーのあの名ゼリフが頭に浮かんだ。
Don't Think! Feel!(考えるな! 感じろ!)
──燃えよドラゴンより──
70～80年代の安藤忠雄のストイックさって、ブルース・リーに似ていません?

1989

炎のアイコン

日建設計＋フィリップ・スタルク

アサヒビール吾妻橋ビル［アサヒビールタワー］｜Asahi Breweries Building
吾妻橋ホール［スーパードライホール］｜Super Dry Hall

所在地：東京都墨田区吾妻橋1-23-1
［タワー］構造：S造・SRC造｜階数：地下2階・地上22階｜延べ面積：3万4650m²
設計：日建設計｜監理：住宅・都市整備公団、日建設計｜施工：熊谷・大林・前田・鴻池・新井JV（外装、躯体）｜竣工：1989年
［ホール］構造：S造・RC造・SRC造｜階数：地下1階・地上5階｜延べ面積：5094m²｜設計：フィリップ・スタルク
実施設計・監理：グローバルエンヴァイロンメントシンクタンク｜施工：大林・鹿島・東武谷内田JV｜竣工：1989年

隅田川を挟んで浅草の対岸に、ひときわ目立つ建物群がある。背の高い金色のガラスカーテンウオールのビルはアサヒビールの本社が入る「アサヒビールタワー」。その隣にある黒い石張りの胴体に炎の形をしたオブジェを載せた建物がビアホール「スーパードライホール」だ。辛口ビールの「スーパードライ」がヒットし、アサヒビールがシェアをぐんぐん伸ばしていくさなかの1989年、2棟同時に完成した。

敷地はもともとアサヒビールの工場があった場所。「リバーピア吾妻橋」と名付けられた再開発エリアには、アサヒビールの建物のほか、墨田区役所、多目的ホール、UR都市機構の集合住宅などが建つ。浅草側から眺めると、これらの建物に挟まって、ちょうど建設中の東京スカイツリーも見えるようになった。そのせいもあって、カメラを構える観光客の数も俄然増えている。

もっとも、その建築らしからぬ異様なデザインを批判的に見る向きも少なくない。例えば2005年、著名な都市計画学者や建築家などからなる「美しい景観を創る会」が、この建物を「悪い景観100景」のひとつとしてリストアップした。

完成当初は人の目を驚かせるものだったろう。でも今や、この景色は浅草に欠かせないものと考える人が多いのではないか。ロンドンでもパリでも上海でも、世界の主要な都市には、川越しに都市の景観を楽しむ場所がある。ところが、高度経済成長後の東京では、それがほとんど失われていた。それを復活させただけでも、この建物群は評価に値する。

外国人建築家の活躍

設計したのは、タワーが日建設計、ホールがフィリップ・スタルクである。日建設計は日本最大手の設計事務所だから、改めて説明の必要もないだろう。

一方のスタルクは、フランスを本拠地として活躍するデザイナーで、建築、インテリアから腕時計、歯ブラシまで、幅広い分野を手がけて、今や世界中から注目を集めている存在だ。しかし、この建物を設計し始めた80年代半ばごろは、パリで手がけたカフェの内装が感度の高い人々の間でようやく話題になったころ。建築では、ほとんど実績がなかった。そんな外国人の建築家に、企業イメージを代表する建物を設計させたのだから、当時のアサヒビールは、なんとも勇気にあふれていた。

ただ、当時の状況を振り返れば、外国人建築家に設計を依頼するプロジェクトはほかにもたくさんあったのである。『日経アーキテクチュア』1988年8月8日号と8月22日号では、2号連続で外国人建築

A 隅田川を挟んで対岸から見たリバーピア吾妻橋。建物は左から墨田区庁舎、東京スカイツリー(工事中)、アサヒビールのタワーとホール、URの賃貸「ライフタワー」| **B** タワー21階、展望レストランの吹き抜けホール | **C** タワー22階の展望レストラン「ラ・ラナリータ」| **D** タワーからホールを見下ろす | **E** ホールの1-2階はビアホール「フラムドール」| **F** ビアホールのトイレ(小便器)。ホールのトイレのデザインは各階とも凝りまくっている | **G** ビアホール入り口 | **H** ホール3階のバンケットルーム

家のプロジェクトを特集している。その中に出てくる建築家は、スタルクのほか、リチャード・ロジャース、アルド・ロッシ、エミリオ・アンバース、マイケル・グレイブス、ロバート・A・M・スターン、ピーター・アイゼンマン、ザハ・ハディドなど、実に豪華な顔ぶれだ。

巨匠から新鋭まで、数多くの外国人建築家が日本で作品を実現させたが、それぞれを見ると、その建築家の代表作として語りうるものはそれほど多くない。近くにあるから日本人なら見ておけ、というレベルの作品がほとんどだ。そんななか、スーパードライホールは、スタルクの代表作であることに異論を差し挟む者はいないだろう。この時期の外国人建築家が成し遂げた最良の作品であり、世界に誇れる建築である。

アヒル的ポストモダン？

ところでポストモダン建築の流れのなかで、この作品はどう位置付けられるだろうか。

米国の建築家であるロバート・ヴェンチューリは、その著書『ラスベガス』（原著1972年）で、「装飾された小屋」と「アヒル」という対比で建築を説明した。派手な看板を取り付けて人目を引くラスベガスのロードサイド・ショップが、本体の建物自体は普通の小屋であることに着目して共感する一方、モダニズムの建築は表面的な装飾を拒否しながらも実は全体がひとつのシンボルになってしまって、それは建物自体がアヒルの格好をした軽食スタンドと変わらない、というのである。大胆なモダニズム批判は広く影響力を振るい、「装飾された小屋」がポストモダン建築のひとつのモデルとなった。

ではアサヒビールの建物は「装飾された小屋」なのか。「タワー」は全体がビールをいっぱいに注いだジョッキを連想させるし、「ホール」の方は金色の炎をたなびかせたキャンドルのように見える。どちらも「装飾された小屋」というより、「アヒル」の方に近い。とはいえ、モダン建築とは到底いえない。「アヒルなのにポストモダン」。「コクがあるのにキレがある」みたいな、一見、矛盾した存在がこの建築なのだ。

「アヒル的ポストモダン」というジャンルを新設すべきだろうか？ いや、今ではこういう建築を指示する最適な言葉が発明されている。「アイコン建築」である。実例としては、ロケットのような形のスイス・リ本社（ノーマン・フォスター設計、2004年）や、メビウスの輪のような格好のCCTV（レム・コールハース設計、2008年）などが挙がる。

アサヒビールの建物も、その系譜にある。それは早すぎたアイコン建築だったのだ。そう考えると腑に落ちる。

Japanese Post Modern Architecture　　No.33

浅草・吾妻橋は今、多くの見物客であふれている。建設中の東京スカイツリーがアサヒビールのタワーと並んで見えるからだ。

こんなに注目を浴びるのは、完成以来20年ぶり？ちょっと照れくさそう。

ビールのジョッキと炎——。こんなに具象的な比喩建築はほかにないのでは？

誰が見てもビール!!　究極のCI?

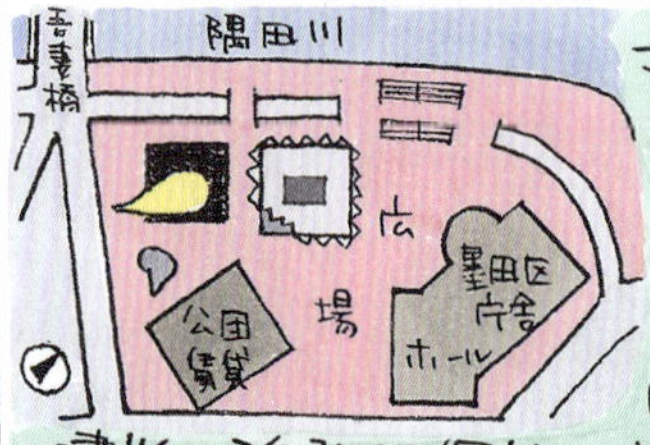

この一帯には、明治42年につくられたビール工場とビアホールがあった。工場の閉鎖後、官民共同で再開発された。個々のデザインはてんでバラバラ。しかし、アサヒビールの2つの建物の強烈な個性によって、調和がどうの、という次元を超えてしまっている。"出すぎた杭は打たれない"？

ジョッキの泡の部分は、ステンレスのカーテンウオール。こはく色のミラーガラスは、試作を重ねて、ビールっぽさを出した。

泡の上部は、トップライトになっていた

展望レストラン「ラ・ラナリータ」

ちなみに、このレストランは東京スカイツリーがよく見えるということで大人気。

おおっ

この席が一番人気です

吾妻橋ホールの金色のオブジェは
いつ見てもピカピカで、感心する。
（これだけ目立つ形で汚れていたら、
非難ごうごうだろう）

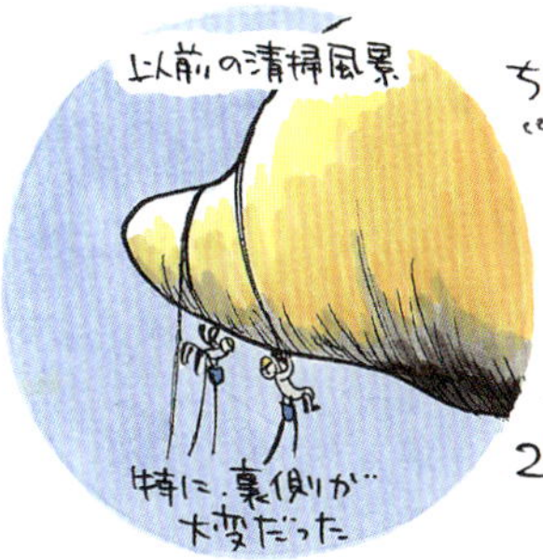

ちなみに、以前は年に1回、
“ビル清掃の達人”がロープ
にぶら下がって洗浄していた。
2005年にコーティング（親水
性塗膜）も施してからは、
汚れがつきにくくなり、この
2年間は洗浄していないという。

コーティングってすごい。

このオブジェは、設計者（スタルク）によれば「炎」だが、
これを見た子どもは必ずこう言う。

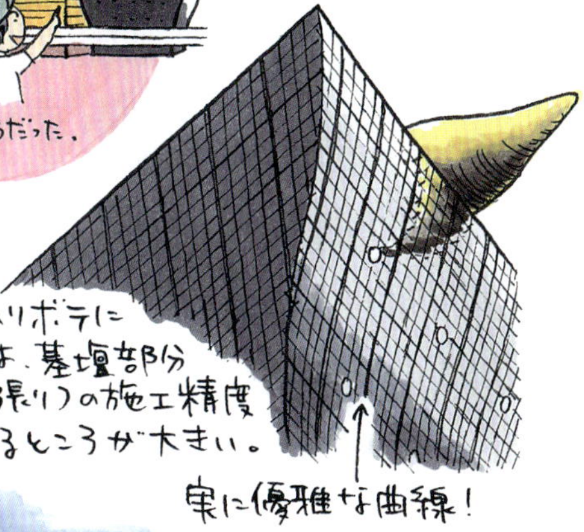

オブジェがハリボテに
見えないのは、基壇部分
（黒御影石張り）の施工精度
の高さによるところが大きい。

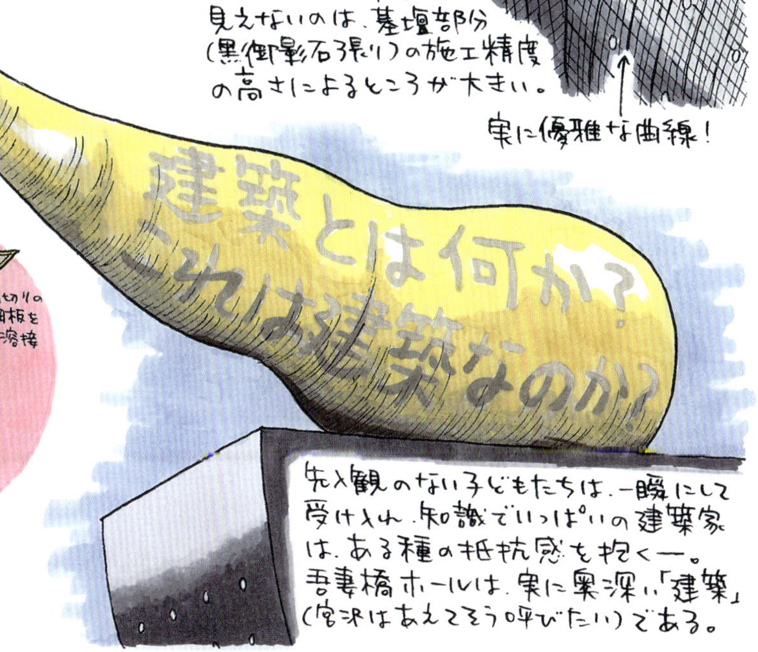

建築家のなかには、このホール
を「建築ではない」と言う人が
いる。街のシンボルとして
これほど定着しているのに
どうして？ スタルクが
プロダクトデザイナー
だから？ それとも
オブジェの中身が
空《から》だから？

先入観のない子どもたちは、一瞬にして
受け入れ、知識でいっぱいの建築家
は、ある種の抵抗感を抱く——。
吾妻橋ホールは、実に奥深い「建築」
（宮沢はあえてそう呼びたい）である。

1989

アルミに開いた穴・穴・穴

長谷川逸子・建築計画工房

湘南台文化センター | Shonandai Culture Center

所在地：神奈川県藤沢市湘南台1-8 | 構造：RC造一部S造・SRC造 | 階数：地下2階・地上4階
延べ面積：1期=1万1028 m^2、2期=3417 m^2 | 設計：長谷川逸子建築計画工房 | 構造設計：木村俊彦構造設計事務所
設備設計：井上研究室（空調・衛生）、設備計画（電気） | 施工：大林組 | 竣工：1期=1989年、2期=1990年

小田急線と横浜市営地下鉄が接続する湘南台駅。高層住宅と商業施設に囲まれた郊外ターミナルから、歩いてすぐのところに、その建物はある。銀色の小屋根の連なりと、その奥に見える巨大な球体。湘南台文化センターだ。

球の中身はプラネタリウムと市民シアターである。それ以外にこの建物は、こども館、公民館、市役所支所などの機能を収める。

こども館は、参加型のアトラクションが並べられた展示スペース、工作や実習に参加できるワークショップ室などから成る。宇宙劇場と名付けられたプラネタリウムもこども館の施設だ。

市民シアターは円形の舞台を持ったユニークな形式の劇場である。「この形式を生かした上演は難しい」と管理者は漏らすが、稼働率は高いという。

実はこの建物、外から見た印象よりもずっと大きい。かなりの床面積を地下に埋めているのだ。そして地上部は、小川や屋外劇場なども配された広場として開放されている。建物の屋上にも通り抜けできる動線が巡っており、その道を歩き回るだけでも楽しい。

ところどころに現れる鉄筋コンクリートの壁面は、カラーコンクリートによって地層のように表現されている。広場にはアルミのパンチングメタルでつくられた木々が立ち並ぶ。背景となるトップライトやキャノピーの屋根群も、樹木の茂った山のようだ。設計者の長谷川逸子は、この建物を「第2の自然としての建築」という言葉で説明した。

日本ポストモダニズムの総集編

設計者の選定にあたっては、公開プロポーザルコンペが実施された。コンペは大きな注目を集め、若手からベテランまで幅広い世代の建築家がこれに参加した。長谷川は、215案の中から1等を勝ち得たのだった。

長谷川は1941年の生まれで、80年代のポストモダン建築を担った毛綱毅曠、石山修武、石井和紘、伊東豊雄らと同じ世代に属する。彼らは鬼面人を驚かすような作風から「野武士」と呼ばれたが、長谷川がその一員として扱われることは少ない。女性に対して「野武士」は失礼にあたるという遠慮があろうし、作風が明らかに違うとの認識もあるだろう。

しかし改めて見直すと、彼らによる80年代のポストモダン建築と思いのほか共通点が多いのだ。例えば地球儀、宇宙儀と名付けられた球体の造形は毛綱作品のコスモロジーとも通じるし、左官や瓦の仕上げは石山の「伊豆の長八美術館」（1984年、92ページ）を思い起こさせる。これらを引

A 南側から見た全景 | **B** 「地球儀」(プラネタリウム、写真左)と「宇宙儀」(市民シアター、右)の間を渡るブリッジ | **C** 集落をイメージさせる小屋根群 | **D** 建物の屋上を巡る回遊動線 | **E** こども館2階のギャラリー | **F** ビー玉がはめ込まれたこども館のイス | **G** 森を再現した展示ホールの樹木 | **H** 市民シアターの内観。円形ホール

用ととらえるなら石井和紘の手法とも関連するし、小屋根の連なりは、野武士とは異なるが原広司の集落建築を想起させる。そうした意味で、この建築は日本ポストモダニズムの総集編なのである。

もう一方で、この建築は後から生まれてくる建築デザインの先取りも行っていた。パンチングメタルやガラスといった透ける素材は90年代建築に多用されたものだし、建物を地下に埋める手法は、隈研吾らが90年代半ばに盛んに取り組む手法だ。湘南台文化センターは、80年代と90年代をつなぐ蝶番の位置にある建築であり、その方向性を変えた作品ととらえることもできるだろう。

パンチングメタルの二重性

様々な特徴を混在させたこの建物だが、その中で最も特徴的な素材と言えば、パンチングメタルだろう。この建物では、外構からインテリアまで至る所でパンチングメタルが使われている。

この材料は伊東豊雄も愛用した。伊東と長谷川は、同じ年に生まれ、ともに菊竹清訓の下で修行したという盟友関係にある。パンチングメタルに関心を持ったところも同調しているのだが、使い方は少し異なる。レストラン・ノマド（1986年）や横浜風の塔（同）を見れば分かるように、伊東は建築をうつろで現象的なものとしてとらえ、その形を消すためにパンチングメタルを使う。対して、長谷川はこの素材で屋根形、樹木、雲などシンボリックな形をつくってしまう。そのあたりに、両者のスタンスの違いがうかがえる。

それにしても、なぜ彼らはパンチングメタルという素材にこれだけこだわったのか。

パンチングメタルは光や空気の透過をコントロールする。遮ると同時に通すという、矛盾した機能を併せ持った素材だ。これを生かして、例えば窓の外に視線を制御するスクリーンとして用いたということもあるだろう。しかし、透ける金属素材ということなら、エキスパンドメタルもある。しかし、彼らは丸い穴の開いたパンチングメタルにことさらこだわった。

その理由は、視覚的な印象からだろう。アルミの鈍い光沢は「クール」な感じだが、無数に開けられた穴は水玉模様となって「かわいい」感じを醸し出す。機能だけでなく見た目としても、矛盾する性質を併せ持っているのが、この材料なのだ。

それ以外にも、この建築は様々な二項対立が盛り込まれている。「人工と自然」「金属と土」「複雑さと単純さ」「○形と△形」──。それらは統合することなく、併存している。そうした二重性を象徴する材料として、パンチングメタルは、この建物を覆っている。

小説や映画では、「作家の世界観にひたる」という楽しみ方がある。現実世界の隣にある**パラレルワールド**をのぞき見るようなワクワク感…。
この湘南台文化センターは、さしずめ「駅から5分のパラレルワールド」。80年代、長谷川逸子の世界観にどっぷりひたれる。
これが、公共建築？信じられない
← 至・湘南台駅

駅方向からの来館者を出迎えるのは、パンチングメタルの森。
アリス イン パンチングランド
3つの惑星の間をすり抜けるブリッジ。
屋上の回遊路にはトゲトゲの屋根とトゲトゲの植栽。
YA!
スタスタ
待って
この建物、ぜひ、ティム・バートンに見てほしい！
Oh! Wonder Land!
映画「アリス・イン・ワンダーランド」監督

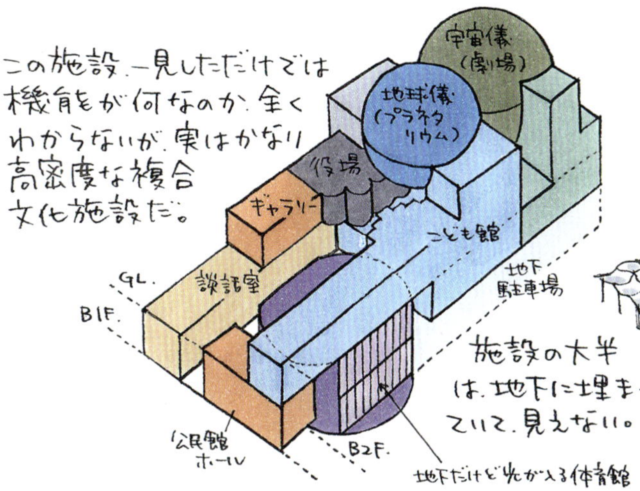

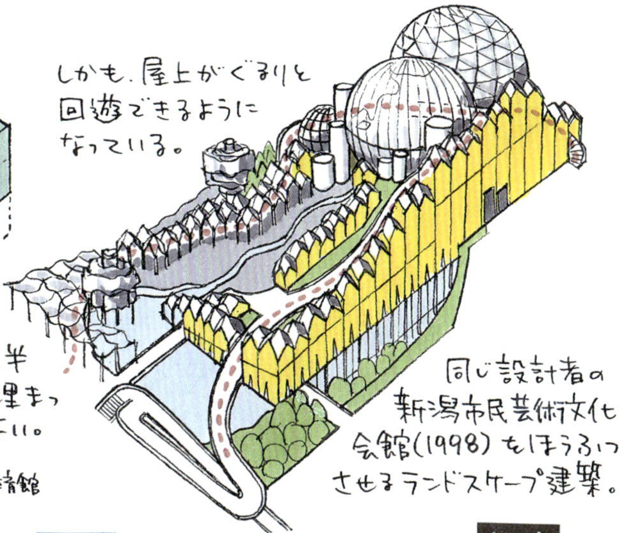

パラレルワールドを身にまとったコテコテの日常

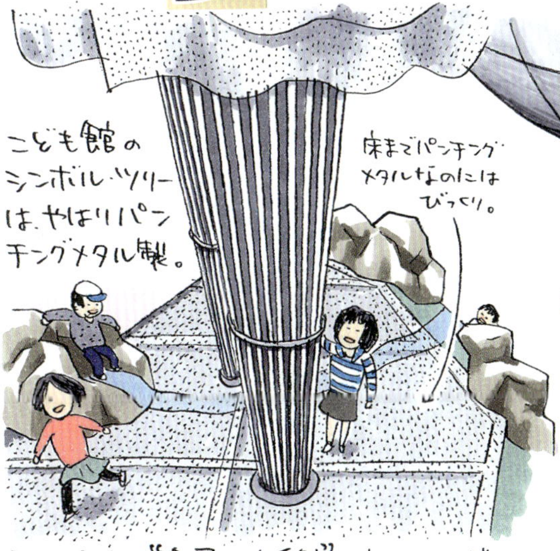

寄り道

1989

裏方もスッキリの超整理力

谷口建築設計研究所

東京都葛西臨海水族園｜Tokyo Sea Life Park

設計：谷口建築設計研究所｜施工：間・東亜・古久根・中里JV｜竣工：1984年

所在地：東京都江戸川区臨海町6-2-3｜構造：SRC造・一部RC造・S造｜階数：地上3階｜延べ面積：1万4772㎡

平面は円。動線のどこかに無理が出そうなものだが、流れるように展示を見せる。最後には飼育設備も見せる。どこまでもスッキリの谷口美学

水族館が好きで、国内の水族館はかなりの数見ているが、「建築」としての完成度の高さでは、いまだにここを→

→しのぐ水族館はないのではないか。まずは、ガラスドームと水盤で構成される屋上広場に、ぐっと心をつかまれる。

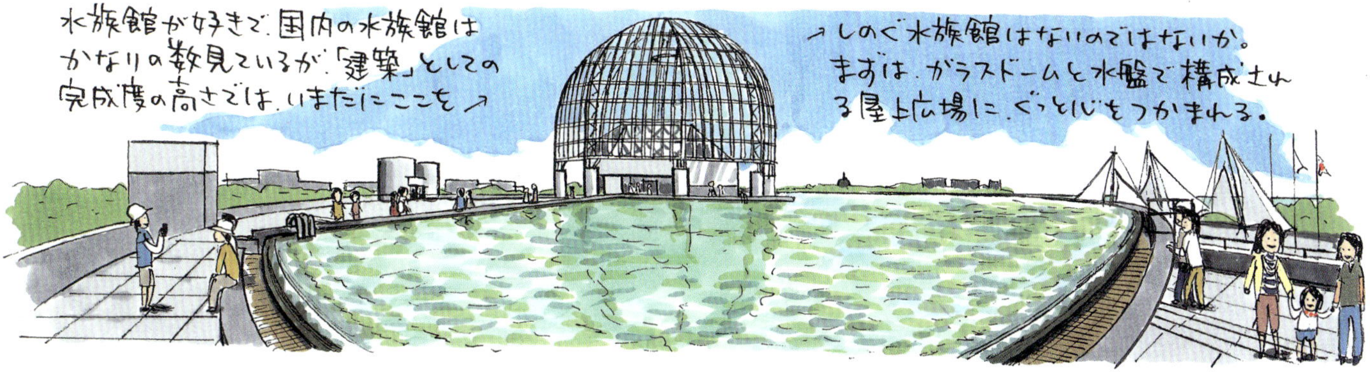

実はこのガラスドーム、特に機能がない。切符売場は手前のゲート広場にあり、ガラスドームは純粋に空間を楽しむための空間。そういう意味では、ポストモダン的？

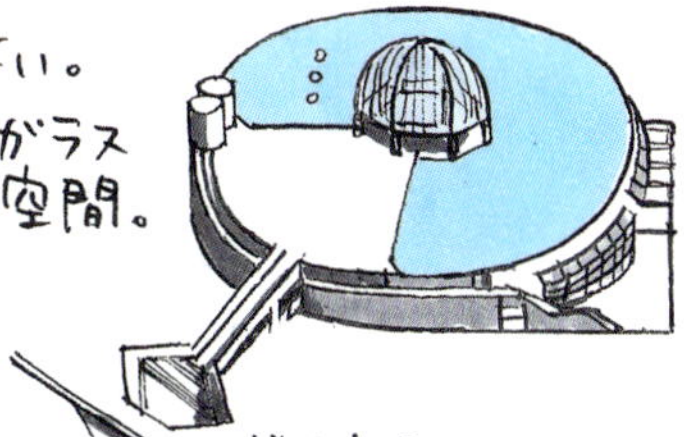

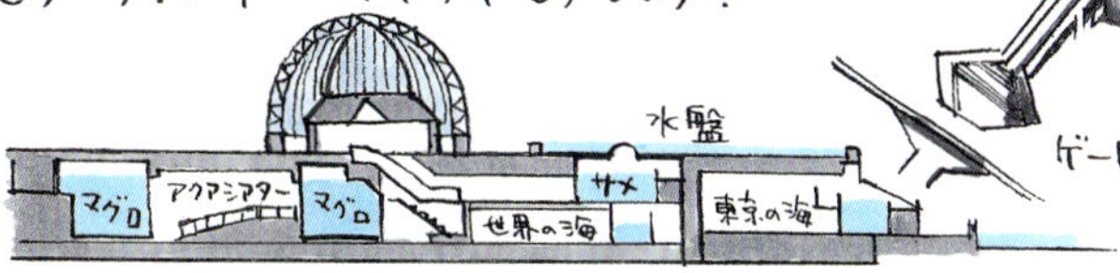

もちろん、機能主義建築としても一級品。特に感じさせられるのは、

異なる高さから水槽を見せる断面計画のうまさ。

「マグロ水槽」はドーナツ型で、水槽の内側、外側、それぞれ様々な高さから魚を眺めることができる。

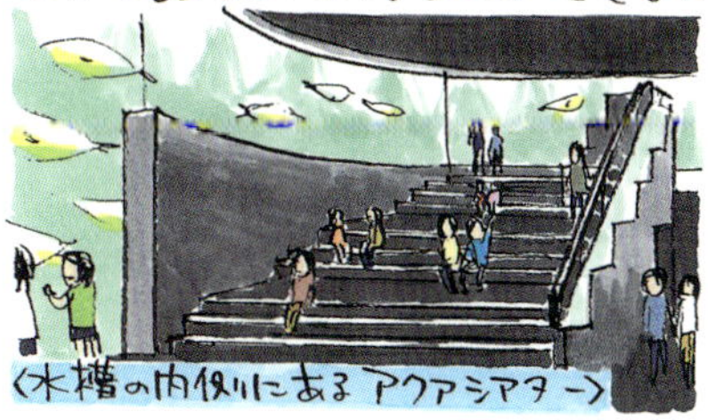
〈水槽の内側にあるアクアシアター〉

「渚の生物」の展示は緩やかな階段状。小さな子どもも、自分の見やすい高さで水槽をのぞける。

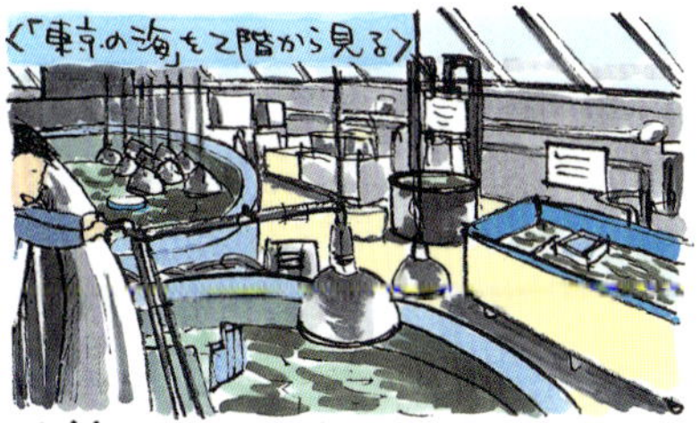
〈「東京の海」を2階から見る〉

建築人として一番心を打たれるのは、飼育設備も上から見られるようになっていること。これぞ教育！

3

爛熟期

1990—1995

1990年代に入ると、バブル景気も急速にしぼんでしまう。
民間の建築プロジェクトは一気に数を減らすが、
規模が大きいリゾート開発などは時期が遅れてこのころに完成。
一方、公共建築の方は、景気刺激の効果を期待されてむしろ活発化する。
そのようにして建築界はバブルの余韻を楽しんだ。
ただし歴史様式をモチーフにした従来のようなポストモダン建築はめっきり減り、
複雑でとげとげしいデコンストラクティビズムふうのデザインが増えていた。
回復を期待された景気はいつまでたっても復活せず、日本は長い不況に突入。
併せて建築はモダンへと回帰していく。
ポストモダン建築にとってこの時期は、最後の大輪を咲かせた短い夏だった。

162　36｜**青山製図専門学校1号館** 1990
168　37｜**ジュールA** 1990────寄り道
170　38｜**東京都庁舎** 1991
176　39｜**八代市立博物館 未来の森ミュージアム** 1991
182　40｜**M2** 1991
188　41｜**ホテル川久** 1991
194　42｜**高知県立坂本龍馬記念館** 1991
200　43｜**姫路文学館** 1991────寄り道
202　44｜**石川県能登島ガラス美術館** 1991────寄り道
204　45｜**アミューズメントコンプレックスH** 1992────寄り道
206　46｜**梅田スカイビル** 1993────寄り道
208　47｜**愛媛県総合科学博物館** 1994
214　48｜**秋田市立体育館** 1994
220　49｜**西海パールシー・センター** 1995────寄り道
222　50｜**輝北天球館** 1995

1990

ガンダム渋谷に立つ

渡辺誠/アーキテクツオフィス

青山製図専門学校1号館 | Aoyama Technical College

所在地:東京都渋谷区鶯谷町7-9 | 構造:RC造・一部SRC造・S造 | 階数:地上5階 | 延べ面積:1479m^2
プロデュース:鹿光R&D | 設計:渡辺誠/アーキテクツオフィス | 構造設計:第一構造 | 設備設計:川口設備研究所・山崎設備設計事務所
施工:鴻池組 | 竣工:1990年

強烈なインパクトだ。巨大な機械のような胴体の上には卵と触覚が載っている。常識からかけ離れた外観を持つこの建物は、東京・渋谷にある建築の専門学校、「青山製図専門学校」の1号館である。

遠近感を惑わせるような入り口の扉をくぐると、エントランスホールの天井も斜めになっていた。内部には、1階に事務室と図書室、地下1階と2−5階には教室がある。ところどころで斜めになった壁が現れているが、外観の印象と比べるとしごく真っ当。最上階のラウンジには、学生が作った建築模型がぎっしり並んでいた。

この校舎の建設が計画された1980年代の終わりごろは、バブル経済の真っただ中。建築業界では人手不足が問題となっていた。建築の専門学校も学生数が増えていた時期であり、この機をとらえて学校では、フラッグシップとなる新校舎を計画する。国際公開コンペという手段によって。

審査委員長は、建築コンペの研究者としても知られた近江栄・日本大学教授（当時）。そのほか池原義郎、山本理顕の2人が建築家として審査員に名を連ねた。小規模の民間建物ながら、本格的な審査体制である。87の応募案から一等を勝ち取ったのは磯崎新アトリエ出身の渡辺誠。当時、30代後半。建築の実績はほとんどなかった。

意欲あるクライアントが野心的な建築を計画し、それに若手建築家が登用されて世の中に出ていく。好景気の恩恵を若手建築家が最大限に享受できたのがこの時期だった気がする。

建物の前では、今もカメラを構える建築愛好者が後を絶たない。進学ガイダンスの説明会でも、校舎の写真を見せると「ウォッ」という反応があるという。建築界に学校の存在を知らしめ、入学希望者に強くアピールするという効果で、その経済的価値は計り知れないものだろう。

数少ないデコンの実現例？

さて、建築巡礼ポストモダン編は、ここから1990年以降に完成した建物を取り上げる。熟成期とも呼ぶべきこの時期の建築は、過去の建築様式を引用するポストモダンを引きずりながらも、それに飽き足らない建築家たちによって次のスタイルが探られていた。

新たなる勢力のひとつがデコンストラクティビズム、いわゆる「デコン」である。脱構築主義とも訳される建築デザインのジャンルで、見た目の特徴は斜めになった壁や床、鋭角的で断片化された形態、複雑に錯綜した軸線など。それまで主流だったポストモダンが一般の人にもなじみ深く分かりやす

A 全景。東京・渋谷の小規模なビルが建て込んだエリアに立つ | **B** 屋上部。楕円回転体のオブジェは高架水槽、赤いアンテナは避雷針の機能を持つ | **C** エントランス部の外壁。パースペクティブを強調するように全体が歪んでいる | **D** エントランスホールの内観。天井は斜めになっている | **E** 5階南側のプレゼンテーションルーム。教室として使われている | **F** 裏側(南)の外部階段。壁面には黄色と青のストライプ模様

い建築を志向していたのに対し、デコンはエリート主義的で敷居の高い建築だった。フランスのジャック・デリダや米国のポール・ド・マンといった哲学者、文学批評家の一見難解な理論と結び付いていたからだ。

デコンが建築界に出現したのは1980年代の前半からで、1988年にニューヨークの近代美術館で開かれたデコンストラクティビスト・アーキテクチャー展がそれを広めた。この展覧会に出展していたピーター・アイゼンマン、ダニエル・リベスキンド、ザハ・ハディド、コープ・ヒンメルブラウらが、デコンの作家とされた。

青山製図専門学校に話を戻すと、その斜めの壁や天井、ナイフで切り裂いたような開口部、長く延びた突起などが、デコンの建築と共通している。日本では数少ない、しかも最初期のデコンの実現例として位置付けたいところである。

脚の付いたモビルスーツ

しかしこの建築は、結局のところ別の呼び名で親しまれることとなる。「ガンダム建築」だ。言うまでもなく、『機動戦士ガンダム』(1979年)に始まる一連のアニメ作品に出てくる巨大ロボットを連想させるところから付いた名だ。

シルバー・メタリックを基調とした装いはガンダムというよりも宇宙刑事もの(例えば『宇宙刑事ギャバン』など)なのではないか、など細部にこだわれば異論もあるかもしれない。しかし、同じく「ガンダム建築」と呼ばれる高松伸や若林広幸の建築がレトロな機械を模しているのに対し(「鉄人28号建築」と呼んだ方がいいだろう)、青山製図専門学校は近未来の機械を感じさせる点でガンダム性に勝っている。

ガンダムの高さは18mという設定なので、実はこの建物とほぼ同じ。2009年、東京のお台場に実物大のガンダム像が展示されて話題になったが、それ以前ではこの建物こそが「リアル・ガンダム」だった。

思い出すのは機動戦士ガンダムの有名な場面。登場人物のシャア・アズナブルが、新型のモビルスーツに脚が付いていないのを見てそれを指摘すると、技術者は「あんなの飾りです、偉い人にはそれが分からんのですよ」と返す。宇宙空間で闘う機体に、確かに脚はいらないのかもしれない。でも脚は付いていた方がかっこいいし、実際、ガンダムを初めとするモビルスーツのほとんどに脚は付いている。

この建築もまた、機能とはそれほど関係のないものがいろいろ付いている。が、それはやはり必要なものなのだ。ガンダムの脚のように。

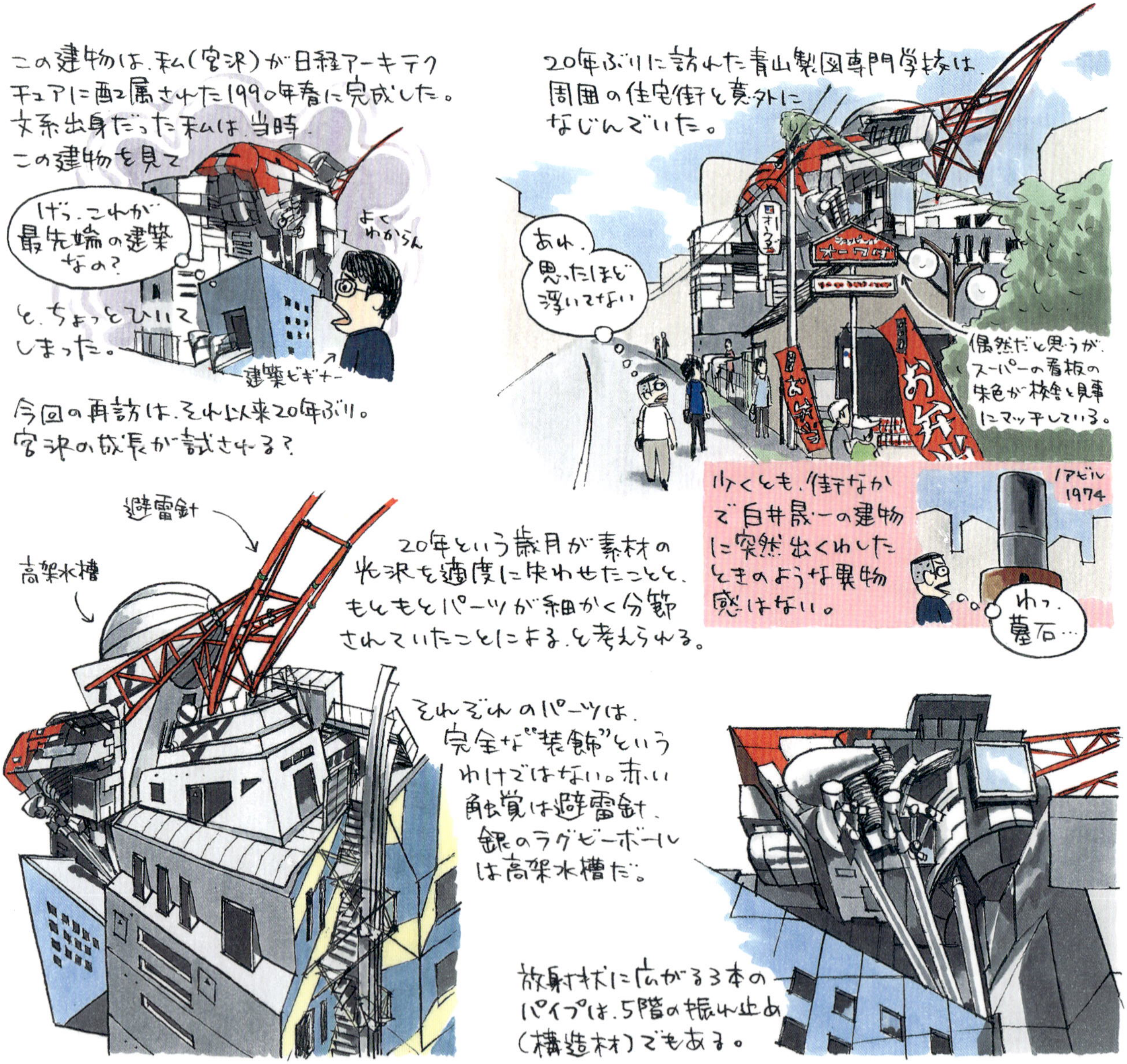
この建物は、私(宮沢)が日経アーキテクチュアに配属された1990年春に完成した。
文系出身だった私は、当時、
この建物を見て
げっ、これが最先端の建築なの?
よくわからん
と、ちょっとひいてしまった。
建築ビギナー
今回の再訪は、それ以来20年ぶり。
宮沢の成長が試される?
20年ぶりに訪れた青山製図専門学校は、周囲の住宅街と意外になじんでいた。
あれ、思ったほど浮いてない
オーワダ
偶然だと思うが、スーパーの看板の朱色が校舎と見事にマッチしている。
少くとも、街なかで白井晟一の建物に突然出くわしたときのような異物感はない。
ノアビル 1974
わっ、墓石…
避雷針
高架水槽
20年という歳月が素材の光沢を適度に失わせたことと、もともとパーツが細かく分節されていたことによる、と考えられる。
それぞれのパーツは、完全な"装飾"というわけではない。赤い触覚は避雷針、銀のラグビーボールは高架水槽だ。
放射状に広がる3本のパイプは、5階の振れ止め(構造材)でもある。

一見、やりたい放題に見えて、構成はシンプル

メーンエントランスは2階にある。

だまし絵のように遠近感を強調したデザイン。

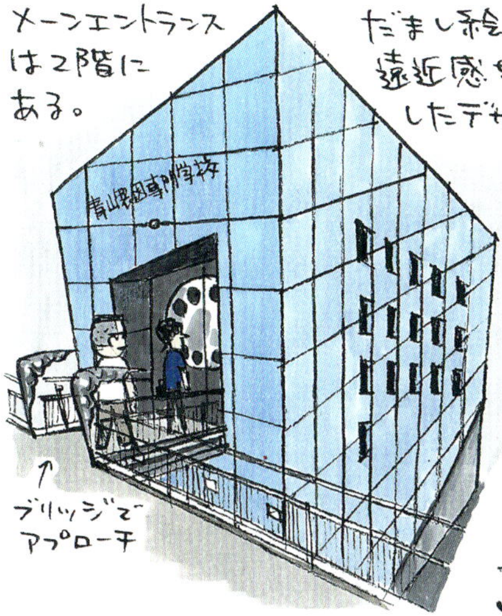

西側にある半地下の庭は、学生たちの雑談スペース。

樹木も育って居心地が良さそう。青春ドラマの1シーンのよう。

教室は、一部の壁が傾いたりしているものの、それほど変わったものではない。

実は我慢の建築？

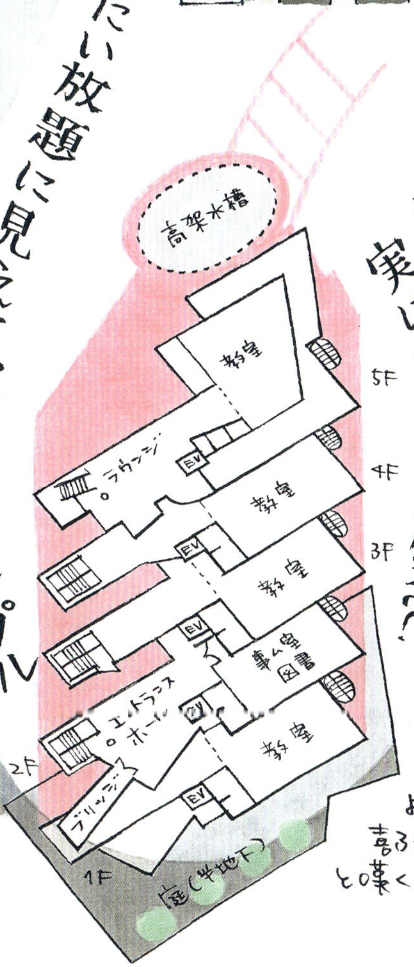

過剰とも思えるディテールとは対照的に、平面は四角形を組み合わせたシンプルなもの。「与条件をすべて受け入れたうえで、残された部分で勝負する―」。そうした姿勢は村野藤吾に似ている。

公開コンペの審査員の1人が、村野藤吾の影響も強く受けた池原義郎だったのは偶然か？

などと、あれこれウンチクを語れるようになったことを"20年の成長"と喜ぶべきか、"建築界に染まってしまった"と嘆くべきか―。建築同様、心も複雑です。

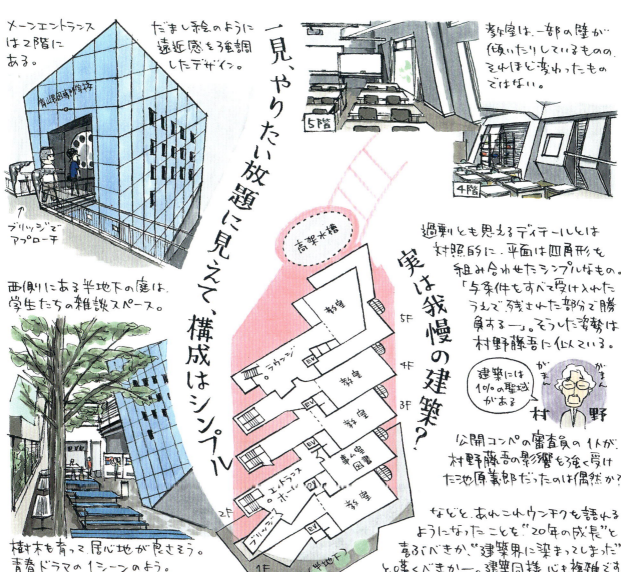

寄り道

1990

「一発芸」と侮るなかれ

ジュールA｜Joule A

設計：鈴木エドワード建築設計事務所｜施工：鹿島｜竣工：1990年

所在地：東京都港区麻布十番1-10-1｜構造：SRC造・S造｜階数：地下4階・地上11階｜延べ面積：9864㎡

鈴木エドワード建築設計事務所

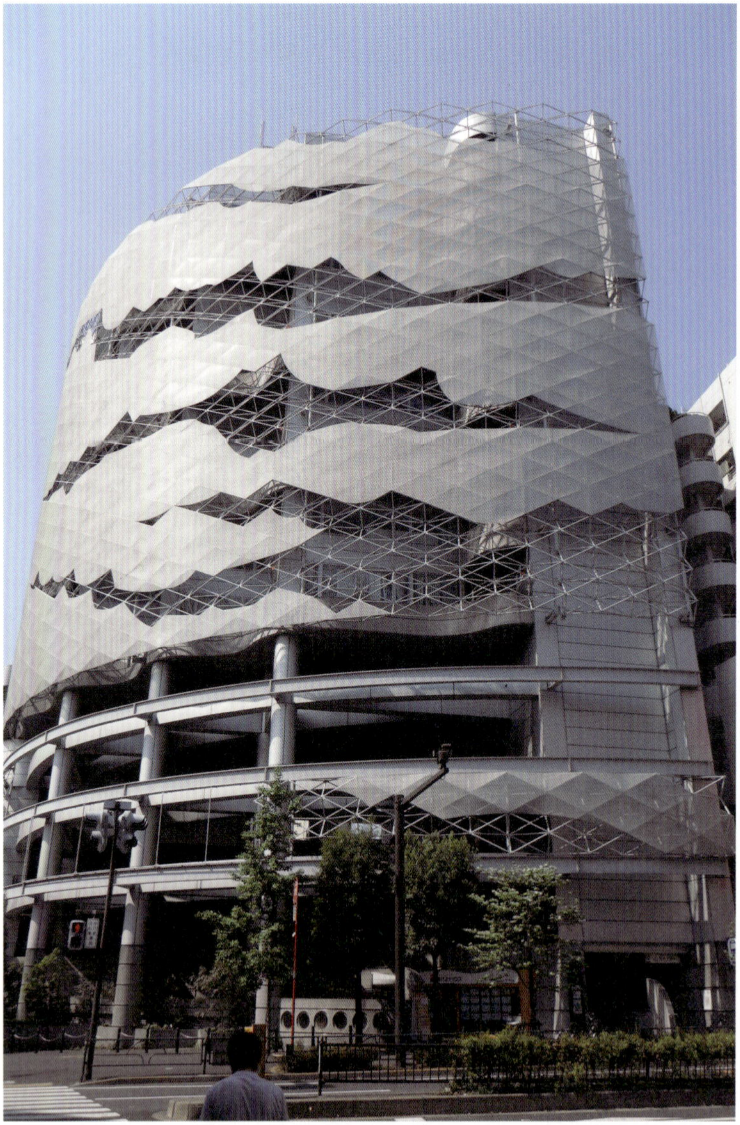

麻布十番の駅前、首都高速脇に建つ。外装のパンチングメタルはきれいに保たれている

外壁に亀裂が入っているビル――。ファサードだけの"一発芸建築"でしょ? で片付けられてしまいそうな「ジュールA」だが、よく見るとなかなか考えられている。

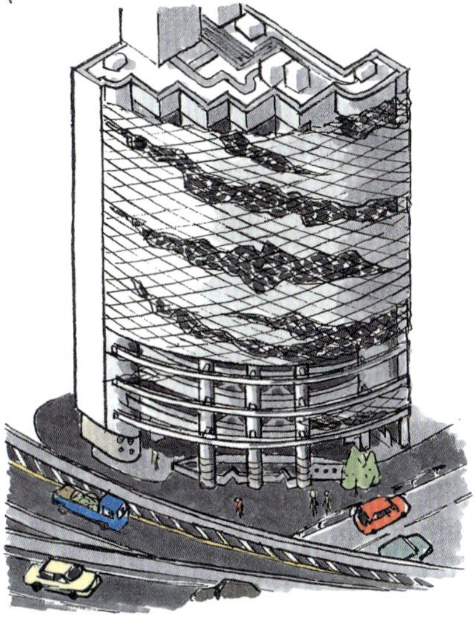

高速道路との関係をこれほど意識した建物は珍しいだろう。

高速から見たときの上部のファサード(アルミパンチングメタル)が印象的なのはもちろんのこと、地上(高架の下)から見たときの低層部の見え方も、都市的でかっこいい。
↓こんな感じ。

1~3階の吹き抜けから見ると、湾曲した鉄骨に高速が重なる。

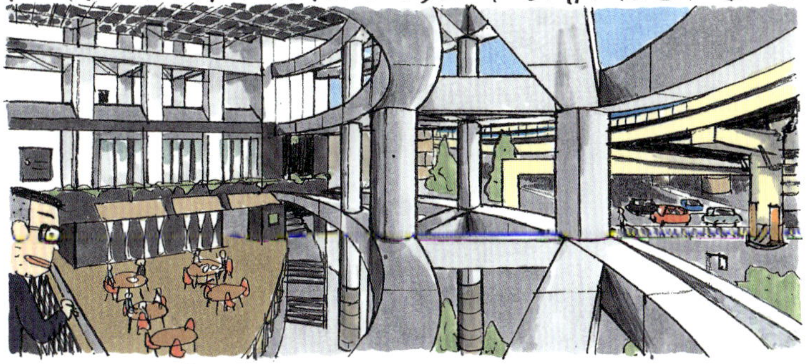

アルミパンチングにはは、高速からオフィスへの視線を遮る目的もある。

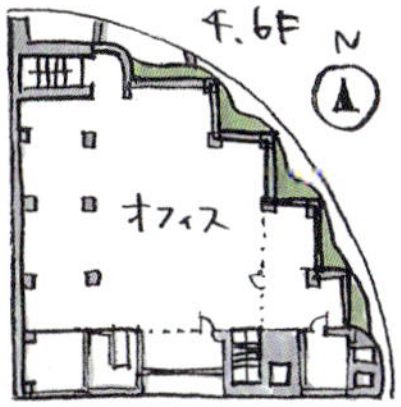

一発芸建築? いえいえ、ジュールAは多彩な引き出しを持つ実力派です。

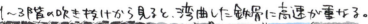

1991

増殖し巨大化するパターン

丹下健三・都市・建築設計研究所

東京都庁舎｜Tokyo Metropolitan Government Building

所在地：東京都新宿区西新宿2-8-1｜構造：S造一部RC造・RC造｜階数：地下3階・地上48階｜延べ面積：38万1000 m^2
設計：丹下健三・都市・建築設計研究所｜構造設計：ムトーアソシエイツ｜設備設計：建築設備設計研究所
施工：大成ほかJV・鹿島ほかJV・熊谷組ほかJV｜竣工：1991年

大友克洋による『AKIRA』(漫画1982−90年、映画1988年)は、2019年の東京を舞台にしたSFだ。その背景には、超高層ビルが密集して建っている。西新宿を歩いていると、そんな「近未来都市」のイメージを思い起こしてしまう。

その西端に、東京都庁舎は建っている。都民広場を挟んで議会議事堂と向かい合う双塔の第一庁舎と、頂部を階段状にセットバックさせた第二庁舎。その威容は、竣工後20年がたっても変わりない。

今でこそ、見慣れた景色となっているが、この建物が姿を現したときの違和感は半端ではなかった。1970年代の前半、西新宿に超高層ビルが相次いで完成したときに「巨大建築論争」が起こったが、都庁舎への違和感はただ大きいからとは違う。むしろ大きさがわからなくなるような、スケール感の混乱を伴った、不思議な感覚だった。その「不気味さ」は、何に由来するものだったのだろう。

設計者の丹下健三は、改めて言うまでもなく戦後日本を代表する建築家である。この庁舎が建てられる前の、有楽町にあった旧都庁舎も丹下の設計だった。いずれも指名コンペによって選ばれたものだが、大都市の庁舎を2度も設計した建築家は、世界を見渡してもほかにいないだろう。

丹下と東京都のそれまでの関係から、「出来レース」と陰でささやく声もあった。だからこそ丹下は、このコンペで1等を取るだけでは足りなかった。他の案にぶっちぎりで勝つ必要があったのだ。

ポストモダンへの転向?

丹下が全力を注ぎこんでつくり上げた案は、華麗なる外観をまとっていた。複雑に入り組んだ頂部の形。二つに分かれて伸びる第一庁舎のシルエットはパリのノートルダム大聖堂を引用したものとも言われた。

外装は御影石を打ち込んだプレキャストパネルだ。スウェーデン産のロイヤルマホガニーと、スペイン産のホワイトパールの濃淡2種類を貼り分けた繊細な模様で、建物の全面を覆い尽くしている。これは江戸文様を参照したものという。

高さもこの時点で日本一となるが、霞が関ビルディング(1968年)以降、東京だけでも10棟以上の超高層が既に建っており、高いだけでは目立てなくなっていた。そこに新たな方法でシンボル性を与えることに成功したのが、丹下の都庁案だった。そしてこの案は見事に1等を獲った。

歴史建築の引用や装飾的な表層のデザインは、ポストモダン建築の特徴である。しかし丹下はコンペの4年前、雑誌の対談で「ポストモダニズムに出口はない」と発言して物議を醸していた。若

A 第1庁舎の頂部｜**B** 濃淡2種類の御影石を貼り分けた｜**C** 集積回路を想起させる第2庁舎エントランスホールの天井｜**D** 展望室から見下ろす議会議事堂と都民広場｜**E** 議会議事堂の委員会室｜**F** 45階の南展望室にはカフェやお土産品のショップも｜**G** ハイサイドライトから自然光が差し込む本会議場

手のポストモダニストからは、その丹下が「ポストモダンに転向した」となじられた。

しかし丹下本人は、ポストモダン建築のつもりは毛頭なかったという。庁舎頂部の細かな分節は巨大なボリューム感を抑えるため。石貼りにしたのはメンテナンスのコストを下げるため。華麗なる意匠は、すべてモダニズム的に合理的な説明が付されたのだった。

丹下は変わっていない。そう言われて見直すと、この超高層には過去の丹下作品の手法がいろいろと見て取れる。10階ごとに太い梁を入れたスーパーストラクチャーといわれる構造形式は、東京計画1960のハシゴ状の幹線道路システムを垂直方向に置き換えたものだし、第一と第二で形を変えながら二つの建物を並べるやり方は代々木体育館でもやったことだ。

外装のパターンに対しても、江戸文様をモチーフにしたとの説明と同時に、集積回路の拡大写真に通じると沿えている。庁舎2階、ロビー周りの天井では、より直接的に集積回路をイメージさせるデザインにした。過去の参照を手法とするポストモダン建築に、ひとくくりにされるのがいやだったのだろう。

新庁舎は1991年に竣工した。白状すると、当時、完成したばかりの都庁を見て少しがっかりした。コンペ時の模型を見て、濃い色の石が貼られた箇所はすべてガラスが入るものと思っていたのだが、実際は石の貼り分けによって描かれた模様だった。こちら側の勝手な思い込みによる勘違いで、設計者に責任はないのだが、ここにこの建築を理解するカギがあるようにも思える。

リアル過ぎたシミュレーション

建築の模型は本来、現実に建てられる建築を前提にして、それを縮小し抽象化した形でつくられるシミュレーションである。しかし、都庁においては、繊細な外装の模様まで再現した精巧な模型だった。だからこそ、それをそのまま拡大したものが建築としてでき上がってしまったように見えた。シミュレーションが現実に先行してしまったのだ。

小さいはずのものが、むくむくと膨らんでいき、都市の規模まで巨大化する。ここで思い出されるのは、映画『AKIRA』の最後のシーンである。登場人物のひとりである超能力者の鉄雄は、赤ん坊のような姿のまま巨大化していき、周囲を飲み込んでいく。そんなイメージが、都庁と重ね合わせで浮かんでくる。

都庁に感じた「不気味さ」の源には、そんな予感があったのである。

今回の巡礼地は
東京都庁舎である。

正直に言う。
筆者（宮沢）は、都庁が好きだ。
正確に言うと、都庁の外観が好きだ。
超高層ビルでこれほど緻密な（描きにくい）デザインは、
世界を見渡してもほかにないと思う。巨匠・丹下健三に敬意を表して、
手を抜かずに描いてみた。このカットだけで作画時間8時間！ ふう…。

外観を特徴付けるのは、2色の花崗岩を打ち込んだプレキャスト・パネル。

丹下自身は「集積回路のパターン」や、「江戸時代のファサード」をヒントにしたと語っている。

「丹下がポストモダンに転向した」と賛否両論を呼んだ、このファサード。もし違うデザインだったら…。勝手にシミュレーションしてみた。

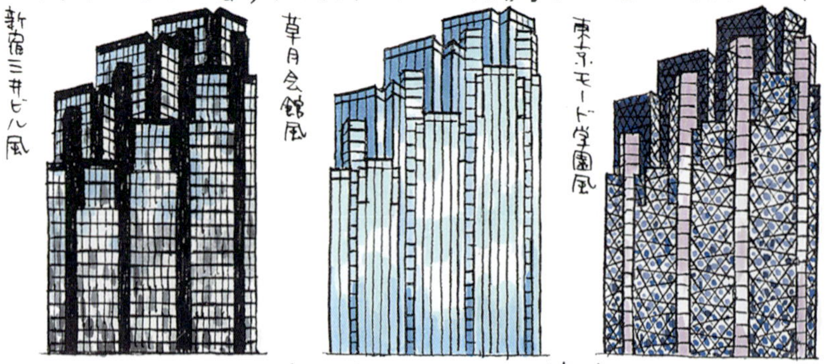
新宿三井ビル風
草月会館風
東京モード学園風

どれもいい。つまり、外観の魅力の根源は、模様より形なのでは？

外観が素晴らしいだけに、ほかはいろいろ言いたいところもある。例えば都庁に来る度に感じるのは、都民広場の素っ気なさ。

ベンチも日陰もなくて、くつろげない…。

サクラを植えれば、憩いの場に一変するはず。

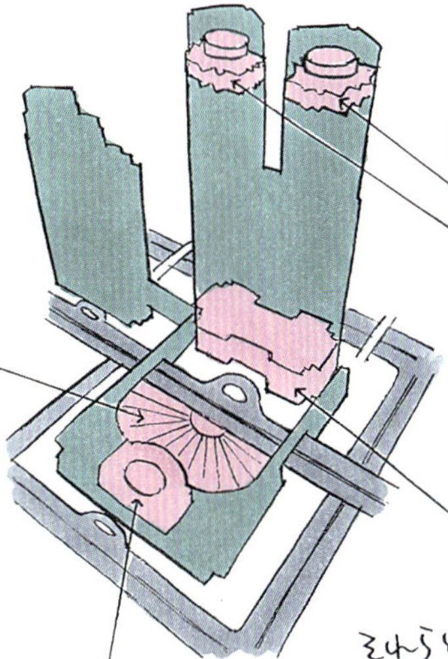

第1庁舎の展望室も、見晴らしはいいが、デザインはどこか物足りない。

ここは吹き抜けにLEDを付けて、果樹園にでもしたらどうか。

それらとは対照的に、凝りに凝っているのが、エントランスホールの天井。でも、今は照明が節電消灯しているので、魅力は8割減の状態。そもそも、こんなに照明を使うデザインに無理があったのでは…。

竣工時の天井（照明全点灯）

今まで見たことがなかったが、議場はgood!
楕円形の天井の周囲にトップライトがあり、曲面の壁に自然光が差し込む。やっぱり、内部空間の基本は自然光だよなぁ。
ちなみに議場は、予約なしで見学できます。

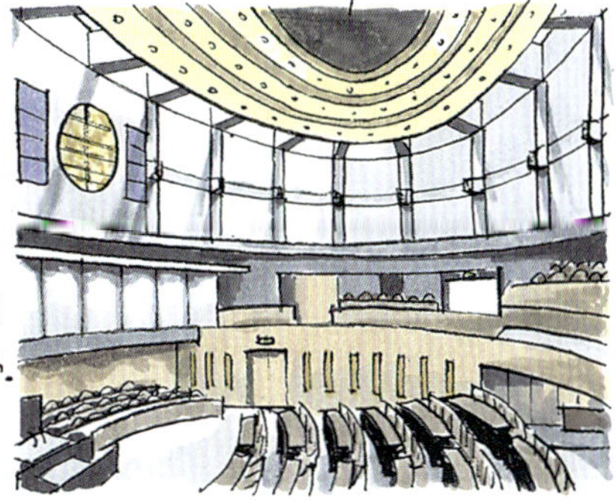

あの「ミシュラン・グリーンガイド」で、都庁は「3つ星」を獲得していることをご存知だろうか。原発事故で外国人観光客はめっきり減ってしまったが、都庁の観光資源としての潜在能力は高い。これから始まる大規模改修では、ぜひ建物の新たな魅力を引き出すような改修も行ってほしい。

1991

そしてみんな軽くなった

熊本県

伊東豊雄建築設計事務所

八代市立博物館 未来の森ミュージアム | Yatsushiro Municipal Museum

所在地:熊本県八代市西松江城町12-35 | 構造:RC造・一部S造 | 階数:地下1階・地上4階 | 延べ面積:3418m²
設計:伊東豊雄建築設計事務所 | 構造設計:木村俊彦構造設計事務所 | 施工:竹中工務店・和久田建設・米本工務店JV | 竣工:1991年

緑の丘を緩やかに上っていくスロープの上に、薄い金属の屋根がひらりひらりと連続する。外観は、市立博物館という名称から思い描くものよりも、ひと回りもふた回りも小さい。公園の休憩所みたいな風情である。これが八代市立博物館を訪れた第一印象だった。

建物に近づくと、垂直の面はほとんどガラス。正面側に壁はほとんどない。エントランス・ホールへと入って後ろを振り返れば、外の風景がまるごとパノラマのように広がっている。

入り口のあるこのフロアは2階である。つまり、丘のように見えたのは建物の1階を覆い隠してつくり上げた人工的なランドスケープだったというわけだ。八代市は江戸時代からの干拓によって広がった街で、土地に起伏がない。築山は周囲の環境になじみながらも景観のアクセントとなっている。

階段を下りた先にある1階の常設展示室には、トップライトと南面から自然光が差し込んでいる。丸柱が適度な間隔を置いてランダムに配されているおかげで、林の中を散策するようなイメージだ。

ここまで見た来館者が次に気になるのは、外から眺めたときにボールト屋根の上に浮かんで見えたボリュームの内部だろう。だが、この中へ来館者は入ることができない。実は収蔵庫なのである。

収蔵庫を一番高い位置に持ち上げた理由も敷地の条件によるものだ。公園内で建ぺい率が低く設定されており、しかもかつて海だった土地柄ゆえ、地下水の水位が高くて地下室を設けることができない。その結果、風を切るような翼状のボリュームが、空中高く持ち上げられることとなった。

建物全体はきれいに使われている。雨漏りの箇所やペイブメントが割れているところもあるが目立ってはいない。築後20年が経過したとは信じられないほどだ。

消費の海へ飛び込め

さて、この建物は「くまもとアートポリス」の参加プロジェクトとして建設された。アートポリスは建築づくりを通じた文化振興策で、後に総理大臣にもなる細川護熙が熊本県知事のとき(1988年)に始めた。入札やプロポーザルといった通常の設計者選びの方法によらず、コミッショナーの推薦によって建築家を選ぶやり方だ。初代のコミッショナー、磯崎新によって、八代市立博物館の設計者に指名されたのが伊東豊雄だった。

伊東は、本書で既に登場した石山修武、毛綱毅曠、石井和紘、安藤忠雄らと同じく1940年代前半生まれの「野武士たち」と呼ばれる世代である。中野本町の家、シルバーハットなど、戸建て住宅を

A 人工の丘をエントランスへと上っていくスロープ。外構設計はナンシー・フィンレイ+伊東豊雄 | **B** 最上部に持ち上げられた収蔵庫 | **C** 1階常設展示室。八代の歴史と文化を伝える史料が並ぶ | **D** エントランス部の上に架かるボールト屋根 | **E** 2階のエントランスホール。大きなガラス窓で内外が連結する | **F** 1階常設展示室へと下りる階段

手がけて名を上げたが、規模の大きな設計の仕事にはなかなか恵まれなかった。アートポリスの制度によって獲得した八代の仕事が、伊東にとって初めての公共建築となる。2010年には高松宮殿下記念世界文化賞を受賞するなど、同世代の建築家たちと比べても抜きん出た活躍を見せる伊東だが、このころまでは実績の面で出遅れていたのである。

しかし考えていることは、一歩も二歩も先んじていた。1989年には「消費の海に浸らずして新しい建築はない」という文章を発表。流行のスタイルがあっという間に飽きられていく高度資本主義の世界に、建築は抗うのではなく飛び込めとあおった。

クールジャパンの先駆け

1980年代以降、日本の社会はどんどん軽くなっていった。

ソニーが携帯用音楽再生機「ウォークマン」を発売して人気を博す（1979年）。自動車メーカーは「アルト」や「ミラ」といった軽自動車を売り出し（1979年、80年）、現在も続く人気車種となる。こうした当時のヒット商品の傾向を表した「軽薄短小」は流行語にもなった。

タバコも低タール、低ニコチン化が進み、「マイルドセブン・ライト」「ピース・ライト」といった製品が登場（1985年）。

出版界では、親しみやすいしゃべり言葉を文章にした昭和軽薄体がブームとなる。1990年代に入ってからは、中高生を主な読者対象とした「ライトノベル」と称される小説ジャンルも確立した。

八代市立博物館のふわりと架けられた屋根のデザインは、そうした軽さを志向する社会状況に、建築を流し込もうとする試みだった。

建築におけるポストモダンでは石貼りのデザインが花形だったが、バブル経済の終わりとともにそれは沈静化する。代わりに浮上するのが伊東や、そこから影響を受けた若い建築家による軽い建築だ。

彼らの作品は、世界から注目された。1995年、ニューヨーク近代美術館は「ライト・コンストラクション」と題した展覧会を開催、その中で伊東の松山ITMビル（1993年）、下諏訪町立諏訪湖博物館（同）を大きく採り上げる。そしてその弟子に当たる妹島和世の再春館製薬女子寮（1991年）は、図録の表紙も飾った。

今にして思えば、これは日本発の文化が海外で祭り上げられる「クールジャパン」現象の先駆けだったのではないか、とも思う。軽さによって伊東は世界へと飛んでいったのだ。

ポストモダン建築の第一印象には「なるほど、そうきたか」と左脳で感じるものが多い。今回は久しぶりに
おお、美しい!
左脳
右脳
と、右脳で感じる建築だ。
右脳を刺激するのは、軽やかなボールト屋根と、それが落とす影のコントラスト。
この時期「軽さ」をテーマにした建築が数多くつくられたが、これほど浮遊感を感じさせる建築は、ほかにないのではないか。
展示施設の「重々しさ」の象徴であるはずの収蔵庫を、最上階に上げ、軽さの象徴としてデザインしてしまった。
この複雑に見える屋根が屋根伏せを見ると、意外に簡単な形であることにも驚かされる。
N
巨大な収蔵庫がふわりと浮いて見えるのは、
イソさんいわく
断面が飛行機の翼を連想させるからじゃないか
浮力
なるほど
って、ホントか?
そしてもう一つ、右脳を刺激するのが、緑の芝生。まるで絵のように、見事に刈り込まれている。
ほぼ毎日、草刈りをしています。
館のスタッフ
えっ
ウィーン
実際、この日も草を刈っていた。
グッジョブ

芝生だけでなく、この建物は
全般的にメンテ状態が良い。

2階にあるエントランスは
床も天井もピカピカだ。

ボールト屋根のつなぎ目部
では雨漏りがあるというが、
それも目立たないように
うまく処理され
ている。

年月を経るとゴチャゴチャに
なりがちな喫茶コーナーも、
ほぼ竣工時のまま。
元のまま大事に使おうという
思いが伝わってきて、
うれしい。

故・大橋晃朗
デザインの家具
も健在。
かわいい…

外観やエントランスのインパクトにくらべ
ると、常設展示室(1階)は意外と普通。

ランダムに並ぶ柱が特徴のはず
だが、展示ケースと重なってよく
わからない。トップライトから
の自然光も、人工照明
と区別がつかない。

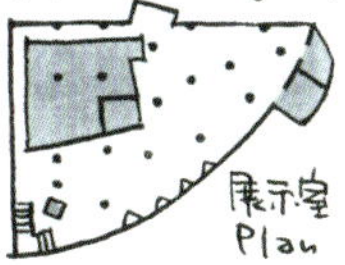
展示室
Plan

伊東豊雄はなぜ
1階に盛り土をしたのだろう?
ボールト屋根で軽快感を演出したい
のなら、こんなのでも
よかったはず。

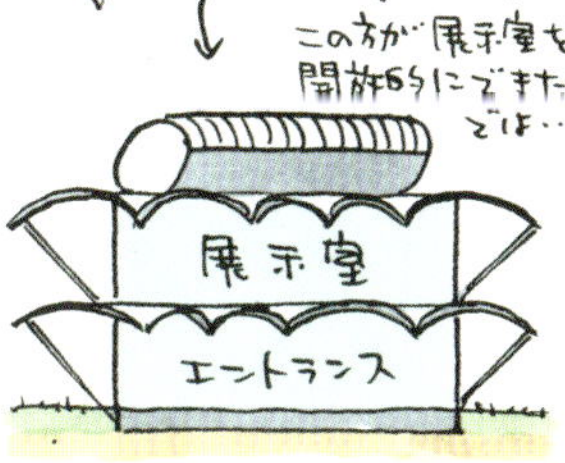
この方が展示室も
開放的にできたの
では…
展示室
エントランス

外観をじっと見ていて
ハッとひらめいた。
この盛り土はもしや…

「古墳」なのでは?

そして、歴史博物館という機能を太古の
宝物を守る「翼竜」に見立てたのでは?
この建物が強い浮遊感を感じさせる
のは、そんな神話性を無意識のうちに
読みとるからかもしれない。……って、強引か。

1991

メメント・モリ——死を思え

隈研吾建築都市設計事務所

M2[東京メモリードホール] | M2 Building

所在地:東京都世田谷区砧2-4-27 | 構造:RC造 | 階数:地下1階・地上5階 | 延べ面積:4482m²
設計:隈研吾建築都市設計事務所 | プロデュース:博報堂 | 構造設計・設備設計:鹿島 | 施工:鹿島 | 竣工:1991年

東京の環状八号線道路に面してそびえる巨大な柱を持った建築、それがM2だ。

完成したのはバブル景気も終わろうとしている1991年。もともとは自動車会社マツダの子会社であるM2の本社ビルだった。顧客とコミュニケーションを取りながら新しい自動車の企画、開発を手がける拠点としてつくられた。

M2というネーミングは「第2のマツダ」という意味を込めたもの。当時のマツダは、日本の自動車メーカーのなかでも一番とがっていて、「ユーノス」のブランドでヨーロッパ車のような商品を売っていた。

M2の事業は1990年代半ばに消滅。建物はその後もマツダの販売会社が使用していたが、2002年、ついに売りに出される。買い取ったのはメモリードという会社だった。九州と関東地方を拠点として、冠婚葬祭事業やホテル事業、旅行事業などを手がけるグループ企業である。

建物はメモリードによって葬儀場に改装された。ショールームやイベントホールは大中小の葬儀ホールに変わり、法宴会場、親族控え室なども内部に収める。

用途が一変したにもかかわらず、外観はほとんどいじられていない。驚くことに「M2」という看板も掲げられたままだ。地下の倉庫部には今も、自動車のジャッキアップ装置が使われないまま眠っている。

ポストモダンの終わり

外観の特徴になっている柱の頂部にはラセン状の装飾がついている。ギリシャ建築のイオニア式オーダーだ。柱の直径は10m。内部にはエレベーターとアトリウム空間を収める。古典建築の様式を過度に拡大して引用したこの建物は、しばしば日本におけるポストモダン建築の代表として取り上げられる。

柱を巨大化した理由のひとつは、環八を走っている自動車のドライバーから認識しやすくするためだった。自動車からの視線を意識した看板建築は、米国でポストモダン建築を主導したロバート・ヴェンチューリが賞賛したラスベガスの建物と同じ考え方である。その意味で、M2は原理的にもポストモダン建築を実現したものと言えるだろう。

しかし、この手法はポストモダン建築のあざとさを白日の下にさらすことにもなる。それゆえにM2は、建築界では受けが悪かった。結果として、こうした古典建築の様式を引用するポストモダン建築は、以後、潮が引くように少なくなっていく。また、設計者の隈研吾もこうした手法から手を引いてしまう。その意味でM2は、ポストモダンの終わりを象

A 環状八号線の道路を挟んで見る全景 | **B**「イオニア式柱」の柱頭部を見上げる | **C**「柱」の中にあるアトリウム見上げ。エレベータータワーの上にトップライトがある | **D** 3階のサロン。大理石の長いテーブルが設えられている | **E** 2階イベントホールは葬儀場に生まれ変わった | **F** 1階の葬儀場受付部(ホワイエ)。廃墟化したようなコンクリートの壁にガラスブロック

徴する建築でもあった。

ところで、ギリシャ建築のオーダーにはドリス式もあればコリント式もある。M2でイオニア式のオーダーが選ばれたのはなぜか。それはイオニア式の柱頭の装飾が、自動車の車輪にも見えるからではないか。

自動車会社がクライアントだったこの建築で、設計者の隈は、自動車とギリシャ神殿を組み合わせることを目論んだ。この二つは、ル・コルビュジエの著作『建築をめざして』(原著1923年)で同じページに並んで載っているものである。

自動車とは新しい機械の時代を開くデザインのモデルであり、ギリシア神殿は建築の原初的な美しさをたたえるものとして扱われている。両者を掛け合わせることがル・コルビュジエの考えるモダニズムだった。

古典建築と機械の美学の融合。モダニズムが仕組んだオリジナルの構想が、このポストモダン建築には畳み込まれている。

断片化された建築の歴史

モダンとポストモダン。それ以外にも様々な時代の建築の引用がこの建物にはある。

具体的な建築名が指摘できるものとしては、正面左側のワークスペース部の出っ張りはロシア・アバンギャルドの建築家、イワン・レオニドフによる重工業省コンペ案(1934年)を連想させるし、一本の柱を巨大化して用いるというアイデアはアドルフ・ロースのシカゴ・トリビューン・コンペ案(1922年)を思い起こさせる。

もう少し漠然とした参照を加えると、低層部のアーチはローマ建築の特徴だし、アトリウムの垂直空間はゴシック建築をほうふつさせるものだ。ところどころに見られる崩れた石積み風の意匠はピクチュアレスクの廃墟趣味に通じるし、透明性を高めたガラス・カーテンウオールは20世紀のハイテック建築である。

隈はM2の前年に、同様に歴代の建築様式を上下に積み重ねた「建築史再考」という名前のビルを手がけたが、M2はそれをさらに大胆に展開したものである。

古代から現代まで、この建物では、断片化された建築の歴史を、走馬燈のように眺めることになる。死ぬ間際に見ると言われる映像のごとく。そう、ここで建築は一度、死んだのだ。

建築の死を弔う建築。M2とは、実は「メメント・モリ(ラテン語で、死を思え)」の意味だったのかもしれない。後に葬儀場へと生まれ変わる運命は、あらかじめ定められていたのだ。

今回の巡礼地は、日本のポストモダンの金字塔、M2《エムツー》だ。
環八通り沿いにあるので外観は何度となく見ていたが、
中に入るのは
初めてだ。
ワクワク。

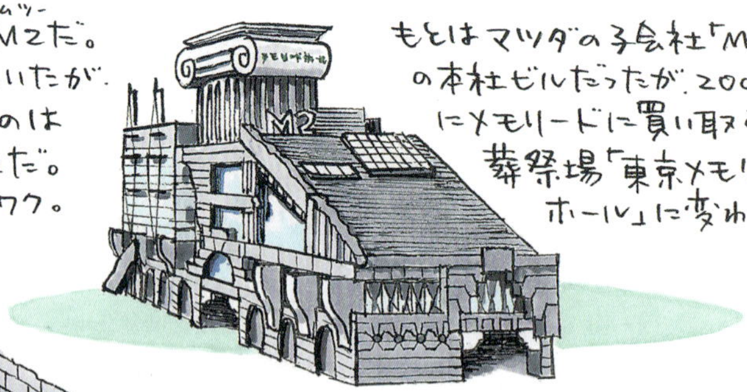

もとはマツダの子会社「M2」
の本社ビルだったが、2002年
にメモリードに買い取られ
葬祭場「東京メモリード
ホール」に変わった。

柱頭・豆知識①

柱の装飾は、ええっと何だっけ？ 答えは

ドリス式　イオニア式　コリント式

ギリシャからロシア・アバンギャルドまで2500年分をリミックスした外観

外観の基壇部分は組積造風
連続アーチ。（実際はRC造）

ガラスファサードから突き出すテンション
部材は、レオニドフの「重工業省コンペ案」。

イワン・レオニドフ/1934

巨大な柱頭は、ロースの「シカゴ・トリ
ビューン・コンペ案」へのオマージュか？

アドルフ・ロース/1922

この辺のウンチクはイソさんの受け売りです。

最初から葬祭場だったんでしょ？と錯覚するくらい異和感のない室内

1F Plan

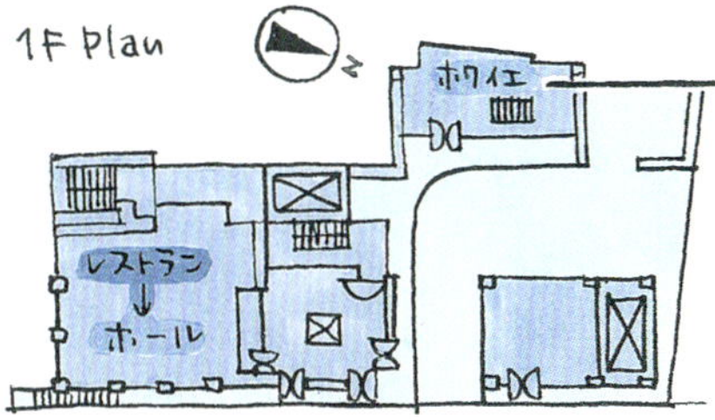

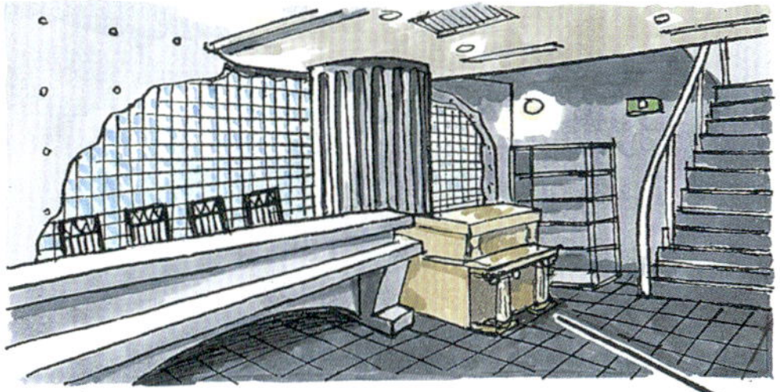

1階のホワイエは元のまま。ガラスブロックがギリシャ風の柱を強調する。

木製の受付台はメモリードがつくった特注品。

細部もよく見ると、あっ、イオニア式！さりげない配慮がgoodです。

Section

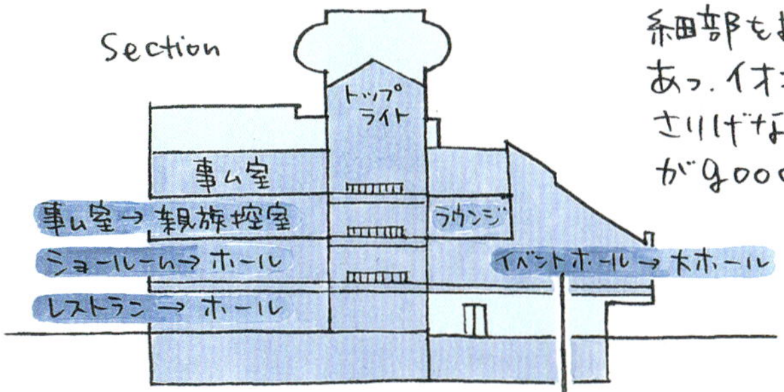

廊下のあちこちに様式建築の絵が飾られている。

左巻は2階北側の大ホール。かつてのイベントホールが、祭壇とリング状の照明を加えただけで、見事に葬祭ホールに変身している。

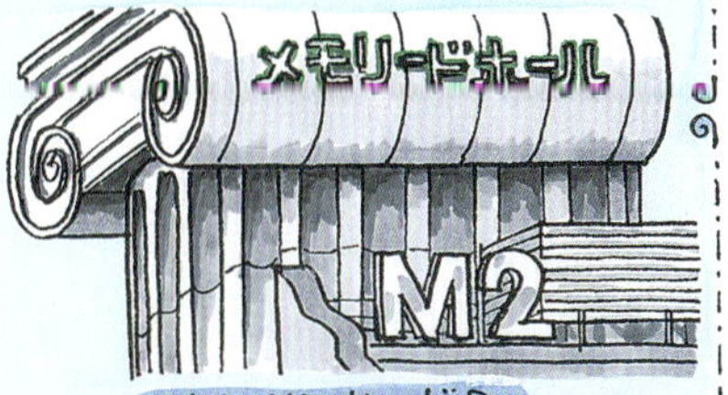

Thinking Time

モダニズムは「機能＝形」だったが、ポストモダンは機能とは無関係。もしかするとポストモダンはコンバージョンに向いている？

― 柱頭・豆知識② ―
ちなみに、屋上に「M2」の看板が今も付いているのは、メモリードにとってこの施設が東京進出2軒目だから。

つまり、メモリード2。

1991

泡に浮かぶ黄金の城

永田・北野建築研究所

ホテル川久｜Hotel Kawakyu

所在地：和歌山県白浜町3745｜構造：SRC造・RC造｜階数：地上9階｜延べ面積：2万6076m²
設計：永田・北野建築研究所｜施工：川久（直接発注）｜竣工：1991年

水面の向こうにそびえ立つ偉容。その光景は、ファンタジー映画のワンシーンのようだ。民宿や飲食店が建ち並ぶ南紀白浜の温泉街を進んでいくと、日の光を浴びて黄金に輝く城が次第に迫ってくる。塀の中央にある門をくぐると、「いらっしゃいませ」と従業員が出迎えてくれた。

城に見えたのはホテル川久の建物である。この地でもともと営業していた旅館を建て替え、全客室がスイートの超高級リゾートホテルへと業務転換したものだ。

設計を担当したのは永田・北野建築研究所。代表の永田祐三は、竹中工務店の設計部に勤めていたころから三基商事東京支店など、ゼネコンらしからぬ手のかかった建築を相次いで手がけた鬼才。このホテルの設計に当たっては、ルクソール、ポタラ宮、紫禁城など世界の大建築から神託を受けたと永田は言う。西洋と東洋とが混在したような不思議な外観をまとっている。

さらに驚くべきは、内外装の尋常ではないこだわりぶりだ。外壁を覆う140万個の煉瓦は英国のイブストック社製、瓦は中国製で、紫禁城で使われているのと同じもの。皇帝以外は使うことを許されなかったものを、特別に許可を得て使用したという。巨大なロビーの床は1枚ずつ手作業で埋め込まれたローマンモザイク、その上に架かるアーチ状の天井には金箔が貼られた。

施工はこの規模の建物ではありえないことに、ゼネコンに請け負わせず直接発注で行っている。しかも、銅葺き、左官、木工、金工、焼き物などの様々な職人を世界から招き、その腕を振るわせたのだ。

結果としてこの建物には莫大な工事費がかかった。当初、180億円ほどだった予算が、300億円にまで膨らんだといわれている。

バブル経済とともに

このホテルについては、バブルの時代に生まれたポストモダン建築の代表作といった評価がある。

バブル景気の引き金となったのは、1985年に先進5カ国がドル高是正を容認したいわゆるプラザ合意。ちょうどこの年に、ホテル川久の設計は始まっている。計画の進展に合わせて、日本経済のバブルはどんどん膨らんでいき、施工を開始した1989年の暮れには日経平均株価が3万8915円の最高値を付けた。

ソニーのコロンビア・ピクチャーズ、三菱地所のロックフェラーセンターなど、日本企業による米国の企業、資産の買収が騒がれたのもこの頃だ。当時はリゾートの振興が国策として進められていた

A 建物正面の車寄せ。瓦は中国製、入り口の壁は土佐漆喰による仕上げ | **B** 塔の上のウサギはバリー・フラナガンによる彫刻 | **C** ベネチアンガラスの照明 | **D** ロビーの天井は金箔。柱は久住章が擬似大理石の手法で仕上げた | **E** 東側のラウンジ。床はイタリアの職人がモザイクタイルを貼った | **F** メーン・ダイニング&グリル | **G** 宴会場「サラ・チェリベルティ」。天井にはフレスコ画が描かれた | **H** 客室はすべてスイートルームで、それぞれにデザインが異なる

ことも追い風となった。

1991年、いよいよホテル川久が完成。会員制で、泊まれるのは一口2000万円ともされる入会金を払った者のみだった。建物の贅沢さからすれば、その額になるのも仕方がない。しかし、時代の潮目は変わっていた。日経平均株価は2万円を割ることもあり、東洋信金架空預金事件など金融スキャンダルの発覚が新聞を賑わせていた。バブルは既に破裂していたのだ。

リゾート会員券はもくろみ通りに売れず、1995年には402億円の負債を抱えて経営破綻。北海道を本拠に全国でホテル事業を行うカラカミ観光が買収することとなる。以後は1泊2万円台からという、少し手を伸ばせば泊まれるくらいの「普通の」高級ホテルに変わって、現在に至る。

バブルとともに生まれ、バブルの消滅と共に当初の夢も消えたホテル川久。バブル建築の代表であることは間違いない。しかし、果たしてポストモダン建築なのだろうか? ポストモダン建築とは、モダンの身体に様式の衣服を着せたものだ。過去の建築を表面的に装ったフェイクである。

ホテル川久は、遠目にはポストモダンと見分けが付かないかもしれないが、ここでの「過去」の導入はもはや表面的というレベルではない。本物の伝統工法を使っていることも含めて、身体ごと「過去」である。表層を装っていないという意味ではモダンに近い。

ポストモダン建築とバブル建築、その二つは重ねて見られがちだ。確かに、バブルだからこそ建てられたポストモダン建築も多いだろう。しかし、ホテル川久はバブル建築とは言えても、ポストモダン建築とは言えないのではないか。

昔からあるフェイクの技法

しかし、ホテル川久の「過去」をよく調べてみると、また別の見方が浮かんでくる。例えば、ロビーの柱。これは大理石に見えるが、石膏を固めてから表面を研ぎ出してマーブル模様を浮かび上がらせた擬似大理石なのである。これはドイツを中心に昔からある工法で、18世紀の教会建築などでも見ることができる。淡路島の有名な左官、久住章がこの柱を仕上げるためにドイツで修行して身に着けたという。現代の建材には、木、石、煉瓦などを模した仕上げ材が氾濫しているが、そうしたフェイクの技術は伝統的にあったのだ。

はるか昔から建築は表層を装っていた。建築というのは、そもそもポストモダンだったのかも。ホテル川久のロビーにたたずんでいると、そんな仮説もわき上がってくるのである。

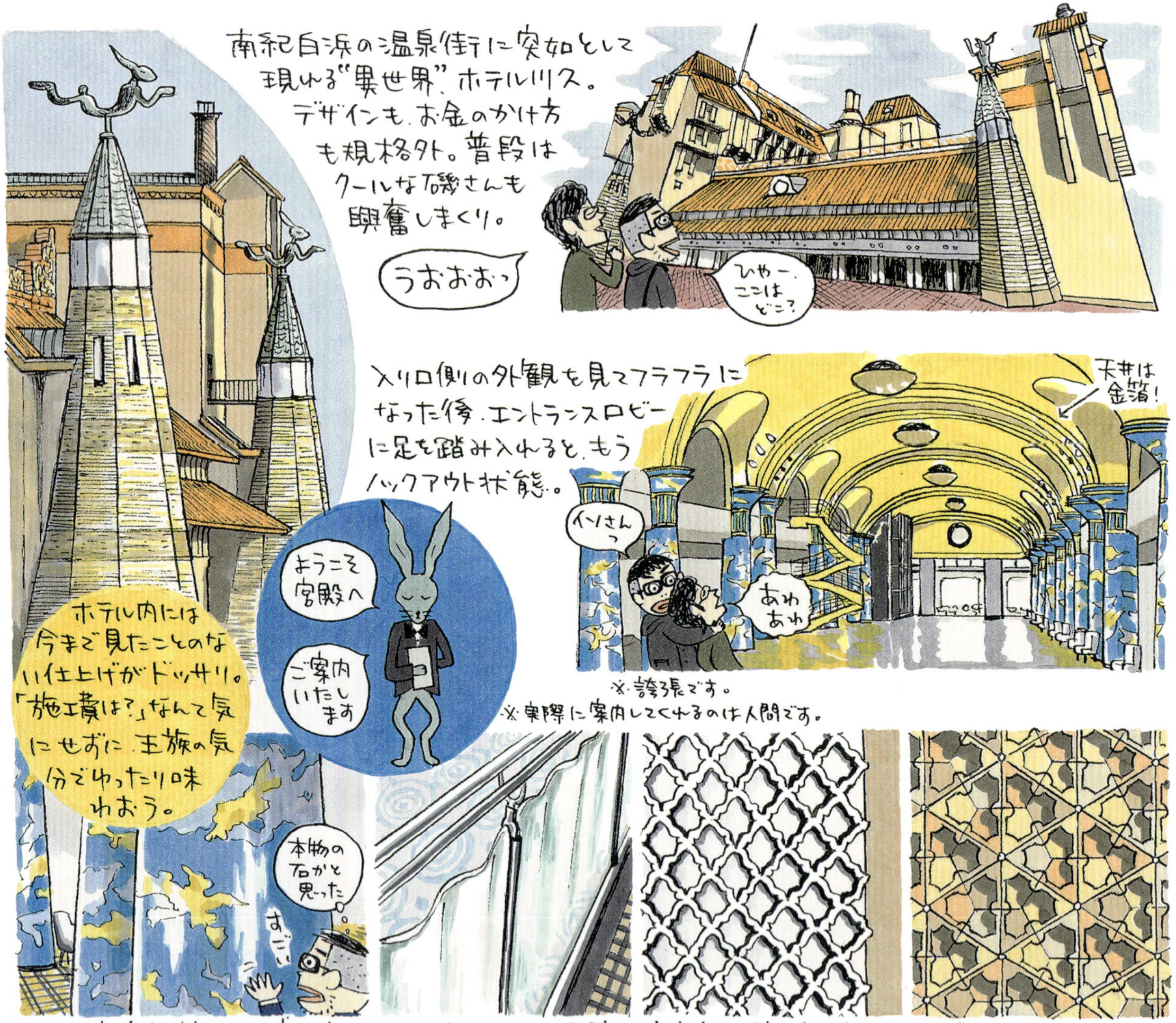

ロビーに林立する柱は久住章(左官)が手がけた「石こうマーブル」仕上げ。

ロビー2階のガラスの腰壁。うわっ、上部が波打ってる!

客室廊下の壁は陶器製!しかもこんな複雑な形。

外壁のタイルも「!」。一体、何種類のタイルをつくったの?

仕上げもすごいが、やはりこの異世界っぽさの源泉は、外観の造形だろう。

北側から見た遠景はヨーロッパの古城のよう。

しかし、ディテールはヨーロッパ風とは程遠い。

どこから見ても絵になるけれど、宮沢オススメは露天風呂からの光景。

西側の住宅街とのミスマッチ感も、それはそれで面白い。

今ではネットで予約できる、手軽な異世界

ホテル川久は1991年に高級会員制ホテルとして誕生した。当時は庶民には無縁の存在だったが、現在は経営者が変わり、一見《いちげん》さんでも宿泊できる。

ツアーバス多し。

近くのホテルに宿泊していると思われるカップル。

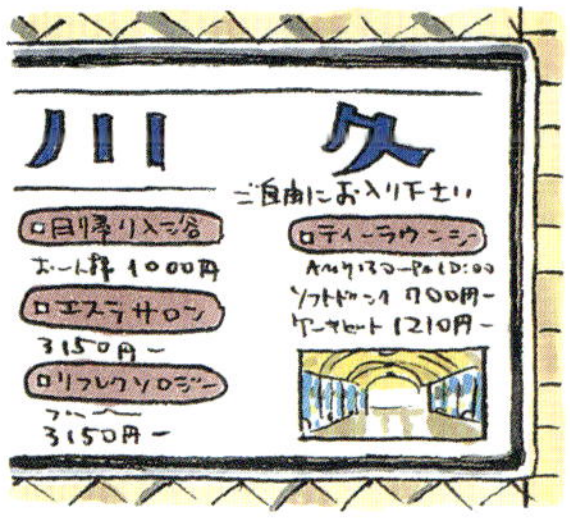

日帰り入浴や喫茶だけの利用も可。デフレで異世界も身近になった。いろいろな意味で建築関係者なら一度は見るべし！

1991

日本を脱構築いたしたく候

ワークステーション

高知県立坂本龍馬記念館 | Sakamoto Ryoma Memorial Museum

所在地：高知市浦戸城山830｜構造：S造・RC造｜階数：地下2階・地上2階｜延べ面積：1784 m²
設計：ワークステーション｜構造設計：木村俊彦構造設計事務所｜設備設計：環境エンジニアリング｜施工：大成・大旺建設JV｜竣工：1991年

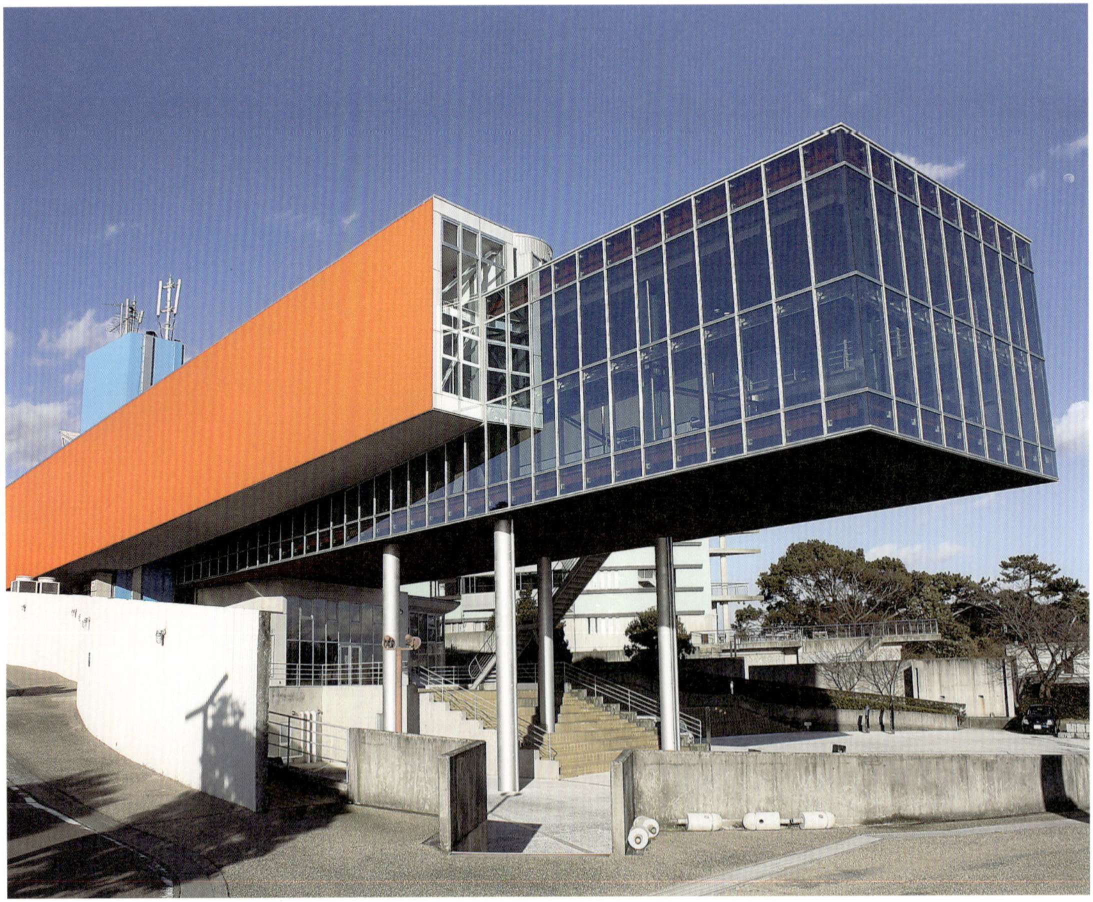

日本の歴史上の人物のなかでも絶大の人気を誇る坂本龍馬。その業績や人となりを展示しているのが高知県立坂本龍馬記念館だ。場所は高知の名勝、桂浜の崖の上。オープンして既に20年になろうとしているが、今も多くの観光客を引きつけている。特に取材した前年の2010年は、NHK大河ドラマ『龍馬伝』の影響で例年の3倍の入場者があったという。

取材当日は快晴に恵まれた。建物の外を回ると、ガラス面に空や海が反射して美しい。スロープの外装に使われたオレンジ色や、駐車場側の塀の白色とのコントラストも鮮やかだ。海に面して建つだけに、完成した当初は、鉄やガラスのメンテナンスについて懸念されていたが、建物は思った以上にきれいに保たれている。

中へ入るのは1階の山側から。スロープをまず上りたくなるところだが、これは開館後、数年して出口専用へと変えられている。入館料を払って受付を抜けると、ビデオのモニターが置かれたロビーがある。そこから階段で下りてまずは地下の小さな展示室に向かう。そこを見た後は、エレベーターで2階へ。2階には常設展示、企画展示、ミュージアムショップなどが並んでいる。常設展示が2つのフロアに分かれているのはやや分かりづらいが、ガラス張りの2階に貴重な展示品をさらすことができないためであろう。

素晴らしいのは2階展示室の先にある「空白のステージ」と名付けられた場所だ。ここからはガラス越しに室戸岬から足摺岬まで広々とした海が見晴らせる。「なるほど龍馬は、こんなふうに広い視界で世界を眺めていたのだな」と大いに納得する。屋上にも出られるようになっていて、そこからも海の景色が楽しめる。展示よりもまず風景で、龍馬を体感すること、それがこの記念館を訪れる意義のように思われた。

逆転でのシンデレラ誕生

さて、この建物は公開コンペで設計案が決まったものである。登録者数1551人、最終応募数475人と、多くの参加者を集めた。応募者のリストには、既に本書でも採り上げた毛綱毅曠、高松伸、隈研吾、象設計集団など、そうそうたる建築家の名前が並ぶ。さらによく見ると、応募者には、まだ無名だった妹島和世、ヨコミゾマコト、手塚貴晴といった名前も交じっている。このとき手塚はまだ学生だったはずだ。

こうした面々を蹴落として1等を取ったのは、これまた無名の高橋晶子だった。高橋はコンペの時点でまだ30歳。篠原一男アトリエに勤務しなが

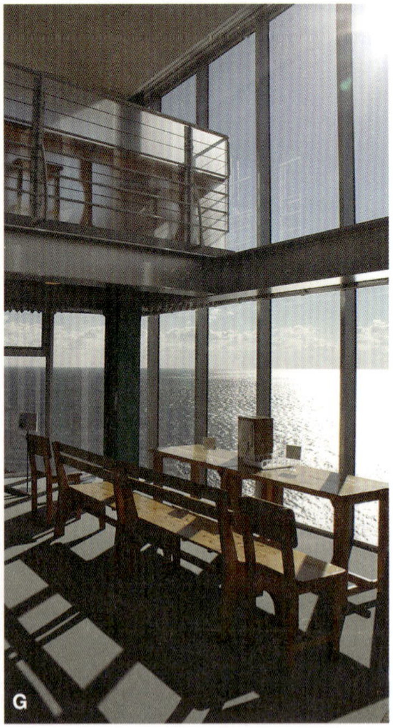

A 国民宿舎側から見た全景。ガラス窓に海が映る | **B** 吊り構造のケーブルが現れた2階の常設展示 **C** 海を見晴らす展望台となっている屋上 | **D** 2階の企画展示室とミュージアムショップ | **E** 出口通路となっているスロープ。左に見えるのが入り口。開館当初はスロープが入り口だった | **F** 地下2階の常設展示室 | **G** 2階の先端部は太平洋を望む「空白のステージ」

らのコンペ参加だった。

高橋案の当選には曲折があった。3案まで絞られた最終審査の段階で、高橋を推す審査員はゼロ、他の2案が同票を集めて意見がまっ二つに割れた。

議論が膠着状態になりかけたところで、審査委員長の磯崎新が方針を変更して高橋案を推すと宣言。それに押される形で他の審査員も同調し、高橋案が逆転勝利を果たすのである。建築界のシンデレラが、この瞬間に誕生した。

復古主義から未来志向へ

既に本書で触れたとおり、1990年を前後して、建築デザインの流れは歴史主義的なポスト・モダニズムから、脱構築主義とも訳されるデコンストラクティビズム（略称デコン）へと移る。龍馬記念館の細長い梁状のボリュームが斜めに交わりながら空中を延びていく形態も、デコンの特徴が表れたものと言ってよいだろう。このジャンルを代表する建築家の一人、ザハ・ハディドによる香港ピーク・クラブのコンペ1等案（1983年）を連想した人も多いはずだ。

結局は実現しなかった香港ピークと龍馬記念館、ともに磯崎が審査員だったことを思い起こすと、香港で形にならなかったプロジェクトを、場所を高知に変えて実現させた磯崎こそが、この建築の作者なのだ、と言いたくもなる。しかし、ここには高橋ならでは巧みな発想も込められていた。

提出されたコンペ案に付された説明には「機能別に分けられたすべてのボリュームが海に向かい、各々が異なった形態や軸線のズレという操作を与えられることで独立し、より方向性を強調し、躍動感を獲得するように計画した」とある。これはまさにハディドふうのデコンだ。しかしそこから高橋はアクロバティックな論理展開を繰り出す。「その造形的なイメージが、龍馬の人間像とオーバーラップする」と。

ここで改めて坂本龍馬が歴史上で果たした役割を振り返ってみる。土佐藩で尊皇攘夷思想にかぶれていた龍馬は、勝海舟との出会いなどを通じて姿勢を転換、宿敵だった薩摩と長州の両藩の仲を取り結んで、日本の近代国家化への道を開く。要するに復古主義から未来志向へと日本の進路を転換した人物なのである。

それを記念する建物として、歴史主義的なポストモダンからの脱却を図ったこの建築のスタイルは、なるほど確かにふさわしい。

龍馬はデコンである。その強引な読み込みが、この案を1等に導いたのだ。坂本龍馬が建築家だったら、やはりこんな建築をつくったのかもしれない。そんなふうに思った。

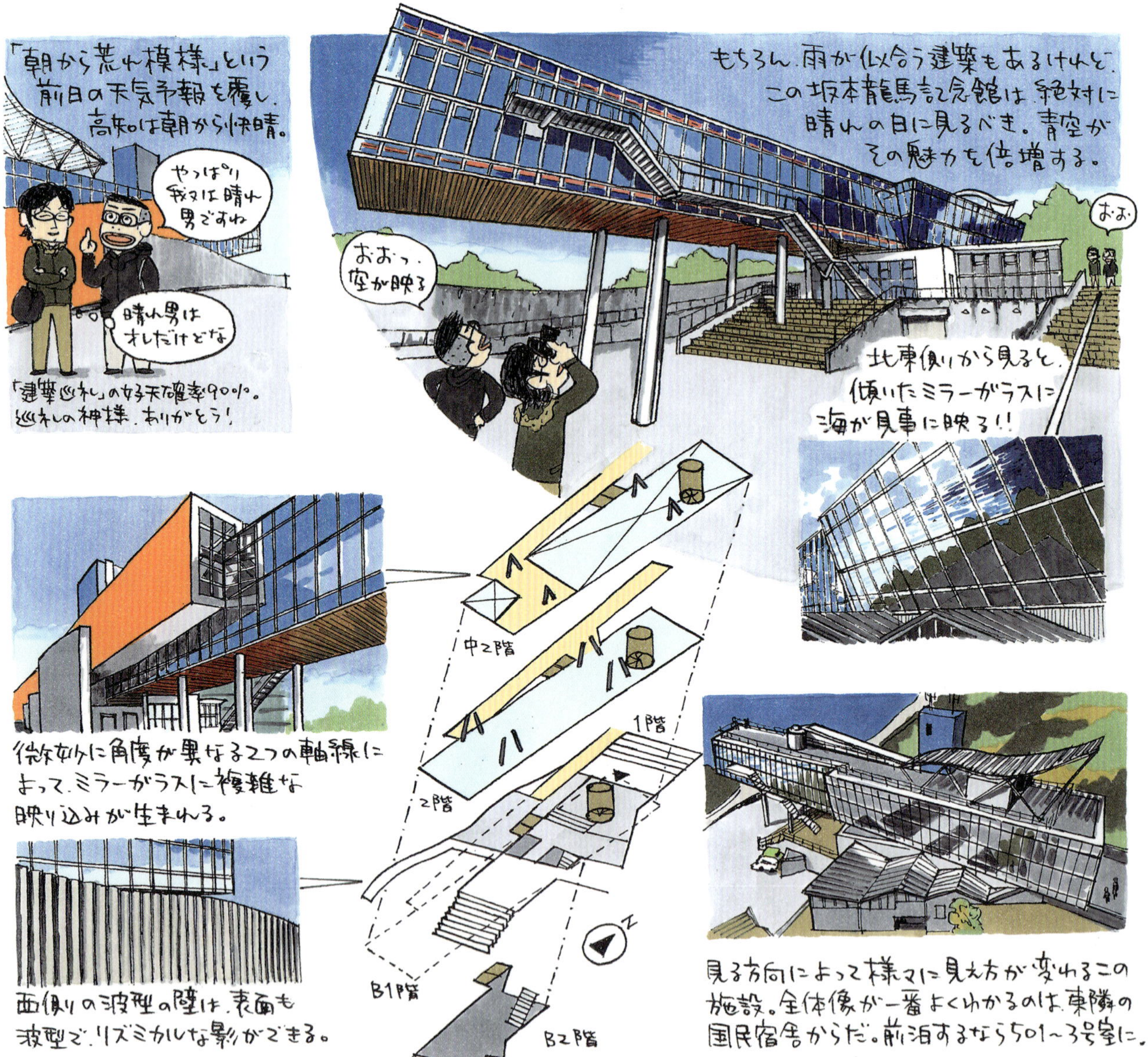
「朝から荒れ模様」という
前日の天気予報を覆し、
高知は朝から快晴。
やっぱり
我々は晴れ
男ですね
晴れ男は
オレだけどな
「建築巡礼」の好天確率90%。
巡礼の神様、ありがとう！
もちろん、雨が似合う建築もあるけれど、
この坂本龍馬記念館は、絶対に
晴れの日に見るべき。青空が
その魅力を倍増する。
おおっ、
空が映る
おお
北東側から見ると、
傾いたミラーガラスに
海が見事に映る！！
中2階
1階
2階
B1階
B2階
N
微妙に角度が異なる2つの軸線に
よって、ミラーガラスに複雑な
映り込みが生まれる。
西側の波型の壁は、表面も
波型で、リズミカルな影ができる。
見る方向によって様々に見え方が変わるこの
施設。全体像が一番よくわかるのは、東隣の
国民宿舎からだ。前泊するなら501〜3号室に。

展示室は地下2階と地上2階。

開館時よりも展示物が増え、ゴチャゴチャした印象が否めない。

それでも、海が見える南側は、ゆったりとした余白がある。ここから見る桂浜は絶景。

驚かされるのは、展示スペースに吊り構造のワイヤが露出していること。

吊り構造のため、この建物は下から突き上げる強風に弱い(振動する)。天井を見ると雨漏りと格闘した痕跡がちらほら。

設計はワークステーションの高橋夫妻だが、コンペ時に中心になったのは高橋晶子。当時まだ30歳!
この建物の"潔さ"を見ていたら、同じ高知県にある「海のギャラリー」(1966)※が頭に浮かんだ。設計者の林雅子も、当時30代。

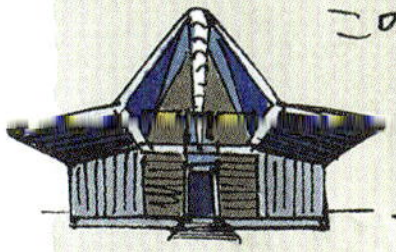

土佐の男は、芯の強い女性に弱い—。このこつの建築は、そんな土地柄が生み出したのかもしれない。

風のことだけを考えるなら、片持ち部の下側をワイヤで引っ張れば、もっと安定したはず。

しかし、これはほかでもない「坂本龍馬」の記念館である。常に高みを目指した龍馬の人生に、下から引っ張るワイヤは似合わない!!
きっと、そんな判断があったのでは?

※「海のギャラリー」は『昭和モダン建築巡礼 完全版1965-75』に掲載予定

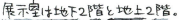

寄り道

1991

ディス・イズ・アンドー！

姫路文学館 | Himeji City Museum of Literature

設計：安藤忠雄建築研究所｜施工：竹中工務店・吉田組ＪＶ｜竣工：１９９１年
所在地：兵庫県姫路市山野井町８４｜構造：ＳＲＣ造・一部Ｓ造｜階数：地下１階・地上３階｜延べ面積：３８１４㎡

安藤忠雄建築研究所

姫路城が最も美しく見えるといわれる男山の裾野に建つ。展示を見たら、姫路城が見える屋上へ。内部空間だけでなく、外部の見せ方も見事

「安藤建築を巡る」といえば、神戸や、瀬戸内の直島を思い浮かべる人が多いだろう。しかし、ここ姫路も、安藤巡りにはうってつけの街だ。1日で回れる範囲に3つの安藤建築がある。

ほかにも、丹下健三の兵庫県立歴史博物館もあるし、もちろん、世界遺産・姫路城は、見学コースから外せない。

91年竣工の姫路文学館（現・北館）は、安藤ツウ（自称）の宮沢が見た安藤建築の中でも3本の指に入る。まず、ドラマチックなアプローチに心をぐっとつかまれる。

さすが
"水の魔術師"!!

石積みの壁が途切れると、円弧状のスロープから姫路城が絵のように見える。

なるほど
ここから城を
見せるか

THIS IS ANDO!　GO TO HIMEJI!

圧巻は展示室内の迷路性だ。
This is Ando!

「展示施設は四角い箱がいい」という定説をあざ笑うかのような、重層的な空間。複雑だが、展示が見にくいことはない。

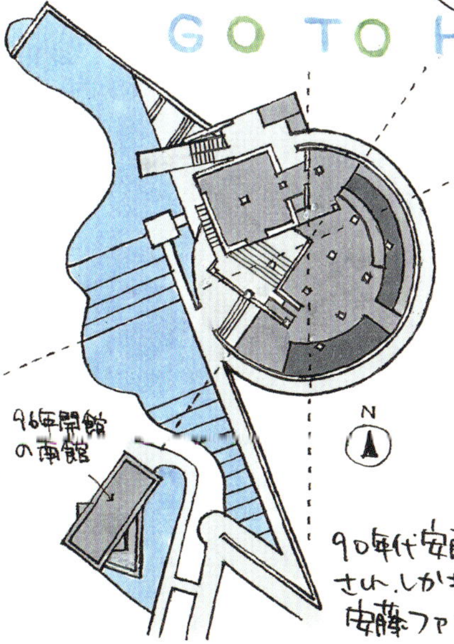
96年開館
の南館
N

巨大な水盤、長いスロープ、幾何学形のズレ、そして全体を見渡すお立ち台…。

90年代安藤建築のエッセンスが凝縮され、しかも非の打ち所のない完成度。安藤ファンならずとも必見です！

寄り道

1991

気分は宇宙飛行士

毛綱毅曠建築事務所

石川県能登島ガラス美術館

Notojima Grass Art Museum

設計：毛綱毅曠建築事務所｜施工：鹿島・在沢組JV｜竣工：1991年

所在地：石川県七尾市能登島向田町125-10｜構造：S造・RC造｜階数：地下1階・地上2階｜延べ面積：1833㎡

ラグビーボールのような建物はショップとレストラン。どう見てもSF映画。目隠しをして連れてこられたら、人類は滅亡したと錯覚するかも

その場に身を置くと、
強く“宇宙”を感じる
空間がある。
NOGUCHI
MOZUNA
目の前にありながら、自分に対してでは
なく、はるかかなたに向かって
語りかけているように思える―
例えば、イサム・ノグチのランドスケープ
には、そんな印象のものが多い。
毛綱の後期の代表作であるこの
美術館も、そんな“宇宙対話型建築”の一つだ。
視線は一千光年先？
企画展示室の丸窓
には、うっすらと図面
が印刷されている。
中央の展示室は、月のクレーターを思わせる形。
毛綱いわく、翼を広げた「朱雀」のイメージ
という。
もしもできることなら、大階段に
彼らを立たせてみたい。
絶対絵になる！
本来の機能が全く分から
ない、謎のディテール
があちこちに。

寄り道

1992

二卵性双生児の20年後

アミューズメントコンプレックスH

Amusement Complex H

設計：伊東豊雄建築設計事務所｜施工：熊谷・西松建設JV（躯体・外装）｜竣工：1992年

所在地：東京都多摩市永山1-3-4｜構造：RC造・SRC造・S造｜階数：地下2階・地上7階｜延べ面積：2万3830㎡

伊東豊雄建築設計事務所

多摩ニュータウン、京王永山駅前の複合商業施設。「アミューズメント…H」という名は〝建築界ネーム〟で、実際はヒューマックスパビリオン永山

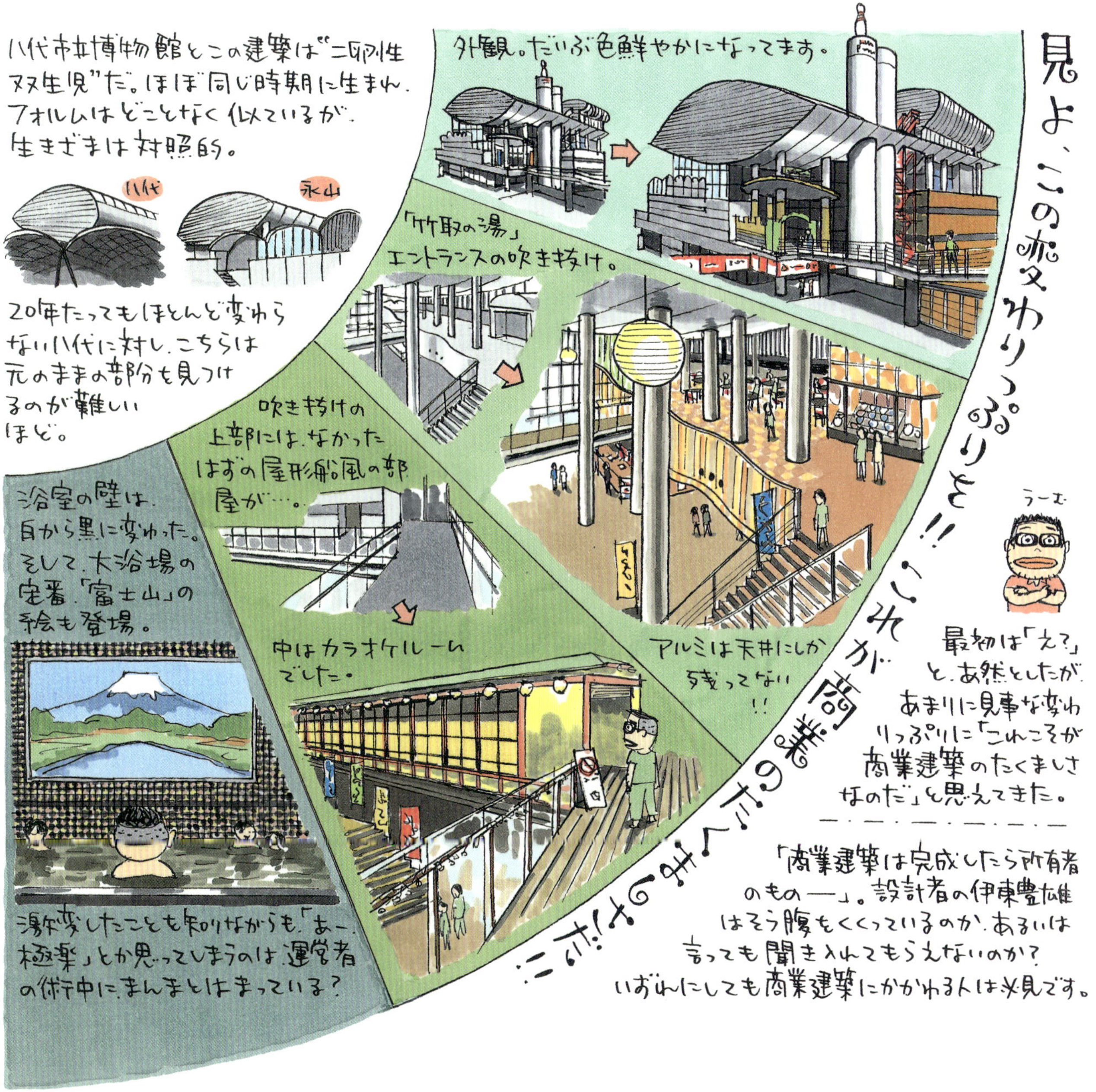
見よ、この変わりっぷりを!!
これが商業建築のたくましさだ!!
八代市立博物館とこの建築は"二卵性双生児"だ。ほぼ同じ時期に生まれ、フォルムはどことなく似ているが、生きざまは対照的。
八代
永山
20年たってもほとんど変わらない八代に対し、こちらは元のままの部分も見つけるのが難しいほど。
外観。だいぶ色鮮やかになってます。
「竹取の湯」
エントランスの吹き抜け。
吹き抜けの上部には、なかったはずの屋形船風の部屋が……。
中はカラオケルームでした。
アルミは天井にしか残ってない!!
浴室の壁は、白から黒に変わった。そして、大浴場の定番、「富士山」の絵も登場。
激変したことも知りながらも、「あ～、極楽」とか思ってしまうのは、運営者の術中にまんまとはまっている?
うーむ
最初は「え?」と、あ然としたが、あまりに見事な変わりっぷりに「これこそが商業建築のたくましさなのだ」と思えてきた。
「商業建築は完成したら所有者のもの――」。設計者の伊東豊雄はそう腹をくくっているのか、あるいは言っても聞き入れてもらえないのか?
いずれにしても商業建築にかかわる人は必見です。

寄り道

1993

進化する空中演出

梅田スカイビル［新梅田シティ］｜Umeda Sky Building

原広司＋アトリエ・ファイ建築研究所

設計：原広司＋アトリエ・ファイ建築研究所、木村俊彦構造設計事務所、竹中工務店｜施工：竹中・大林・鹿島・青木JV｜竣工：1993年
所在地：大阪市北区大淀中1-1-88｜構造：S造・一部SRC造｜階数：地下2階・地上40階｜延べ面積：14万7997㎡

新宿NSビルから10年の時を経て、さらに進化したエンタメ超高層。「空中」の様々な見せ方に脱帽。東京スカイツリーはここをしのげるのか？

ドバイや中国に続々と建ち上がるトンデモ超高層。しかし、日本が誇るこの梅田スカイビルも、トンデモ度合では全くひけをとらない。

JUS

JAPANESE UNBELIEVABLE SKYSCRAPER

日本が誇るトンデモ超高層

「連結超高層＋空中庭園」という主役の面白さに加えて、「空中エスカレーター」&「4面シースルーエレベーター」という両脇役が、主役の魅力をひき立てる。

このビルが、"元祖・トンデモ超高層"を提案したロシア・アバンギャルドの影響を受けていることは間違いない。

重工業省コンペ案・1935

第3インターナショナル・1919

どちらの絵も、展望フロアに展示されている。

ところでこのビル、設計の初期段階では「3棟連結」だったことをご存知だろうか。

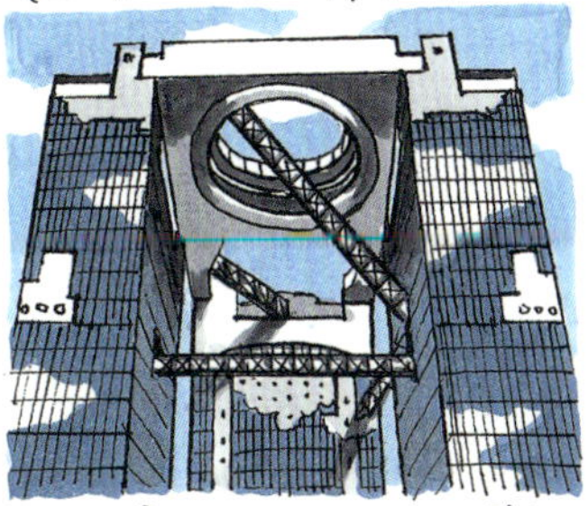

プロポーザル時はこんな感じ。

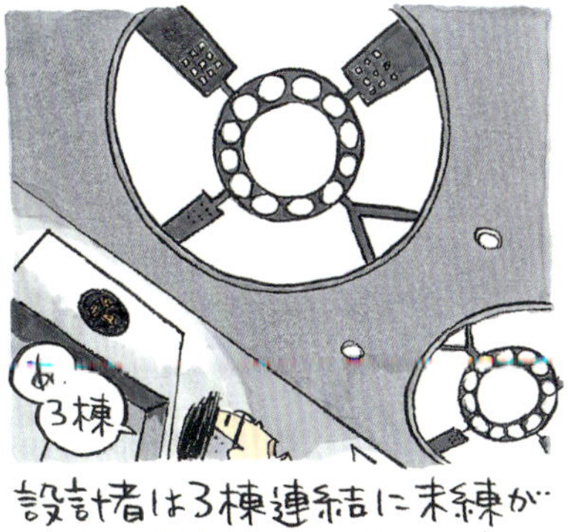

設計者は3棟連結に未練があったのだろうか。エレベーターホールの天井にこんな装飾を発見。

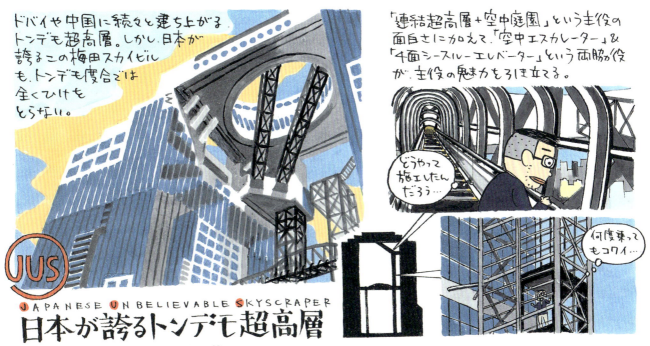

1994

誰にでもわかる現代建築

黒川紀章建築都市設計事務所

愛媛県総合科学博物館 | Ehime Prefectural Science Museum

所在地:愛媛県新居浜市大生院2133-2 | 構造:SRC造・一部RC造・S造 | 階数:地下1階・地上6階 | 延べ面積:2万4289 m²
設計:黒川紀章建築都市設計事務所 | 構造設計:造研設計 | 設備設計:建築設備設計研究所 | 施工:清水・住友・安東・野間JV | 竣工:1994年

愛媛県の新居浜市は銅山で古くから栄えた町だ。その市街地から山の方へ向かって15分ほど車を走らせ、高速道路をまたぐブリッジを渡ると、愛媛県総合科学博物館に着く。

いくつかの機能を併せ持った複合施設で、それぞれに異なる明快な幾何学形態が与えられている。4つの立方体が組み合わさった最も大きなボリュームが展示室。内部には自然、科学技術、産業の3つのテーマからなる常設展示と企画展示が納まっている。球形の棟は開館した当時は世界最大のプラネタリウムで、半月形の2つの建物はレストランと生涯学習センターだ。

そして、それらを結びつけるガラスのエントランスホールが、ひときわ目立つ円錐形でそびえている。丸、四角、三角とシンプルな図像が並ぶシルエットが、この建物を強く印象付けている。

しかし、この建物の見どころは、そこだけでない。たとえば円錐のエントランスホールと立方体の展示室とがぶつかる部分。接ぎ目には、歪んだ放物線のような不思議な図像が現れている。展示室自体も立方体が途中で斜めにズレているため、裂け目のような開口が露出する。エントランスホールの円錐を円筒で切り取った風除室も手が込んだ取り合いだ。

外壁も、つるりとした面をつくりながらもその一部には、花崗岩やチタンの切り板を打ち込んでランダムな模様をまとわせている。幾何学形態の持つ明快さと、そこから発する「ノイズ」。両方を味わうのが、この建築の醍醐味だろう。

アブストラクト・シンボリズム

愛媛県総合科学博物館のほかにも、1990年代以降の黒川紀章は単純な幾何学形態を用いた建築作品を数多く実現させている。この手法は、設計者本人によってアブストラクト・シンボリズムと名付けられた。

円錐を使ったものだけでも、白瀬南極探検隊記念館（1990年）、メルボルン・セントラル（1991年）、久慈市文化会館アンバーホール（1999年）などがある。円錐を採った理由は、白瀬南極探検隊記念館なら氷山を抽象化したとか、メルボルン・セントラルなら古い工場の塔を内部に保存するのに都合がいいとか、それぞれに説明されるのだが、一方でそれは建築種別にも地域にもよらず採用されている。アブストラクト・シンボリズムは、黒川によれば「世界性と地域性、国際性と個性を共生させるもの」なのだ。

そして世界に通用する普遍性を説くために、黒川が持ち出すのが、フラクタル幾何学、ソリトン波、散逸構造論などといった、当時の先端科学なの

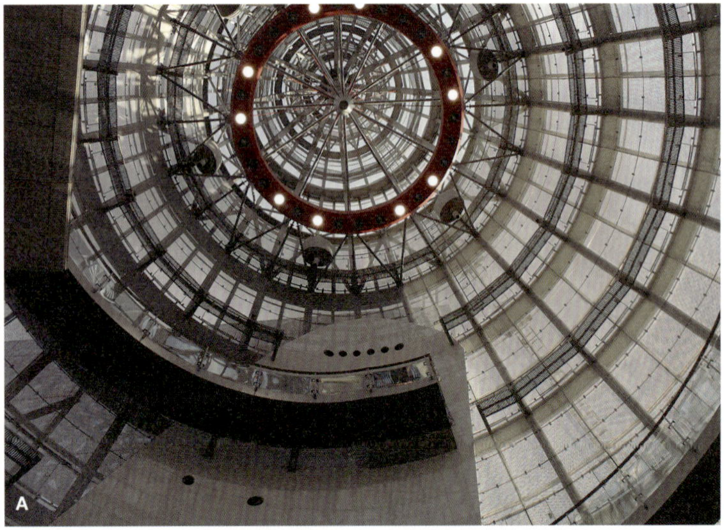

A エントランスホールを見上げる。展示棟から、らせん状のスロープで下りる | **B** エントランスホール見下ろし | **C** レストランから池越しにプラネタリウム棟を見る | **D** プラネタリウムのホワイエ | **E** 展示棟3階の科学技術館の展示 | **F** 生涯学習棟の黒花崗岩打ち込みコンクリート | **G** 池の下を通ってエントランスホールとプラネタリウムをつなぐ地下通路

だった。モダン建築の根底には近代の科学実証主義があったわけだが、21世紀の新しい建築もまた新しい科学から生まれる、そんなふうに黒川は考えていたのだろう。

その思いが先走って、カール・ユングのシンクロニシティ論やルパート・シェルドレイクの形態形成場理論など、科学的な妥当性がもはや疑わしい、いわゆるニューサイエンスにまで踏み込んでしまう。サービス過剰で、つい語りすぎてしまのが、黒川という建築家の性なのだ。

教養なき社会へ向けて

さて、アブストラクト・シンボリズムとは、今で言うアイコン建築と通じているように思える。アイコン建築については、本書の「アサヒビール吾妻橋ビル/吾妻橋ホール」の項(146ページ)でも触れた。建物全体の外形でわかりやすい特徴を持たせた建築のことである。

その代表作として、建築評論家のチャールズ・ジェンクスは、ロケットのような格好をしたスイス・リ本社(ノーマン・フォスター設計、2004年)や、めくれ上がったスカートのようなディズニー・コンサートホール(フランク・ゲーリー設計、2003年)を挙げたが、むしろその典型は中国や中東で次々と生まれている、SFマンガに出てきそうなデザインのビル群だろう。

なぜにそうした国で、アイコン建築が受けるのか。設計しているのは主に欧米の建築家である。そうした建築家が、アジアや中東という全く文化的背景の異なるクライアントを相手にする時に、西洋建築の古典から引用しましたと言っても理解されない。海外の建築家の仕事として通用するのは、派手でシンボリックな形をつくること。これは他者に向けて建築をつくるときの有効な戦略なのだ。

ポストモダン建築は、建築をエリートのものから大衆のものへと引きずり降ろした。しかし、その面白さを味わうためには、設計者と共通する文化基盤や教養がまだ必要だった。ところがアイコン建築には、もはや文化基盤も教養もいらない。だからこそ、全世界に広まっているのである。

黒川本人は大変な教養人である。にもかかわらず彼は、デビュー以来、建築の知識を持たない一般大衆に向けて、雑誌やテレビを通して積極的に発言し続けてきた。そんな建築家にとって、アイコン建築に通じるアブストラクト・シンボリズムの手法は、必然的にたどり着いたものだった。

愛媛県総合科学博物館は、文化や教養と対極にある無垢な子どもたちが多く訪れる施設である。だからこそ、アブストラクト・シンボリズムの手法がうまくはまったと言えるだろう。

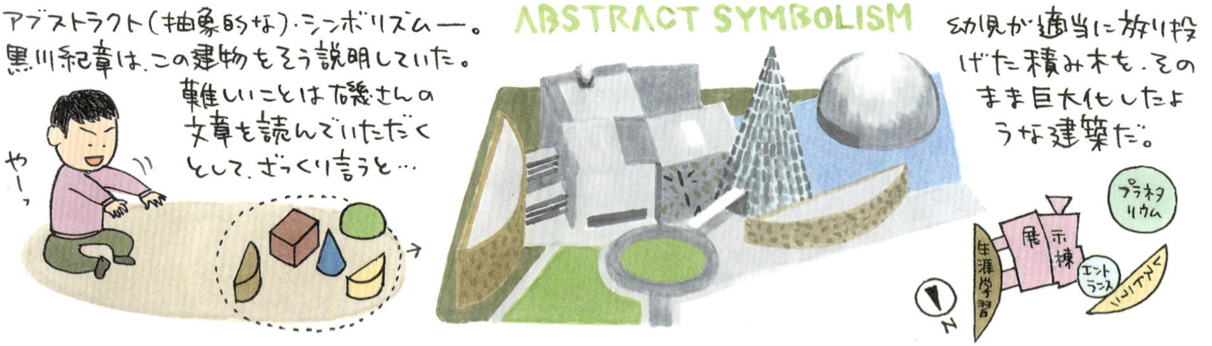
アブストラクト(抽象的な)・シンボリズムー。
黒川紀章は、この建物をそう説明していた。
難しいことは磯さんの
文章を読んでいただく
として、ざっくり言うと…
やーっ
ABSTRACT SYMBOLISM
幼児が適当に放り投
げた積み木を、その
まま巨大化したよ
うな建築だ。
プラネタリウム
展示棟
生涯学習
エントランス
N

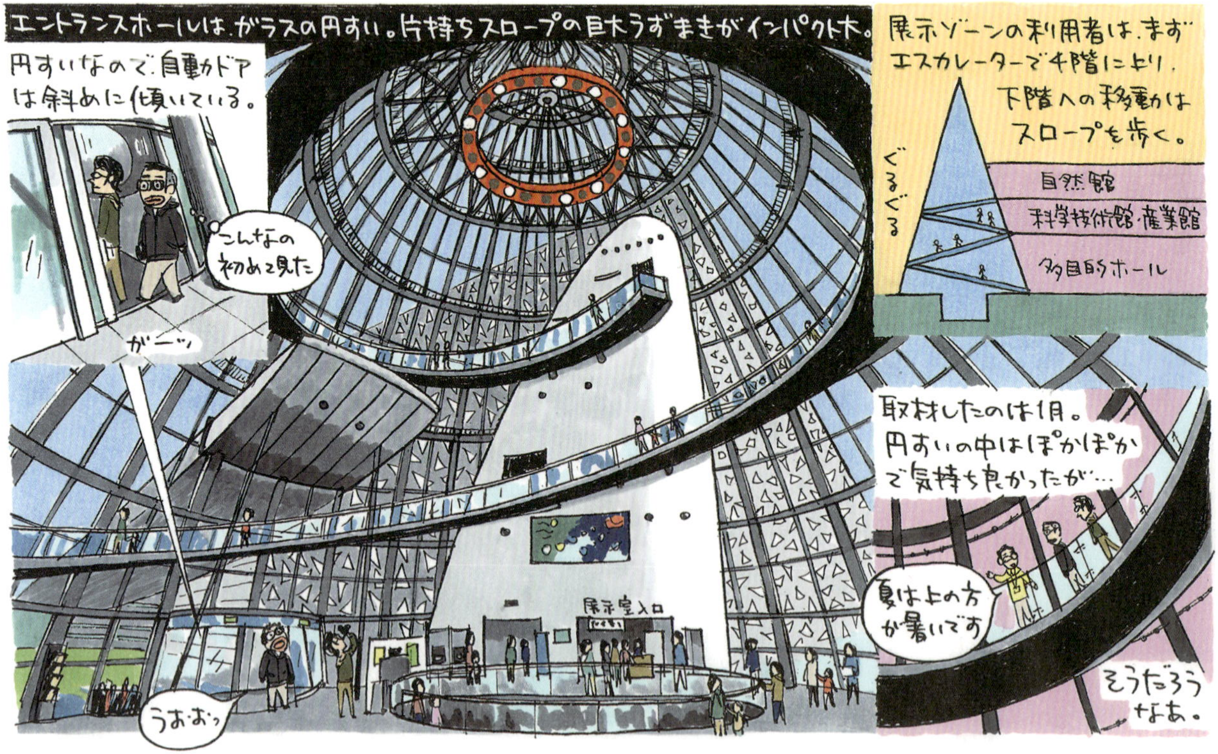
エントランスホールは、ガラスの円すい。片持ちスロープの巨大うずまきがインパクト大。
円すいなので、自動ドアは斜めに傾いている。
こんなの初めて見た
が一ッ
展示ゾーンの利用者は、まずエスカレーターで4階に上り、
下階への移動はスロープを歩く。
ぐるぐる
自然館
科学技術館・産業館
多目的ホール
取材したのは1月。
円すいの中はぽかぽかで気持ち良かったが…
夏は上の方が暑いです
そうだろうなあ。
展示室入口
うおおっ

エントランスホールとプラネタリウム棟は、水盤の下の地下トンネルで結ばれている。
地下トンネルのトップライトからは、水面に揺らぐドームが見える。
帰り道は円おいが見える。
子ども大喜び
これって、白井晟一の「原爆堂」（未完）へのオマージュ？
エントランスホールの床に描かれた銀色の円は、太陽系の惑星の軌道を表現したものだ。
地球はどこ？
冥王星
天王星
海王星
地下1階に下りると、ようやく地球の軌道が確認できる、という趣向。
なるほど、太陽系のスケールが体感できる
地球
木星
実は今回、一番心を引かれたのは、プラネタリウム棟の脇にひっそりと置かれた、これ。
何ですか、これは
清掃ロボットですよ。今は動きませんが
このロボット、開館当初は自動運転で常時、池を清掃していたという。子どもたち、喜んだろうなあ。
すげー
あのころに夢見た、懐かしい未来―。この建物を見ていると、そんなノスタルジーを感じずにいられない。子どもは未来を思い、大人は過去を振り返る。黒川紀章はそんな巧妙な仕掛けを組み込んだのだ。深読みしすぎか？

1994

遍在する世界の中心

渡辺豊和設計工房

秋田市立体育館 | Akita Municipal Gymnasium

所在地：秋田市八橋本町6-12-20 | 構造：RC造・S造 | 階数：地上2階 | 延べ面積：1万1432m^2
設計：渡辺豊和設計工房 | 構造設計：川崎建築構造研究所 | 設備設計：設備技研 | 施工：鴻池組・加藤建設JV | 竣工：1994年

ラーメンと同じように建築にも「あっさり」と「こってり」がある。建築のポストモダン時代は、どちらかといえば「こってり」が優勢だった。なかでも「こってり」を極めたのが渡辺豊和が設計した建築群だろう。いわば、建築界の「天下一品ラーメン」(京都を発祥とするドロドロスープのラーメンチェーン店)。その代表作である秋田市立体育館に出掛けてきた。

JR秋田駅からバスに乗って15分ほど。家電量販店や自動車ディーラーの店舗が並ぶなか、バイパス沿いの郊外風景に、突如現れるその存在感は圧倒的だ。

幸いにも、東日本大震災による損傷はなかったという。建物は大小のアリーナを内部に収めた二つのドームからなり、その外周部を通廊、列柱、塔といった古典建築のモチーフが囲んでいる。その姿は未知の古代文明が遺した聖堂のようだ。

渡辺は関西を本拠地に活躍する建築家だが、出身は秋田である。この建物では、指名コンペで設計者に選ばれ、故郷に錦を飾ることとなった。

設計主旨で、この建築は「縄文首都のオリンピア神殿」と説明されている。秋田県には鹿角市の大湯環状列石《おおゆかんじょうれっせき》をはじめとして縄文時代の遺跡が多い。この体育館の円形平面は、その環状列石から採られている。また通廊の波打つ屋根は、縄文時代の火焔《かえん》土器がイメージソースだ。これらは地域との関連で理解できる。

一方、分かりにくいのは「オリンピア」だ。列柱がギリシャ神殿をモチーフにしたものというのだが、なぜにギリシャなのか。

離島寒村の建築

渡辺はこれ以外にもいくつかの公共建築を設計しているが、和歌山県の龍神村民体育館(1987年)、長崎県の対馬・豊玉文化の郷(1990年)、島根県の加茂町文化ホール(1994年)、北海道の上湧別町ふるさと館JRY(1996年)など、ほとんどが東京や大阪から遠く離れた地方に建てられている。

ポストモダン建築における地域主義については、本書の「名護市庁舎」(62ページ)でも採り上げたが、ここで改めてポストモダン建築と地方の関係について論じておきたい。

本書ではポストモダンの時代を、1975–82年の模索期、83–89年の隆盛期、90–95年の爛熟期と3つに分けた。これまでに採り上げた建築を期ごとに首都圏と地方(ここでは便宜的に首都圏以外としておく)に分けて集計してみると、模索期は首都圏1に対して地方4で、地方の方が多い。これが隆盛期になると首都圏6に対して地方5と逆転するが、爛熟期ではまた首都圏3に対して地方が6

A 東側から見る。左がメーンアリーナ、右がサブアリーナ | **B** 屋上テラスへと上がる外部階段。雁木状の歩廊が回る | **C** メーンアリーナ外周の歩廊 | **D** メーンアリーナ内観。頂部の天井高さは50m ある | **E** 2階の通路 | **F** エントランスホール | **G** メーンアリーナの外側を巡る全長250m のジョギングコース | **H** 1階のピロティ（喫煙所）

と盛り返す。

つまりポストモダン建築は地方でまず興り、80年代に入ってバブル経済の膨張とともに東京の建築でもそのデザイン手法が採られる。しかし、バブルが崩壊すると東京から退場し、地方へと帰っていく。ポストモダンとは本来、地方に属する建築だったのではないか。

だからこそポストモダニストを自ら任じる渡辺は、彼の言葉で言う「離島寒村の建築」に積極的に取り組んだのだ。

辺境から世界へ

一方で、90年代以降、地方の建築は「ハコ物」と呼ばれて批判を受けるようになる。特にバブル崩壊後、日本では景気対策として地方の公共建築が盛んに建てられた。大金を費やして建てたのに維持費ばかりかかって使いこなせない建築——そのデザインの多くがポストモダン調であったために、ポストモダン建築は多くの人から責められることにもなった。

そうした批判をかわすためだけではないだろうが、90年代の半ばに多くの建築家は「プログラム」というテーマに関心を移して、ポストモダンから手を引く。そんな流れにあらがって、その後もポストモダニズムを貫き通した数少ない建築家の一人が渡辺だった。

渡辺はハコ物批判に対して開き直り、それを正面突破しようとする。著書『建築デザイン学原論』（日本地域社会研究所、2010年）のなかで彼は書く。「人など誰もいなくていい。無人の村に最初から廃墟である新しい建築をつくる」。

建築は世界の似姿であるべし、と渡辺は考える。そして建築が世界であるという感覚は、周囲が希薄な場所の方が得やすいという。辺境に行けば行くほど、そこは世界へと近付くのだ。

秋田市立体育館の場合は、県庁所在地にある大規模体育館であり、利用率もそれなりに高い。「離島寒村の建築」には当たらないだろうが、秋田が地方都市であることに違いはない。渡辺は秋田を地方であると同時に世界の中心でもあるととらえた。

この建物の用途であるスポーツを考えるなら、世界規模の祭典といえばオリンピックであり、その起原は古代ギリシャにある。だからこそ、はるかに時空を隔てた秋田の体育館に、ギリシャ建築の列柱を持ち込んだのだ。

地方を世界につなぎ、その中心として構想する。遍在する世界の中心。それが、渡辺による辺境のポストモダン建築だったのである。

"大空間建築"は、モダニズムにとって存在意義をアピールしやすい場だった。

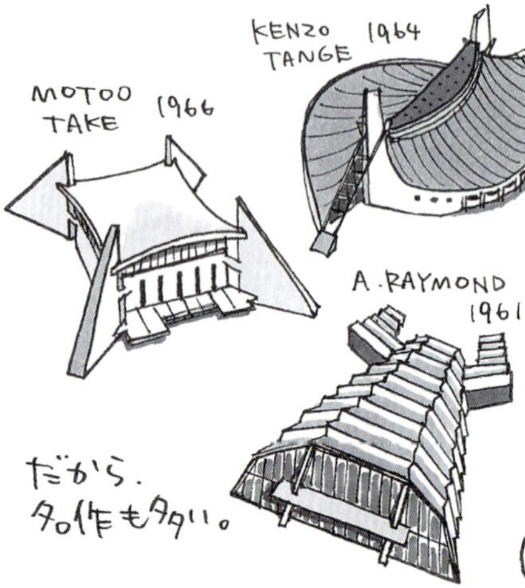

だから、多作も多い。

だが、構造表現との結びつきの薄いポストモダンは、大空間ではいまひとつ活躍の場がなかった。

そこに1994年、"遅れてきた大空間ポストモダンの真打ち"が登場した。それが秋田市立体育館。

前面道路から見た光景はこんな感じ。

周辺になじんでいるとかどうとか、そんな次元を超越している。「地球になじんでいるか」「科学文明になじんでいるか」を問うているよう。

設計段階でいろいろあったのもうなずける…

アリーナの内部はどちらも、意外と普通。もっとコテコテかと思った。

天井が高くて、使いやすそう。

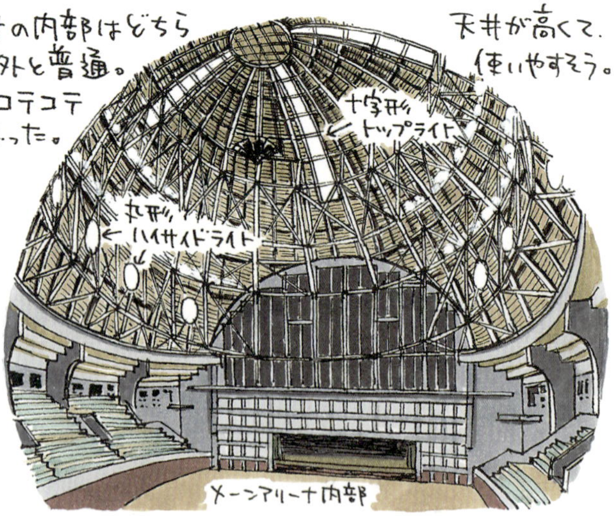

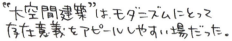

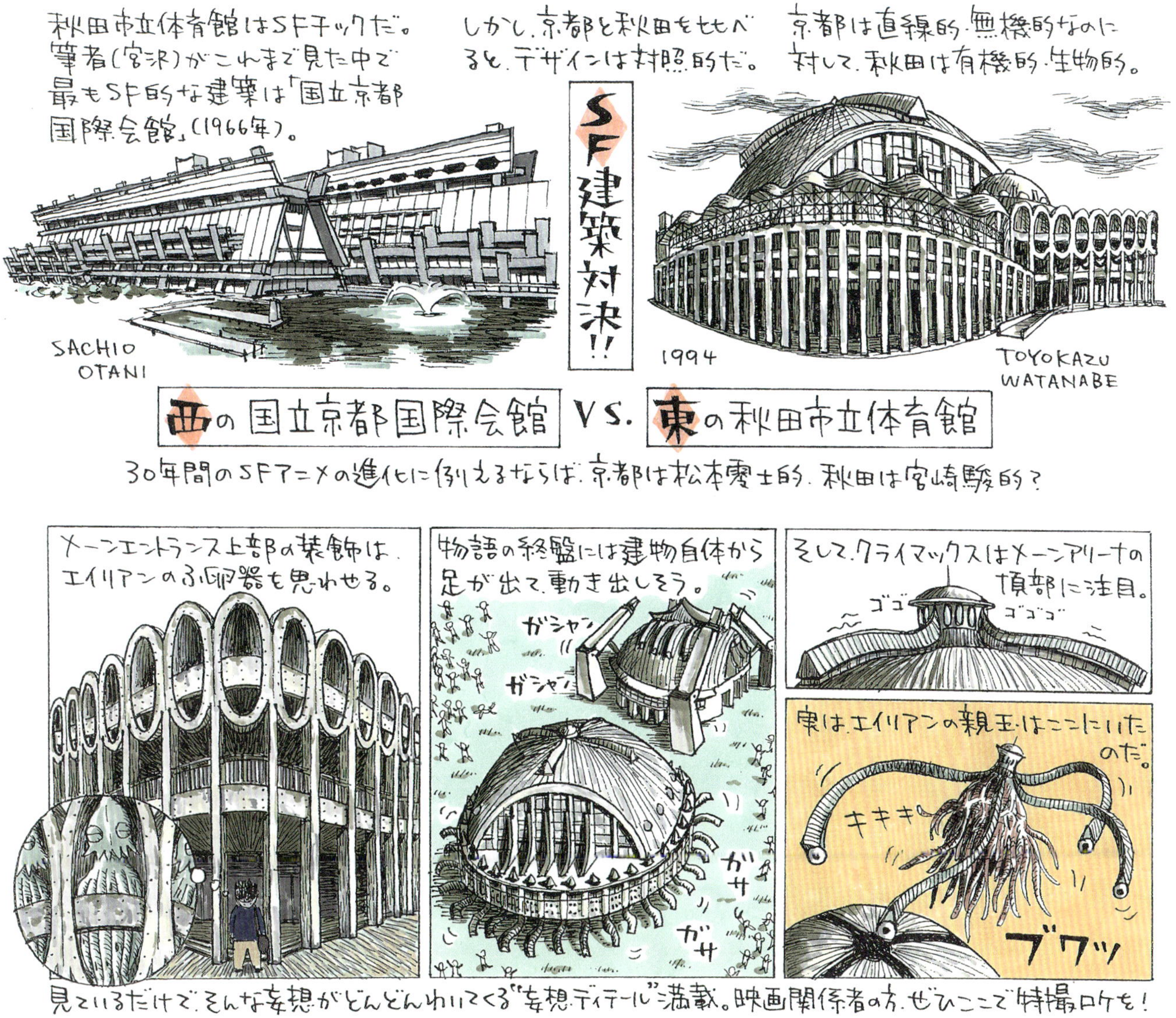
秋田市立体育館はSFチックだ。筆者(宮沢)がこれまで見た中で最もSF的な建築は「国立京都国際会館」(1966年)。
しかし、京都と秋田を比べると、デザインは対照的だ。
京都は直線的・無機的なのに対して、秋田は有機的・生物的。
SF建築対決!!
SACHIO OTANI
1994
TOYOKAZU WATANABE
西の国立京都国際会館
VS.
東の秋田市立体育館
30年間のSFアニメの進化に例えるならば、京都は松本零士的、秋田は宮崎駿的?
メーンエントランス上部の装飾は、エイリアンのふ卵器を思わせる。
物語の終盤には建物自体から足が出て、動き出しそう。
ガシャン
ガシャン
ガサ
ガサ
そして、クライマックスはメーンアリーナの頂部に注目。
ゴゴ
ゴゴゴ
実は、エイリアンの親玉はここにいたのだ。
キキキ
ブワッ
見ているだけで、そんな妄想がどんどんわいてくる"妄想ディテール"満載。映画関係者の方、ぜひここで特撮ロケを!

寄り道

1994

最先端のパッチワーク

西海パールシー・センター［海きらら］｜Saikai Pealsea Center

設計：古市徹雄・都市建築研究所｜施工：大成・日本国土開発ＪＶ｜竣工：１９９４年
所在地：長崎県佐世保市鹿子前町１００８｜構造：ＲＣ造・一部木造｜階数：地下１階・地上３階｜延べ面積：５７２２㎡

古市徹雄・都市建築研究所

我々が訪れたのは２００８年夏だが、同年９月−翌年７月に改修工事を実施。水族館機能を拡充した。仕上げも左の写真よりきれいになった

全体を同じ色で合わせて
オシャレに見せるのは簡単だ。

だが、バラバラな色・素材を
使ってコーディネートするのは、
相当のオシャレセンスがいる。

この西海《さいかい》パールシーセンターは、あえて“バラバラコーディネート”に
挑んだ建築だ。正面だけでも、一体いくつのデザイン・ボキャブ
ラリーが使われているのか…。

この施設は水族館、船の展示館、ドームシアターから成る※
“海の総合展示場”だ。しかし、建築関係者はそれとは別に、

90年代前半のデザイントレンドの展示場

としても楽しめる。

さあ、40代以上の方は、
思い切り、懐かしんで下さい。
レッツ・タイムスリップ！

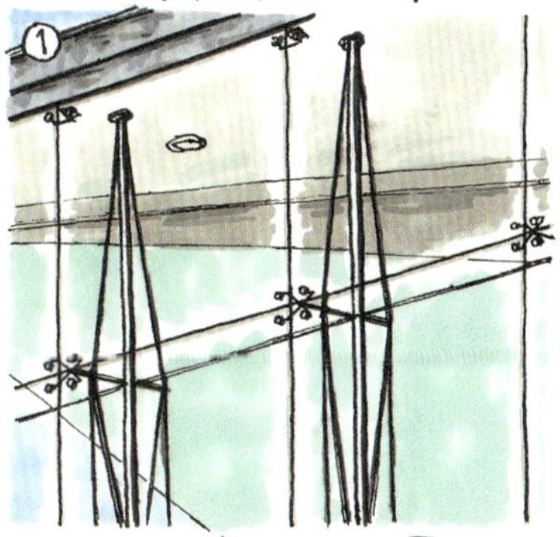

ガラス面はもちろん、一世を風びした
DPG(ドットポイントグレージング)構法。

左官仕上げの外壁は、
時の人、久住《くずみ》章の作。

屋外の大
階段。当時
はコンペの
定番アイテム
だった。

むき出しの
フレームも
はやったなー。

ストーンヘンジ風の野外
彫刻も、あの時代っぽい。

で、コーディネートは成功して
いるのか、いないのか。それは
あなたのセンスでご判断を。

※ドームシアターは現在、「クラゲシンフォニードーム」となっている

1995

ポストモダンの孤独

高崎正治都市建築設計事務所

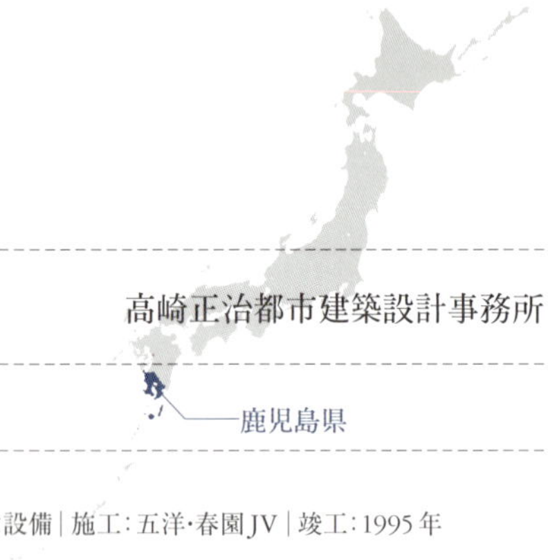

輝北天球館｜Kihoku Astronomical Observatory

所在地:鹿児島県輝北町市成1660-3｜構造:RC造｜階数:地上4階｜延べ面積:427 m²
設計:高崎正治都市建築設計事務所｜構造設計:早稲田大学田中研究室｜設備設計:西栄設備｜施工:五洋・春園JV｜竣工:1995年

大隅半島の付け根に当たる鹿児島県の鹿屋市。市街地からはるかに離れた山上の公園内に、輝北天球館はある。周りを見回すと、人工物は風力発電の風車しかない。自然景観の真っただ中だ。

その姿は遠目にも強烈に迫る。空中高く持ち上げられた紡錘形を取り巻くように、バルコニーや階段がギザギザと飛び出す。柱は斜めに傾き、上部に長く伸びた3本は、先端で広がり花のような造形を天に掲げる。

輝北天球館は、展示施設を併設した天文台だ。鹿屋市に合併する以前の輝北町が、環境省による「全国星空継続観測」で4年連続日本一になったことを記念して建設された。日本一空気が澄んだ場所で、日本一美しい星空を見よう、そんな狙いの施設である。すぐ近くにはバンガローもあり、泊まり込みで星空を楽しむことも可能だ。

ゲートをくぐって、建物へと向かう。1階のピロティは「地の広場」と名付けられた人工的な庭園だ。トイレがある以外に何の機能もないが、柱の周りを歩きまわるだけでも楽しい。2階にはバルコニーが巡っていて、ここからは桜島もよく見える。

本気のポストモダン建築

チケット売り場で入場料を払って、中へと入る。紡錘形の中は「ゼロの空間」と呼ばれる研修室だ。円形劇場のように階段席がしつらえられているものの、ステージはない。仮設の床を張って音楽演奏の会を催したりもしているというが、真ん中を貫く3本の柱がいかにも邪魔になりそうだ。「催しに使うのはたいへん」と館長もこぼす。

しかし、傾いた水滴の内部のような空間は、中に居るだけで何かしらの精神作用を受けるようにも感じられる。何も行われていなくても長くとどまりたくなる場所だ。

そこから階段をさらに上がると、3階の展示室へと至る。ここには宇宙に関する写真やパネルが並ぶ。さらに階段を上がると観測室だ。口径65cmのカセグレン式反射望遠鏡が設置されている。2階には天井に星座が輝くもうひとつの展示室もある。

建物の設計者は高崎正治。鹿児島の出身であり、活動拠点もこちらに置いている。その作風は、「環境生命体としての建築づくり」を標榜する独自のもの。この連載で取り上げてきたポストモダン建築は、それぞれ特異な造形を採っていたとしても、歴史上の建築様式や地域性のある素材などといった参照源を特定できた。それに比べ、高崎の建築はそうした元ネタを指摘するのが難しい。

輝北天球館の紡錘形を、鹿児島特産のサツマイモを見立てたものと解釈することもできなくはな

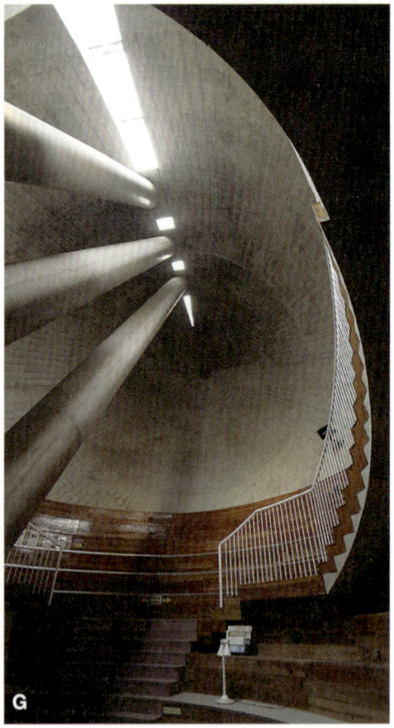

A 南から見た全景 | **B** 斜めの柱が林立する「地の広場」。右に見える卵のような部分は「子供のいえ」で、現在は立ち入り禁止 | **C** 2階の展望交流広場に設置された「地球人」| **D** 観測室の反射式望遠鏡 | **E** 2階「ゼロの空間」| **F** 3階、展示室 | **G** 3本の柱が貫く「ゼロの空間」を見上げる

い。が、設計者本人はそういった説明を一切していない。分かりやすい形を借りることなく、原理的にモダンを否定しているという意味で、最も強度を持ったポストモダン建築とも言い得るだろう。

そこには1980年代のポストモダン建築がまとっていたシニカルな態度がない。どこまでも真っすぐで、本気なのだ。

「虚構の時代」の終わりに

さて社会学者の見田宗介(1937年生まれ)は、日本の戦後を3つの時代に区分した(『現代日本の感覚と思想』1995年)。終戦から50年代までの「理想の時代」、60年代から70年代前半までの「夢の時代」、70年代後半から90年代までの「虚構の時代」である。

この時代区分は戦後建築を理解する上でも、分かりやすい見取り図を与えてくれる。前川國男らが始めたモダン建築は社会がこれから進むべき「理想」を示したものだったし、その後に現れたメタボリズムの建築家たちはSF的な都市計画で「夢」を描いた。その後に登場したポストモダン建築は、総じて言えば「虚構の時代」にふさわしいものだった。

見田の論を受けて、やはり社会学者である大澤真幸(1958年生まれ)は「虚構の時代」の終わりを1995年とした。言うまでもなく、阪神大震災と地下鉄サリン事件が起こった年である。「虚構の時代」が生み出した究極の怪物がオウム真理教であり、それによって時代は自爆したのだという(『虚構の時代の果て』1996年)。

建築界も90年代に入って、ポストモダンの隆盛からモダンの再評価へと徐々に舵を切る。ポストモダン建築は、社会が虚構を許容しなくなるなかで、その居場所をなくしていった。その転換点になったのが、やはり1995年であり、本書でも、この年を区切りの年とした。

輝北天球館は、ポストモダン最後の年に生まれた究極のポストモダン建築である。それは同時に「究極の虚構」であるはずだ。社会の一般的な通念からすれば、ありえない建築といっていいだろう。

しかし、それは確かに実在している。輝北天球館を訪れて感じるのは虚構性ではない。むしろ圧倒的なリアルさである。

そのリアルさは、この建築が都市から隔絶した環境に建つからこそ成り立ち、だからこそ続いてきたのかもしれない。

九州の南端にある山の上で、空に向かってすっくと立ち続ける輝北天球館。最後のポストモダン建築は孤独である。

2階のエントランスに向かう前に、1階の中空部分を見て、完全にノックアウト。こんな空間、見たことない!

一体どうやって施工したの? 型枠職人の苦労がしのばれる超絶ディテール満載。

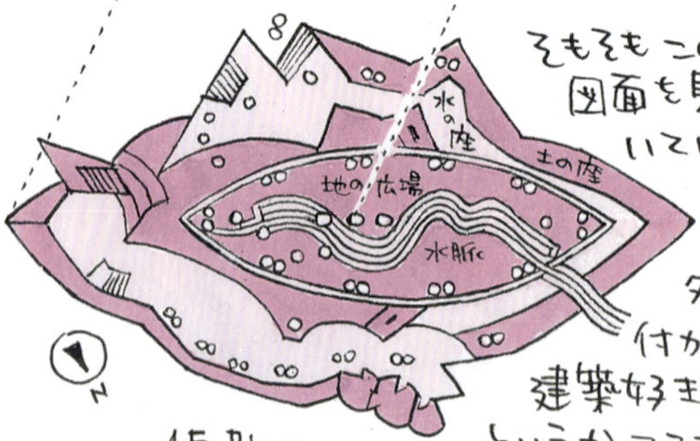

1F Plan

そもそもこの空間は何のため?
図面を見るといろいろ名前が付いているが、特定の機能はなさそうだ。残念ながら、来館者の多くは、この空間に気付かず通り過ぎてしまう。
建築好きはまずここを見るべし。
というか、ここが一番の見所です。

2階の展望広場もすごい。この施設、中に入らなくても十分楽しめる。「何のため？」はここでは禁句。

外部だけで満足して帰ることなかれ。入場料500円なので、中も見るべし。特に、研修室が圧巻。

機能主義《モダニズム》から最も遠く、
表層主義《ポストモダニズム》からも最も遠い？

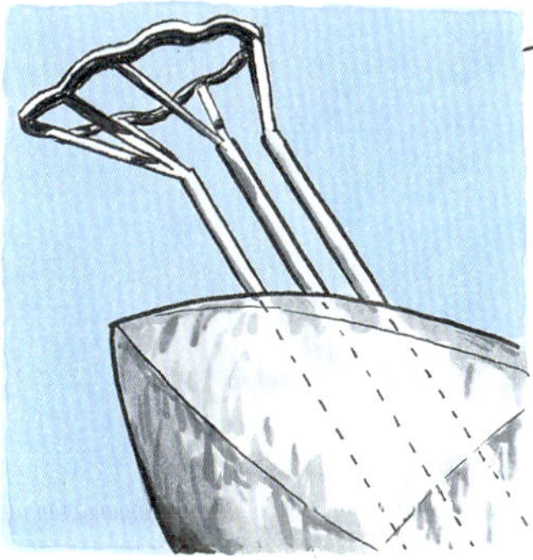

斜めに立つ3本の柱は、外壁を貫通して屋外に飛び出す。巨大な屋外彫刻の名前は「心の御柱」。

球面状にへこんだ床の中心に「目」が！！ 宇宙には上も下もない、というメッセージか？

輝北天球館から車で約2時間。指宿市の「なのはな館」も、高崎正治の設計（1998）こちらも見所満載だが、それはいずれまた…。

あとがき

時代の証言として

「ポストモダン建築」と聞いて、どんなイメージを思い浮かべるだろうか。

派手な色使いの装飾的な外装? 切妻やアーチを載せた屋根? 過去の有名建築からの引用? いや、イメージではなく理念なんだよ、と語り出す人もいるだろう。人によってバラバラの意味が、その言葉には被さっている。

しかし肯定的か否定的かということで言えば、現在の建築界における「ポストモダン」は、否定的な意味を込めて使われることの方が多いようである。うわべだけの軽薄な建築、そんな非難をこの言葉が含んでしまっているのだ。例えばあなたが建築家だとして、自分の設計した建物を「素晴らしいポストモダン建築ですね」と言われても、素直には喜べないのではないか。

しかしある時期の建築界において、ポストモダンは相当に大きな流れとなっていたことは確かだし、影響を受けた建築家も多かった。

それを突飛な外観からゲテモノ扱いするだけでは、それこそ建築をうわべだけで見ていることになりはしないか。

モダン以後の建築を考えるという企図を正しく捉えて、ポストモダン建築について再び考え直してみたい。その意義や価値を、あとからこうした建築に触れる若い世代に伝えたい。

そんな狙いから、この本は書かれた。

時代を象徴する建築を幅広く取り上げる

本書のもととなったのは日経アーキテクチュア誌に2008年から3年間にわたって連載された「建築巡礼ポストモダン編」の記事である。これに書き下ろしの「寄り道」と対談を加えて単行本化した。

執筆者である宮沢と磯は、『昭和モダン建築巡礼 西日本編』『昭和モダン建築巡礼 東日本編』の2冊を既に出している（※両書は加筆・再編集の上、2019年10月に『昭和モダン建築巡礼 完全版1945-64』、同年12月に『昭和モダン建築巡礼 完全版1965-75』として発刊）。これは1945年から1975年までに竣工した日本のモダン建築を採り上げたもので、本書はその続編にあたる。

取材対象としたのは、1975年から1995年までの20年間に日本で竣工した建築から選んだ。“ポストモダン”と呼ばれる建築が盛り上がった時代だが、「ポストモダン建築」を厳密に定義することは避け、時代を象徴するような建築を幅広く採り上げていった。そのため、一般的にはポストモダン建築とは呼ばれないものも含まれている。

取材の方法や記事のフォーマットは『モダン建築巡礼』と同じである。宮沢と磯の二人で建築を見に行き、宮沢がイラスト、磯が写真と文章をそれぞれ担当する。「寄り道」に関しては、文章も宮沢の方で執筆した。

グシャグシャとした時代

『建築巡礼ポストモダン編』が『昭和モダン建築巡礼』の直接の続編であることは間違いないのだが、大きく変えたところもある。それは掲載順だ。『モダン』では建物の所在地によって西から東へと並べたのに対し、『ポストモダン』では竣工年の順に並べて、大きく3つの時期に区分した。その理由は一つひとつのパートでは個別の建築について書きながらも、それらが結びつくことによってひとつの時代を浮かび上がらせることを目論んだからだ。

それはどういう時代だったか。高度経済成長が終わり、科学の進歩や技術の発展によるバラ色の未来という神話が砕け散った後の世界だった。よりよき社会へと人々を導く前衛がいなくなり、価値の相対化のなかで差異だけが肥大化する。そんなぐしゃぐしゃとした時代だった。

自分にとっては、建築について知るようになったのがこの頃だった。大学の建築学科に進んだのが、磯崎新のつくばセンタービルが竣工した1983年。古くて退屈なモダンを押しのけて、新しくて面白いポストモダンが建築メディアを席巻していく様を眺めながら建築を学んでいたのだ。ガチョウのヒナが生まれて初めて見る動くものを親と思い込んでしまうのと同じで、自分の建築観はポストモダン建築によって育まれてしまった。

卒業すると同時に建築専門誌の記者になり、以後は仕事で数多くの竣工物件を見て回ることになる。そのころは既にバブル経済が始まっており、それまでならとても実現できそうもない豪華なポストモダン建築が次々とでき上がっていくのを間近で見ていた。それは最初のうちこそ驚きだったが、次第に慣れっこになっていった。

そんな著者によってこの本の文章は書かれている。だから本書は、建築のムーブメントを後から俯瞰して位置付けた歴史書ではなく、その内側にいた者による時代の証言として読まれるべきものなのかもしれない。

ポストモダン後の建築界の展開

1990年代に入るとバブルも崩壊し、ポストモダン的な建築デザインも廃れていった。プログラムから建築を語るモダン建築の機能主義的なアプローチが脚光を浴びるようになり、建築の形態もつるりとした直方体のシンプルな建築が増えていく。そんな中で、我々が本書でポストモダン時代の区切りと位置付けた1995年がやってくる。

この年を最後としたのには意味がある。阪神・淡路大震災と地下鉄サリン事件という2つの大きな出来事がこの年にあったからだ。それは建築家にとって、それまでのデザインに対する強烈な反省を突きつけるものだった。既に弱ってはいたが、これによって建築界におけるポストモダンは、息の根を止められたのだ。

そうして終わってしまったポストモダンという建築デザインを、我々はこの3年間でもういちどたどり直してみたわけである。そしてその取材の旅を終えようとしたちょうどそのころに、東日本大震災という大きな災害が起こった。

このことには不思議な符合を感じる。再び、建築デザインの流れがかわろうという瞬間に我々は立ち会っているのかもしれない。それがどんなものなのかは、いまだ見えてはいないけれども。

2011年6月

磯達雄[建築ライター]

カバーイラスト答え合わせ｜イラスト：宮沢洋

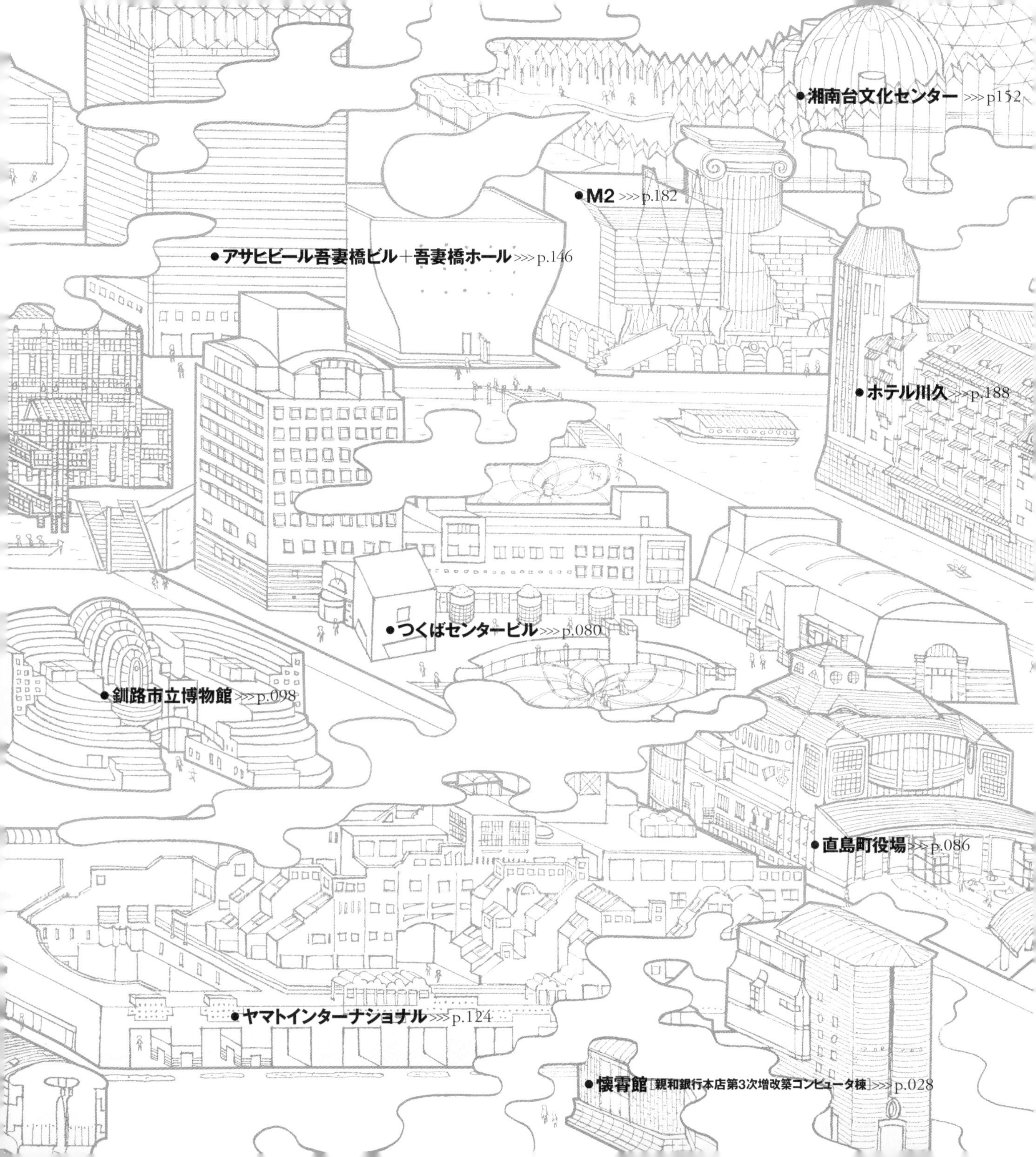
●湘南台文化センター >>>p152
●M2 >>>p.182
●アサヒビール吾妻橋ビル＋吾妻橋ホール >>>p.146
●ホテル川久 >>>p.188
●つくばセンタービル >>>p.080
●釧路市立博物館 >>>p.098
●直島町役場 >>>p.086
●ヤマトインターナショナル >>>p.124
●懐霄館 [親和銀行本店第3次増改築コンピュータ棟] >>>p.028

巡礼MAP west JAPAN 西

［凡例］｜●模索期［1975-82竣工］｜●隆盛期［1983-89竣工］｜●爛熟期［1990-95竣工］

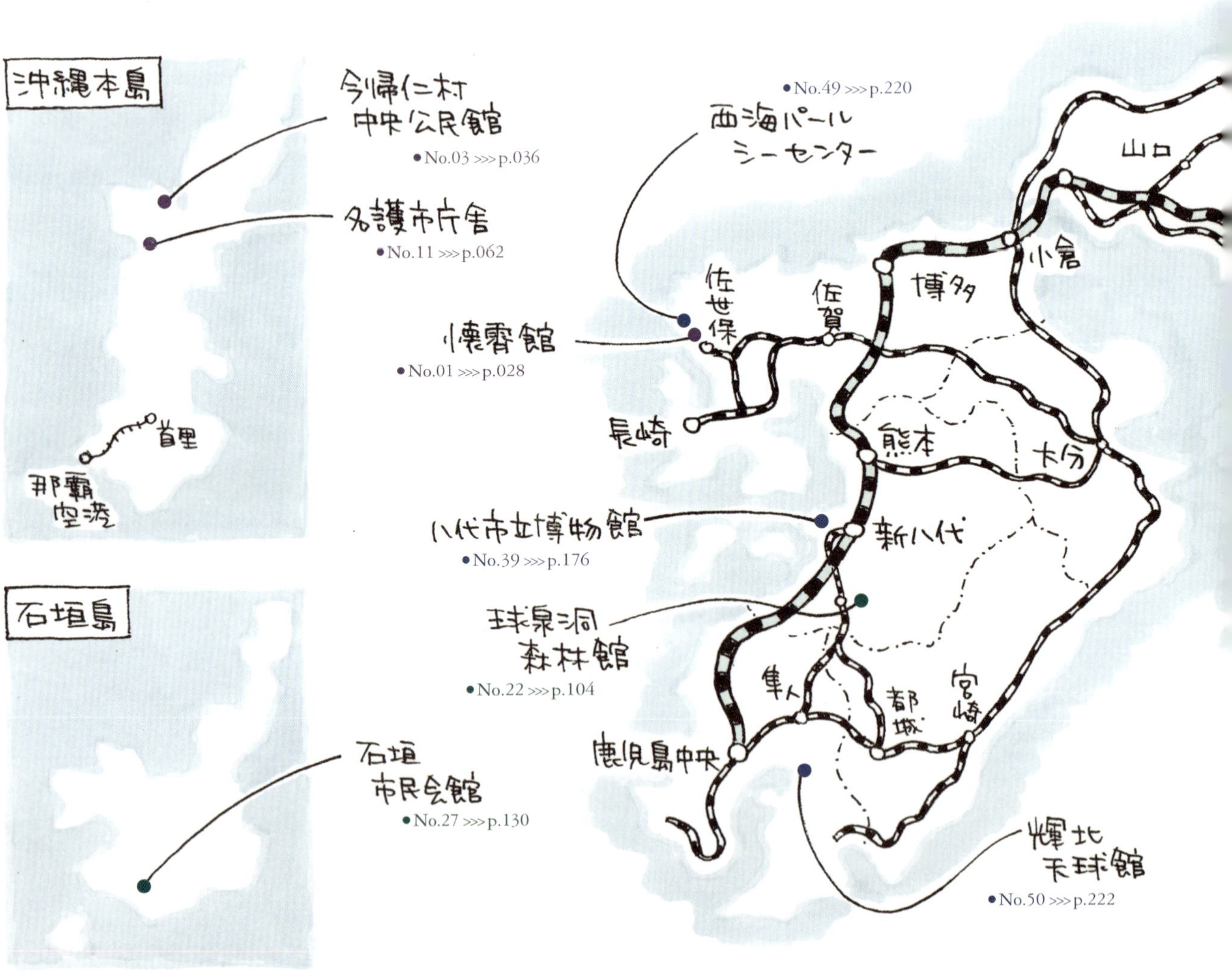

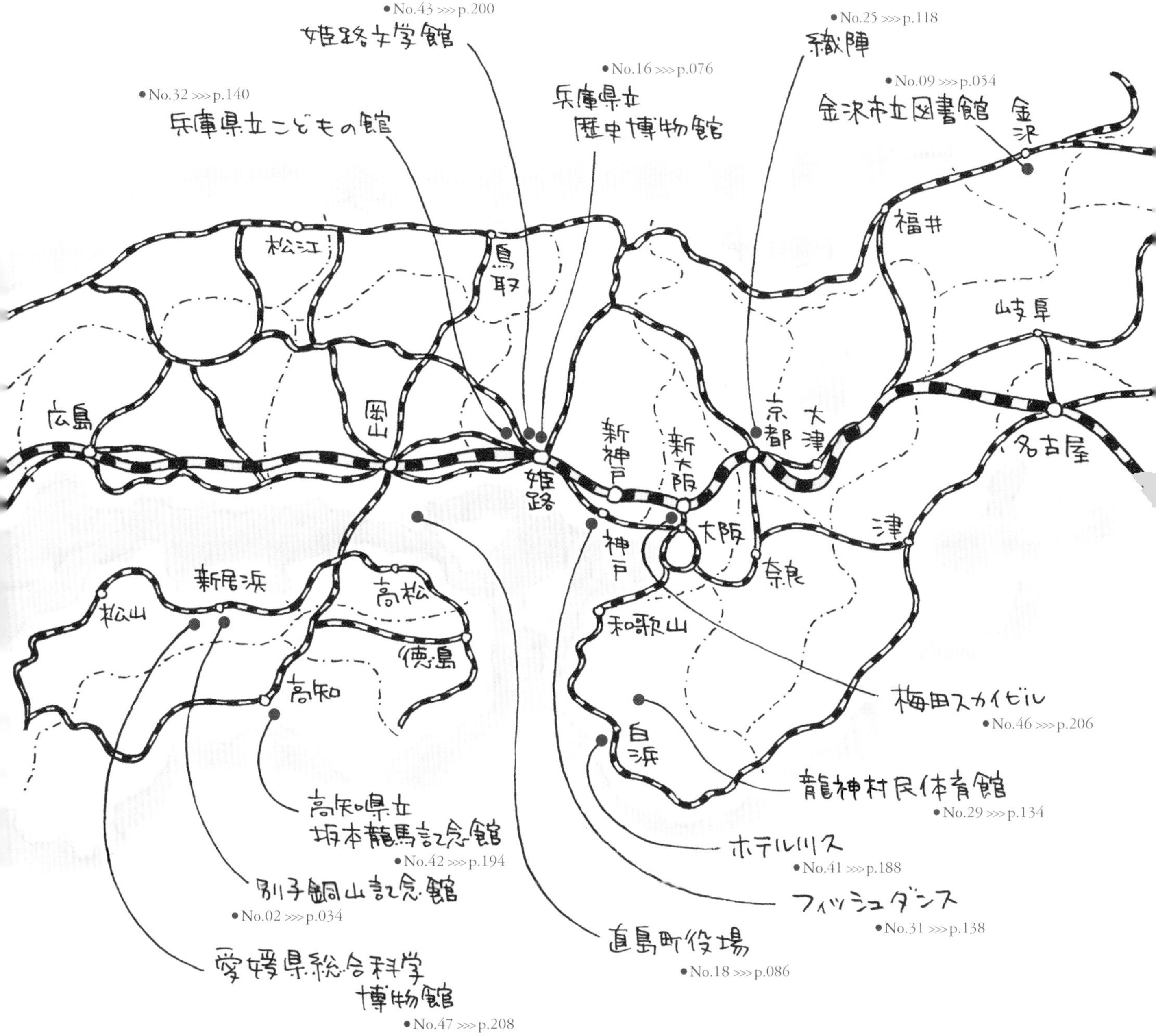
●No.43 >>> p.200
姫路文学館
●No.32 >>> p.140
兵庫県立こどもの館
●No.16 >>> p.076
兵庫県立
歴史博物館
●No.25 >>> p.118
織陣
●No.09 >>> p.054
金沢市立図書館
梅田スカイビル
●No.46 >>> p.206
龍神村民体育館
●No.29 >>> p.134
ホテル川久
●No.41 >>> p.188
フィッシュダンス
●No.31 >>> p.138
直島町役場
●No.18 >>> p.086
高知県立
坂本龍馬記念館
●No.42 >>> p.194
別子銅山記念館
●No.02 >>> p.034
愛媛県総合科学
博物館
●No.47 >>> p.208
金沢
福井
岐阜
名古屋
大津
京都
津
奈良
新大阪
大阪
新神戸
神戸
和歌山
白浜
鳥取
松江
姫路
岡山
広島
高松
徳島
新居浜
松山
高知

巡礼MAP
east
JAPAN
東
●No.48 >>> p.214
秋田市立
体育館
●No.08 >>> p.048
角館町伝承館
●No.17 >>> p.080
つくば
センタービル
●No.28 >>> p.132
多摩動物公園
昆虫生態館
●No.45 >>> p.204
アミューズメント
コンプレックスH
●No.24 >>> p.112
盈進学園
東野高等学校
●No.44 >>> p.202
能登島ガラス美術館
●No.05 >>> p.044
筑波新都市
記念館
洞峰公園
体育館
●No.06 >>> p.044
千葉県立
美術館
●No.04 >>> p.038
湘南台文化センター
●No.34 >>> p.152
小牧市立図書館
●No.07 >>> p.046
伊豆の長八美術館
●No.19 >>> p.092
青森
新青森
秋田
角館
盛岡
山形
仙台
新潟
福島
宇都宮
水戸
つくば
土浦
大宮
入間市
高崎
長野
富山
金沢
岐阜
甲府
八王子
調布
千葉
静岡
名古屋

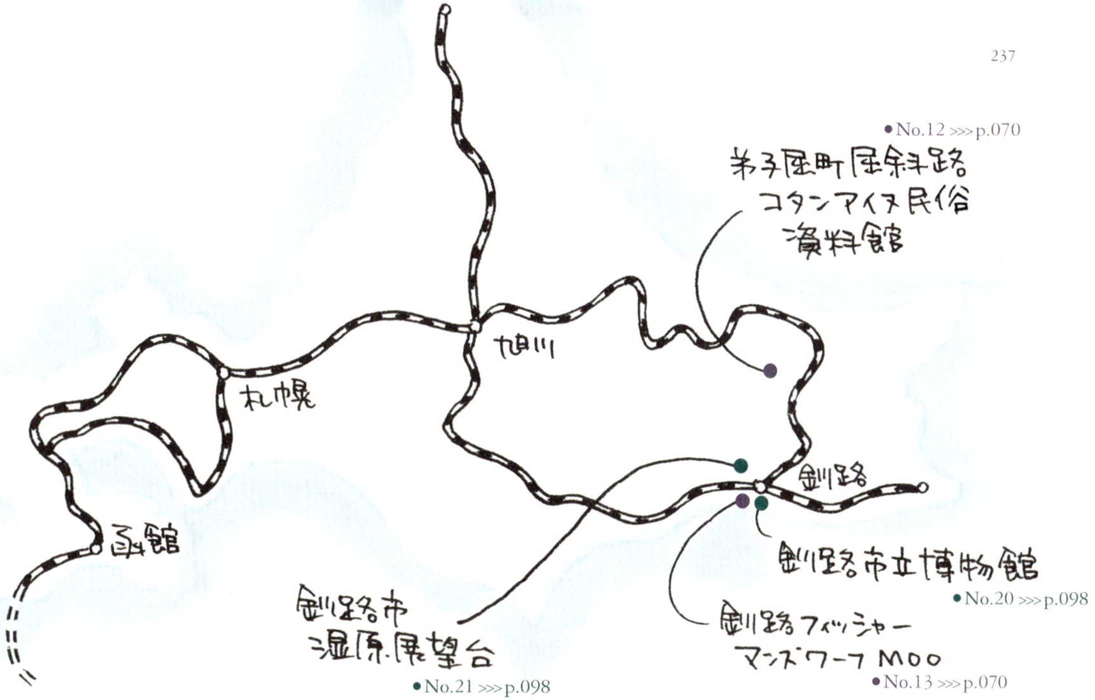
No.12 >>>p.070
弟子屈町屈斜路
コタンアイヌ民俗
資料館
旭川
札幌
函館
釧路
釧路市立博物館
No.20 >>>p.098
釧路フィッシャー
マンズワーフMOO
No.13 >>>p.070
釧路市
湿原展望台
No.21 >>>p.098

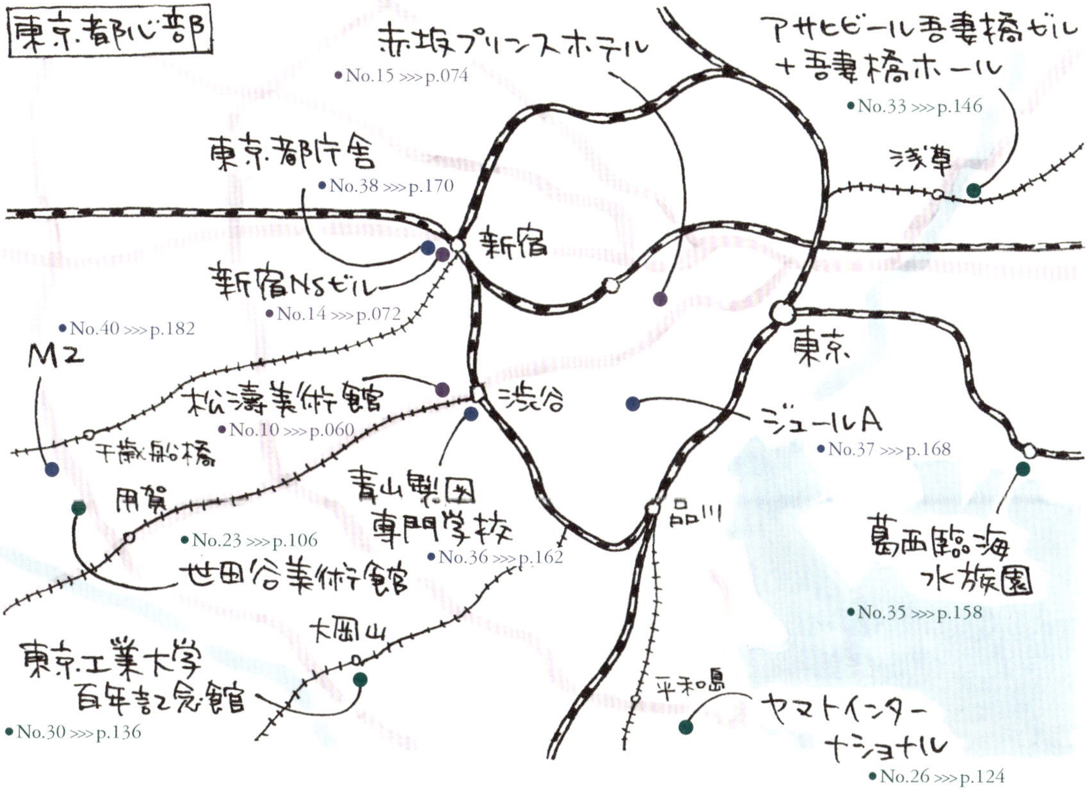
東京都心部
赤坂プリンスホテル
No.15 >>>p.074
アサヒビール吾妻橋ビル
＋吾妻橋ホール
No.33 >>>p.146
浅草
東京都庁舎
No.38 >>>p.170
新宿
新宿NSビル
No.14 >>>p.072
No.40 >>>p.182
M2
東京
松濤美術館
No.10 >>>p.060
渋谷
ジュールA
No.37 >>>p.168
千歳船橋
用賀
青山製図
専門学校
No.36 >>>p.162
No.23 >>>p.106
世田谷美術館
品川
葛西臨海
水族園
No.35 >>>p.158
大岡山
東京工業大学
百年記念館
No.30 >>>p.136
平和島
ヤマトインター
ナショナル
No.26 >>>p.124

［日経アーキテクチュア掲載号/取材時期］

008　隈研吾氏×磯達雄氏対談｜書き下ろし｜2011年4月対談実施
028　懐霄館［親和銀行本店第3次増改築コンピュータ棟］
2008年9月8日号｜2008年6月取材
034　別子銅山記念館｜書き下ろし｜2011年11月取材
036　今帰仁村中央公民館｜書き下ろし｜2009年1月取材
038　千葉県立美術館｜2008年12月8日号｜2008年10月取材
044　筑波新都市記念館・洞峰公園体育館
書き下ろし｜2009年3月取材
046　小牧市立図書館｜書き下ろし｜2010年9月取材
048　角館町伝承館｜2008年10月27日号｜2008年9月取材
054　金沢市立図書館｜2009年1月26日号｜2008年12月取材
060　渋谷区立松濤美術館｜書き下ろし｜2011年1月取材
062　名護市庁舎｜2009年3月9日号｜2009年1月取材
070　弟子屈町屈斜路コタンアイヌ民俗資料館
釧路フィッシャーマンズワーフ MOO｜書き下ろし｜2009年6月取材
072　新宿NSビル｜書き下ろし｜2011年2月取材
074　赤坂プリンスホテル 新館｜書き下ろし｜2011年3月取材
076　兵庫県立歴史博物館｜書き下ろし｜2010年5月取材
080　つくばセンタービル｜2009年4月27日号｜2009年3月取材
086　直島町役場｜2009年11月9日号｜2009年9月取材
092　伊豆の長八美術館｜2009年6月8日号｜2009年4月取材
098　釧路市立博物館・釧路市湿原展望資料館
2009年7月27日号｜2009年6月取材
104　球泉洞森林館｜書き下ろし｜2010年10月取材
106　世田谷美術館｜2009年9月14日号｜2009年7月取材
112　盈進学園東野高等学校｜2009年12月28日号｜2009年10月取材
118　織陣｜2010年2月8日号｜2009年12月取材
124　ヤマトインターナショナル｜2010年4月12日号｜2010年2月取材
130　石垣市民会館｜書き下ろし｜2009年8月取材
132　東京都多摩動物公園昆虫生態館｜書き下ろし｜2011年5月取材
134　龍神村民体育館｜書き下ろし｜2010年10月取材
136　東京工業大学百年記念館｜書き下ろし｜2010年7月取材
138　フィッシュダンス｜書き下ろし｜2010年5月取材
140　兵庫県立こどもの館｜2010年7月12日号｜2010年5月取材
146　アサヒビール吾妻橋ビル＋吾妻橋ホール
2010年8月23日号｜2010年7月取材
152　湘南台文化センター｜2010年5月24日号｜2010年3月取材
158　東京都葛西臨海水族園｜書き下ろし｜2011年5月取材
162　青山製図専門学校｜2010年10月11日号｜2010年8月取材
168　ジュールA｜書き下ろし｜2011年5月取材
170　東京都庁舎｜2011年7月10日号｜2011年5月取材
176　八代市立博物館 未来の森ミュージアム
2010年11月22日号｜2010年10月取材
182　M2｜2010年12月27日号｜2010年10月取材
188　ホテル川久｜2011年1月25日号｜2010年11月取材
194　高知県立坂本龍馬記念館｜2011年2月25日号｜2011年11月
200　姫路文学館｜書き下ろし｜2010年5月取材
202　石川県能登島ガラス美術館｜書き下ろし｜2008年12月取材
204　アミューズメントコンプレックスH｜書き下ろし｜2010年8月取材
206　梅田スカイビル｜書き下ろし｜2011年1月取材
208　愛媛県総合科学博物館｜2011年4月10日号｜2011年11月取材
214　秋田市立体育館｜2011年5月10日号｜2011年3月取材
220　西海パールシー・センター｜書き下ろし｜2008年6月取材
222　輝北天球館｜2011年6月10日号｜2011年4月取材

日経アーキテクチュア再録分の文章と、各章の扉ページの前文は磯達雄による。
「寄り道」の写真キャプションと見出しは宮沢洋が担当。
対談は長井美暁（ライター）がまとめた。
建物の写真は、日経アーキテクチュア再録分は磯達雄、
「寄り道」と対談中の写真は宮沢洋の撮影

［著者プロフィル］

磯達雄｜いそ・たつお

1963年埼玉県生まれ。88年名古屋大学工学部建築学科卒業。
88-99年「日経アーキテクチュア」編集部勤務。
2000年に独立。02年から編集事務所・フリックスタジオを共同主宰。
桑沢デザイン研究所非常勤講師、武蔵野美術大学非常勤講師。
著書に『634の魂』、共著に『高山建築学校伝説』
『デジタル画像で見る日本の建築30年の歩み』
『現代建築家99』『ぼくらが夢見た未来都市』など。
フリックスタジオのホームページはhttp://www.flickstudio.jp/

宮沢洋｜みやざわ・ひろし

1967年東京生まれ、千葉県育ち。
90年早稲田大学政治経済学部政治学科卒業、日経BP社入社。
文系なのになぜか「日経アーキテクチュア」編集部に配属。
以来、現在まで建築一筋。
2005年1月-08年3月『昭和モダン建築巡礼』、
08年9月-11年7月『建築巡礼ポストモダン編』、
11年8月-13年12月『建築巡礼古建築編』、
14年1月-16年7月『建築巡礼プレモダン編』を連載。
19年現在は再び「建築巡礼昭和モダン編」を連載中。
日経アーキテクチュアの購読申し込みはtech.nikkeibp.co.jp/media/NA/

ポストモダン建築巡礼 1975-95 第2版

2011年7月25日 初版第一刷発行
2019年11月18日 第2版第一刷発行

著者=磯達雄[文]、宮沢洋[イラスト]

編者=日経アーキテクチュア
発行者=望月洋介
発行=日経BP
発売=日経BPマーケティング
〒105-8308 東京都港区虎ノ門4-3-12

装丁・デザイン=刈谷悠三＋平川響子/neucitora
印刷・製本=図書印刷株式会社
©Tatsuo Iso, Nikkei Business Publications, Inc. 2019 Printed in Japan
ISBN978-4-296-10462-8

[ご注意]
本書の無断複写・複製[コピー等]は、著作権法上の例外を除き、禁じられています。
購入者以外の第三者による電子データ化及び電子書籍化は、私的使用を含め一切認められておりません。
本書籍に関するお問い合わせ、ご連絡は下記にて承ります。
https://nkbp.jp/booksQA